Rhodos

Michael Will

GPX-Daten zum Download

www.kompass.de/wanderfuehrer

Kostenloser Download der GPX-Daten der im Wanderführer enthaltenen Wandertouren.

AUTOR

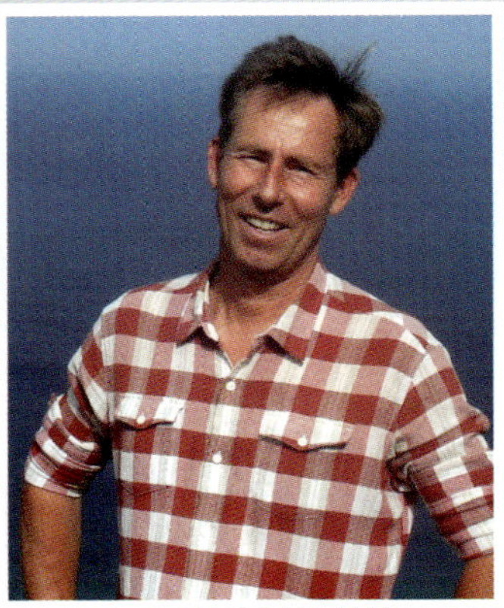

Michael Will lebte 25 Jahre im Alpenrosenweg in Hamburg, bis es ihm nach dem Flugzeugbaustudium nach München zog, um seiner starken Affinität, dem Wandern und Skifahren, nachzugehen. Bereits 2002 fing er an, besondere Touren zu dokumentieren und neue Wanderwege auszuarbeiten. Daraus entstand ein erstes Projekt mit einem Online-Variantenabfahrten Führer (www.gpstrackfinder.com) über 60 Touren in Norditalien.

2012, nach genau weiteren 25 Jahren, zog er nach Kalifornien an der Ostsee.

Seit über 15 Jahren reist er immer wieder auf die Kanareninsel Fuerteventura. Durch seine starke Naturverbundenheit und langjährige Wandererfahrung vermittelt er in seinen Wandervorschlägen den einzigartigen Reiz und die beindruckende Mannigfaltigkeit der Insel. Bei der Tourenplanung legt er Wert auf eine ausgewogene Kombination aus Wanderurlaub, Badeurlaub und Besichtigungen von Sehenswürdigkeiten. Dabei hat er einen hohen Anspruch an individuelle Übernachtungsmöglichkeiten und einmalige Restaurants.

...sein Treibstoff ist, neue Wege zu gehen, damit sie entstehen...

VORWORT

Schon zu Zeiten der Römer gab es regen Fremdenverkehr auf dieser uralten, mit 300 Sonnentagen im Jahr verwöhnten Insel Rhodos. Sie liegt dicht vor der türkischen Küste, an der Schnittstelle zwischen den Kontinenten Europa, Asien und Afrika. Durch die geografische Lage begünstigt, gab es eine blühende Handelstätigkeit, die sich durch viele Jahrhunderte der mehr als dreitausendjährigen Geschichte der Insel erstreckte.

Kulturinteressierte begeistern sich für besonders sehenswerte historische Stätten wie: antike Ausgrabungen, ehrwürdige Klöster und Kirchen – mit bis zu 1000 Jahre alten Fresken – und die eindrucksvollen Bauten des Johanniterordens, der ältesten mittelalterlichen Straße Griechenlands und der ältesten Taverne Griechenlands in Rhodosstadt. Ein kultureller Hotspot ohnegleichen und zugleich ein endloses Spielfeld für Wanderungen und Spaziergänge.

Die lieblichen Hügel, sanfte Täler, die Kiefernwälder, besondere Höhlen, wildromantische Fluss- und Bachläufe und die wenigen rauen Berge im Inselinnern faszinieren Naturliebhaber. Ein Eldorado für den Genusswanderer sowie für denjenigen, der das Abenteuer auf nicht ausgetretenen Pfaden sucht. All diese Merkmale prädestiniert Rhodos zu einer bevorzugten Wanderdestination.

In der Pflanzenwelt und in der Tierwelt kann Rhodos mit Besonderheiten aufwarten: eine Population von über 4000 Rehen und Hirschen, das rhodische Pferd – eine fast ausgestorbene Rasse-, 10 endemische Orchideenarten, hier wohnt ein gefährdeter Süßwasserendemit – der Gizani Fisch-, der Lebensraum der Schmetterlingsart Panaxia Quadripunctaria und über 300 Vogelarten, die es zu entdecken gibt.

Rhodos hat eine Fülle von Geschichten zu erzählen – für diejenigen, die die vorgegebenen Wege verlassen und sich auf die Suche begeben. Lässt man sich auf das ursprüngliche Rhodos ein, so trifft man auf Herzlichkeit und gelebte Gastfreundschaft. Und ja, es gibt noch kleine Bergdörfer, wo Einheimische uns Touristen mit Souma begrüßen und ihre eigenen Geschichten spinnen.

Aber ein kritischer Satz sei gesagt: Der ständig zunehmende Tourismus, 6/10 der Bettenkapazitäten beanspruchen Megaveranstalter, mit den damit verbundenen touristischen Zwängen und den negativen Nebenfolgen für die Natur und die stolzen Rhodier, gerät immer mehr in Schräglage und unterliegt der Geldgier einiger weniger.

Ich wünsche viel Freude und spannende Erlebnisse beim Eintauchen auf dieser uralten, von der Sonne verwöhnten Kulturinsel und Wanderinsel.

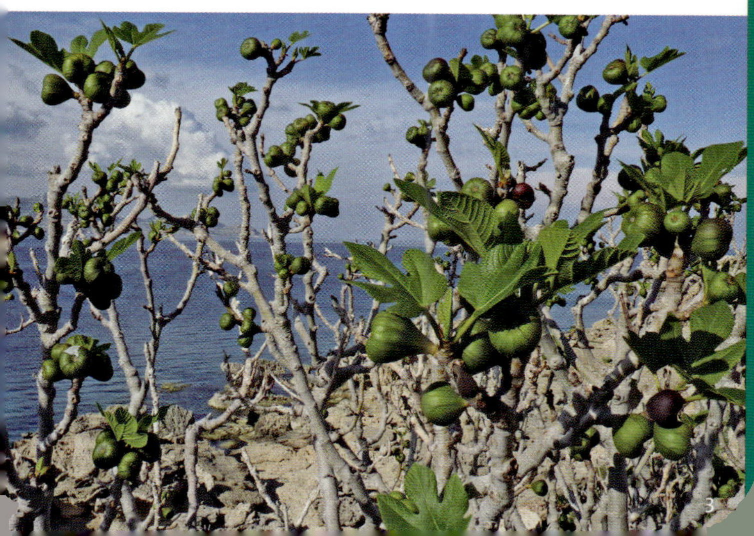

INHALT UND TOURENÜBERSICHT

AUFTAKT
Vorwort 2
Inhalt und Tourenübersicht 4
Gebietsübersichtskarte 10
Das Gebiet 12
Allgemeine Tourenhinweise 20
Meine Highlights 26

ANHANG
Alles außer Wandern 206

Tour		Seite
01	The Big Five – Rhodosstadt	30
02	Burggraben – Bastionen – Stadttore der Ritterstadt Rhodos	34
03	Neuer Markt – Mandrakihafen – Aquarium – Antike Akropolois	37
04	Rodini Park	41
05	Kloster Filerimos	44
06	Koskinou Ortskern	47
07	Thermen von Kalithea – Strand von Kalithea	50
08	Soroni – Aussichtspunkt · 169 m – Kloster Panagia Pantanassis	43
09	Strand von Kalvarda – Mount Akramytis · 131 m	56
10	Schmetterlingstal – Kloster Kalopetras – Rundweg	59
11	Antony Quinn Bucht – Amateur Observatory – Kapelle Profitis Illias	62
12	Strand Ladiko – Höhle – Festung Erimokastro	65
13	Geisterorte am Profitis Ilias	69
14	Salako – Taxiarhis Kapelle – Hotel Elafos – Villa de Vecchi – Profitis Ilias	72
15	Eleousa – St. Nicholas Foundoukli – Eleousa	76
16	Agios Irene – Nani Plantagen – Nani – Teich	79
17	Kamiros Skala – Kopri Beach – Burg Kritina – Kamiros Küste	82
18	Kloster Agios Saint Nektarios – Mesovouno · 457 m	86
19	Archangelos – Epta Piges	89
20	Kritina – Traumbucht – Tempel	93

Übernachtungsverzeichnis 208
Restaurantempfehlungen 212
Transport, Notrufe 216
Die Sprache 219
Register 222
Impressum 224

km	h	hm	hm									Karte
3,6	2:20	20	20	✓	✓				✓	✓		248
5,5	2:45	0	0	✓	✓				✓	✓		248
6,4	2:40	90	90	✓	✓				✓	✓		248
2,6	1:20	30	30	✓	✓				✓			248
6,2	3:00	235	235	✓	✓					✓		248
1,4	1:00	0	0	✓						✓		248
3	1:30	75	75	✓	✓						✓	248
7,9	3:20	153	153	✓						✓		248
4	2:10	122	122	✓				✓		✓	✓	248
5,1	2:30	176	176	✓								248
4,1	1:40	136	136	✓	✓						✓	248
3,4	1:45	148	148	✓	✓						✓	248
4,4	2:10	50	50	✓					✓			248
6,6	2:50	509	509	✓	✓				✓			248
10,4	4:10	271	271	✓								248
7,1	2:50	194	194	✓								248
10,2	3:25	308	308	✓	✓				✓		✓	248
6,8	3:30	83	83	✓				✓		✓		248
10,7	4:20	173	173	✓	✓							248
9,7	3:50	266	266	✓	✓							248

INHALT UND TOURENÜBERSICHT

Tour		Seite
21	Strand von Tsambika – Tsambika Kapelle – Kolymbia	96
22	Kapelle der Jungfrau Eleimonitria – Tropfsteinhöhle Kapi	100
23	Embonas – Attaviros · 1215 m	103
24	Archangelos – Red San Beech – Kapelle Agia Agathi	107
25	Archangelos – Kastell Medieval – Profitis Ilias · 516 m	111
26	Strand von Paleochora – Grotte von Amarthos	114
27	Tsamoli · 554 m	117
28	Malona – Obstplantagen	120
29	Canyon von Plouma	123
30	Michalis · 571 m	126
31	Embona und seine historischen Wege	129
32	Skoutouljaris Schlucht – Kloster Moni Kamiri	133
33	Voskotopi · 1071 m	136
34	Attaviros · 1215 m – Canyon	139
35	Kloster Moni Thari	142
36	Akramities · 823 m	145
37	Dimilia · 640 m	148
38	Kloster Panagia Paramytias Massaron	151
39	Johanniterburg Monolithos	154
40	Monolithos – Kap Fourni – Kastell Monolithos	157
41	Marmari · 453 m	160
42	Vliha – Marmari II · 359 m	163
43	Arnitha – Troulos · 515 m	166
44	Apolakkia Stausee – Versunkene Kapelle Saint George Vardas	169

km	h	hm	hm									Karte
6,9	3:30	388	388	✓	✓						✓	248
4,1	2:00	60	60	✓	✓							248
7,6	3:50	784	784	✓				✓				248
11,4	4:35	338	338	✓	✓						✓	248
8,3	3:50	352	352	✓	✓			✓				248
5,7	2:20	287	287	✓							✓	248
5	2:05	157	157	✓				✓				248
5,4	2:10	80	80	✓	✓					✓		248
5,9	3:55	234	234	✓								248
8	3:10	266	266	✓				✓				248
6	2:30	191	191	✓								248
8	3:10	178	178	✓								248
8,9	4:40	614	614	✓				✓				248
15,7	7:50	713	713	✓				✓				248
8	3:10	110	110	✓						✓		248
9,8	3:50	443	443	✓				✓				248
9,7	3:50	317	317	✓				✓				248
11,3	4:30	202	202	✓								248
8,8	3:30	325	325	✓						✓		248
7,1	2:50	341	341	✓							✓	248
6,8	4:25	414	414	✓	✓			✓				248
6,7	3:20	323	323	✓	✓			✓				248
10,6	4:25	343	343	✓				✓				248
8,6	3:35	120	120	✓						✓		248

INHALT UND TOURENÜBERSICHT

Tour		Seite
45	Lindos – Grab des Kleobulos	172
46	Kapelle Saint George Kalamos – Strand von Kalamos	175
47	Katsouni Strand – Nonnenkloster Ipsenis	178
48	Kiotari – Burg von Asklipio – Kirche Kimissis Tis Theotokou	181
49	Kloster Skiadenis – Skiadenis · 563 m	184
50	Kirche Agios Thomas – Hochebene	187
51	Thalasso Spa Resort – Lachania – Strand von Lachania	190
52	Fischrestaurant – Thalasso Spa Resort – Traumbuchten	193
53	Natürliche Traumstrände	196
54	Einsamer Strandabschnitt	199
55	Insel Prasonisi	202

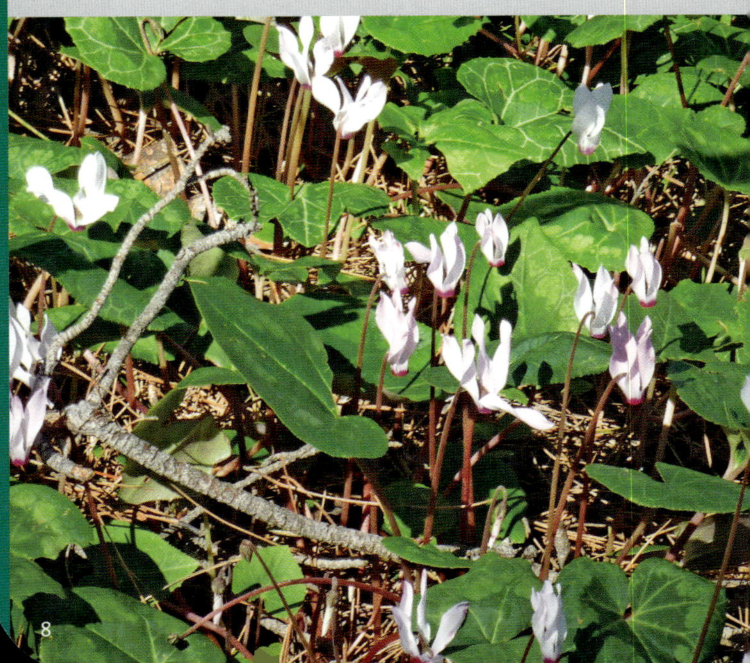

km	h	hm	hm									Karte
4,6	1:50	45	45	✓	✓						✓	248
12,8	4:15	204	204	✓							✓	248
11	3:40	247	247	✓	✓							248
11,2	4:00	265	265	✓	✓						✓	248
9,9	3:20	368	368	✓				✓		✓		248
7,2	2:50	283	283	✓								248
9,4	3:40	60	60	✓	✓						✓	248
5,9	2:20	83	83	✓							✓	248
8	2:40	0	0	✓							✓	248
6,6	2:10	186	186	✓							✓	248
8	3:40	134	134	✓							✓	248

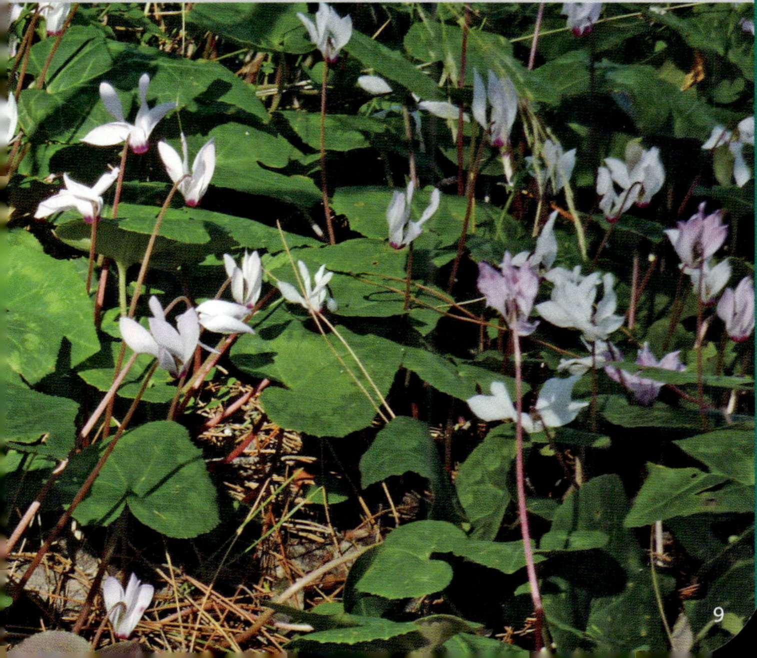

GEBIETSÜBERSICHTSKARTE

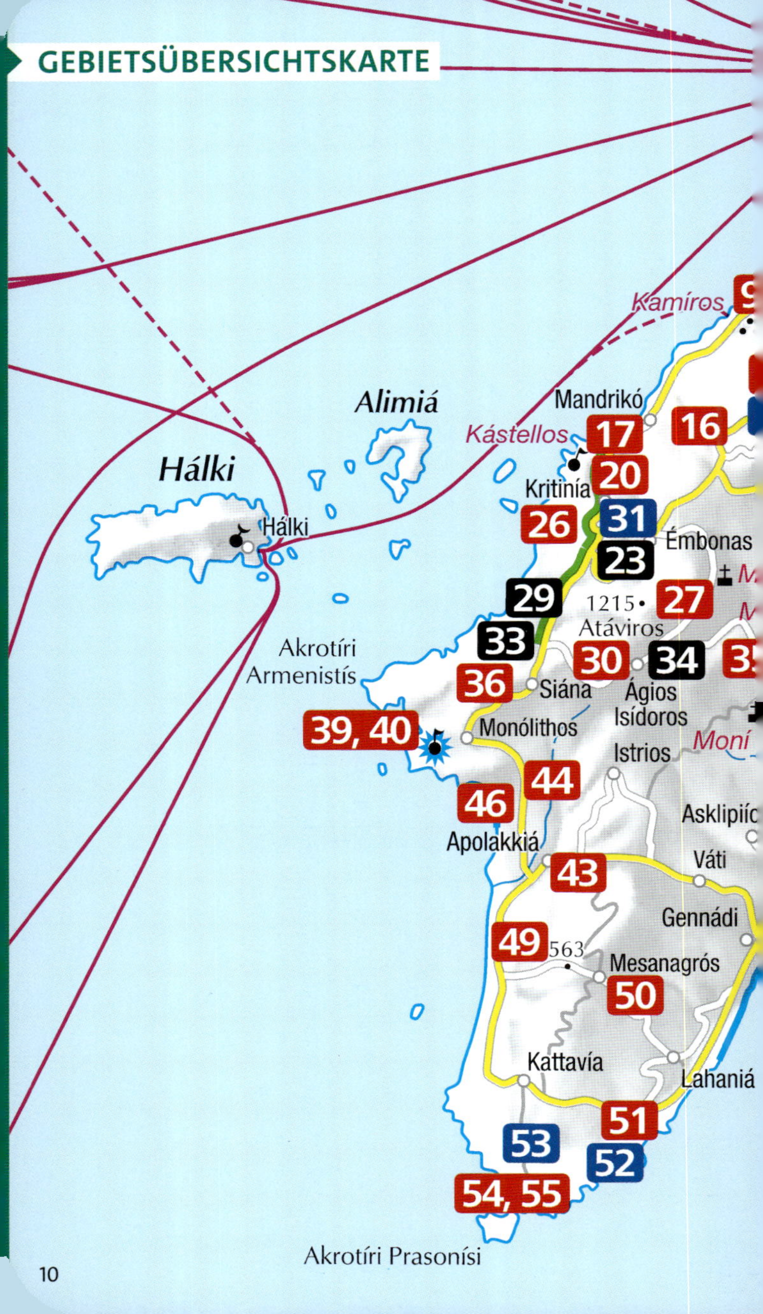

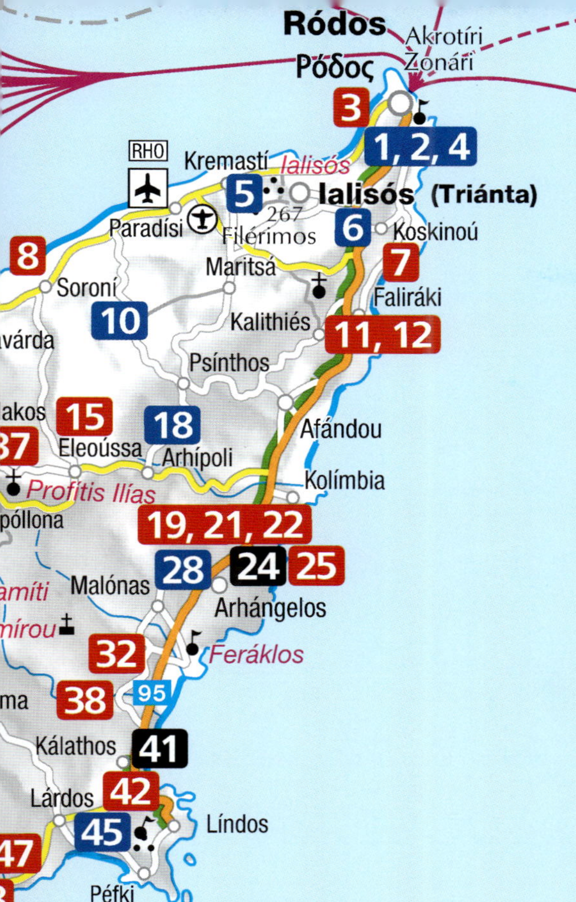
Ródos
Ρόδος
Akrotíri Zonári
3
1, 2, 4
RHO
Kremastí
Ialisós
5
Ialisós (Triánta)
267
Paradísi
Filérimos
6
Koskinoú
8
7
Maritsá
Soroní
Faliráki
10
Kalithiés
11, 12
Psínthos
15
18
Afándou
Eleoússa
Arhípoli
Kolímbia
Profítis Ilías
19, 21, 22
28
24
25
Malónas
Arhángelos
32
Feráklos
38
95
Kálathos
41
Lárdos
42
45
Líndos
Péfki
Akrotíri Lárdos

Ródos

Die Destination
Rhodos gehört zu der Inselgruppe der Dodekanes, was übersetzt ins Deutsche heißt, 12 Inseln – dódeka zwölf und nęsos Insel. Die gesamte Inselgruppe besteht aus ca. 200 Inseln, manche davon winzig klein, und so sind nur 20 ständig bewohnt. Rhodos ist die größte und mit 120.000 Menschen – davon alleine 55.000 in Rhodosstadt – die bevölkerungsreichste Insel des Archipels und gleichzeitig Verwaltungssitz der Inselgruppe.

Mit über 1,000.000 jährlichen Besuchern ist sie Griechenlands zweitwichtigste Tourismusinsel. Der Touristenrummel konzentriert sich hauptsächlich auf die Städte im Norden und in der Inselmitte. Der Tourismus macht 80 % der Einnahmen aus, gefolgt von der Landwirtschaft. Vor allem der Anbau von Oliven und Wein ist ein sehr wichtiges Standbein. Da die Insel sehr fruchtbar ist, kann sie den Eigenbedarf an Obst und Gemüse weitgehend selber decken. Aufgrund der begünstigten klimatischen Bedingungen können manche Feldfrüchte zweimal pro Jahr geerntet werden. Die nicht so rentable Viehhaltung und der Fischfang sind in den letzten Jahren drastisch zurückgegangen.

Im süden der Insel hat der Tourismus noch nicht überall Einzug gehalten, so kann man unberührte Wälder und Berge durchstreifen und so manche versteckte Kapelle mit bedeutenden Fresken besichtigen. Das Landschaftsbild von Rhodos differenziert sich zu den anderen Inseln des Archipels als besonders abwechslungsreich. Baumlose Halbwüste im Hochgebirge, fruchtbare Küstenebenen, spannende Schluchtenlandschaften, künstliche Reservoirs und kleine quellgespeiste Bäche, Rhodos ist gesegnet mit äußerst facettenreichen Landschaftsformen und präsentiert sich somit als eine ideale Wanderinsel.

Neben seiner natürlichen Schönheit und den vielen traumhaften Stränden gibt es besonders sehenswerte historische Stätten, diese prädestinieren Rhodos auch gleichzeitig zu einem kulturellen Hotspot. Alleine 30 Gebäude und Plätze in Rhodosstadt gelten als besonders sehenswert. Die UNESCO verlieh Rhodos den Titel Weltkulturerbe, aufgrund ihrer Einzigartigkeit, Authentizität und Integrität. Mancher anderen Stadt würde eine einzige dieser Sehenswürdigkeiten genügen, um ihre Gäste zum Besuch des historischen Stadtkerns einzuladen.

Geschichte des alten Rhodos
Bereits in der prähistorischen Zeit zwischen **6.000–1.100 vor Christi entwickelte** sich auf den Inseln in der Ägäis ein bedeutendes ökonomisches und kulturelles Zentrum. Ihr besonderes Klima und der daraus resultierende Überfluss verlieh den Bewohnern zwar Wohlstand, zog aber in den nachfolgend geschilderten Epochen auch gleichzeitig Mächte an, die es darauf absahen, die Insel zu besetzen. Bis 1500 vor Christi unterhielten die Minoer Handelsstützpunkte auf Rhodos.

Um **1100 vor Christi** eroberten die Dorier die Insel und gründeten die drei Hauptstädte Kamiros, Ialyssos und Lindos. Im Laufe der Zeit, und die Insel wechselte zwischenzeitlich mehrmals die Herrscher, wurden diese Städte schließlich vereinigt, um eine mächtige Einheit zu bilden. Jedoch fielen alle drei Städte um 408 vor Christi, als sich mehr und mehr der Insel Mittelpunkt nach Rhodostadt verlagerte. Rhodos stieg zu einer der reichsten Städte der Antike auf.

Im Jahre **1309** ging die byzantinische Ära zu Ende und die Ritterherrschaft des Johanniterordens beginnt auf Rhodos. Unter der Herrschaft wurde die Stadt in ein Modell des europäischen Mittelalters umgebaut, noch heute sind die Festungsmauern, die die Altstadt von Rhodos umgeben, ein Zeugnis aus dieser Zeit. Viele der berühmten Sehenswürdigkeiten, wie zum Beispiel der Großmeisterpalast, wurden in dieser Zeit gebaut.

Im Jahre 1480 unternahm der Osmanen-Sultan Mehmed II. einen ersten Versuch, Rhodos zu erobern. Der Johanniterorden unter dem Großmeister Pierre d'Aubusson konnte noch den Angriff erfolgreich abwehren. **1522** wurde dann vom Sultan Süleyman Rhodos belagert und nach sechs Monaten unermüdlicher Kämpfe mussten sich die Johanniter ergeben und verließen 1523 die Insel.

1912 erobern die Italiener Rhodos und beenden damit die türkische Herrschaft. Die Italiener machten Rhodos zu einer italienischen Musterkolonie. Es entstanden beeindruckende Bauwerke, die bis heute an die italienische Besetzung erinnern. Auch wurde die Infrastruktur ausgebaut.

Nach dem Sturz von Mussolini besetzt **1943** die deutsche Wehrmacht Rhodos. Ab 1945 erfolgte dann die Besetzung durch Großbritannien. 1947 wurde die Insel Rhodos offiziell dem Mutterland Griechenland zugeschrieben.

Die über Jahrtausend währende Besatzungszeit ging vorbei. Die Römer, die Ritter des Johanniterordens, die Osmanen, die Italiener und die Deutschen, alle hinterließen tiefe Spuren ihrer Anwesenheit, waren jedoch allesamt nicht fähig, die tiefen griechischen Wurzel der Insel zu entreißen.

Geographie

Die Insel **Rhodos liegt im östlichen Teil des Mittelmeers** zwischen den drei Kontinenten Europa, Asien und Afrika und ist die Nahtstelle zwischen dem Ägäischen und Levantischen Meer. Dabei ist Rhodos nur 18 km von der türkischen Küste entfernt, somit liegt es wesentlich näher an der Türkei, als am griechischen Festland. Die Insel Rhodos hat die Form einer mittelalterlichen Speerspitze, ist 76 km lang und an ihrer breitesten Stelle misst sie 34 km. In der heutigen Gestalt umfasst Rhodos rund 1.400 Quadratkilometer. Dabei misst die gesamte Küstenlinie ca. 220 km. Rhodos ist die viertgrößte griechische Insel, nach Kreta, Euböa und Lesbos.

Das Innere der Insel zeigt ein **gebirgiges Rückgrat,** das im mittleren Westen parallel zur Küste emporragt. Landschaftsprägend ist der 1216 m hohe Attaviros – der höchste Berg der Dodekanes. Östlich, westlich und südlich der höchsten Erhebung befindet sich eine bewaldete Hügellandschaft, in der sich zwei Staudämme befinden. Richtung Süden flacht die Berglandschaft ab. Die Region ist dünn besiedelt mit Wäldern aus Küchenkiefern und Zypressen. Die südliche Westküste von Rhodos fällt steil zum Meer ab und es gibt nur wenige Strände, die größtenteils steinig sind. Die Ost- und Südküste verläuft sanfter, es konnten sich traumhafte Sandstrände bilden.

Die **Entstehungsgeschichte von Rhodos** hängt eng mit den tektonischen Interaktionen zwischen dem europäischen und dem afrikanischen Kontinent zusammen. So wurde auf der Erde durch das Gegeneinanderdriften der riesigen Kontinentalplatten – die auf dem Magma des Erdmantels schwimmen – große Faltengebirgszüge aus dem Meer herausgehoben. Dieser Prozess sorgte bis vor 2,000.000 Jahren für die Entstehung des Dinarischen Gebirgsbogens und in seiner Verlängerung der Hellenischen Bergkette auf dem griechischen Festland sowie des südägäischen Inselbogens, wozu Rhodos gehört.

Die **griechische Mythologie** berichtet, dass Rhodos aus dem Meer entstanden sein soll. Wie ist es geschehen? Der Göttervater Zeus beschloss, sein Reich unter den Göttern des Olymps aufzuteilen. So wünschte sich der Sonnengott Helios eine fruchtbare Insel. Er bekam die gewünschte Insel und nannte sie fortan Rhodos, nach der bezaubernden Nymphe Rhode, die dort lebte.

Fauna

Fauna 1 – in terra | Zu den **typischen Nutztieren** des östlichen Mittelmeeres gehören Maultiere, Esel, Hunde für die Ziegenhaltung, Ziegen und Schafe. Wild lebenden Schaf- und Ziegenherden begegnet man hauptsächlich im Süden der Insel. Traditionelle Haustiere in Griechenland sind Singvögel, Hunde und Katzen. Die Imkerei ist auf Rhodos eine sehr

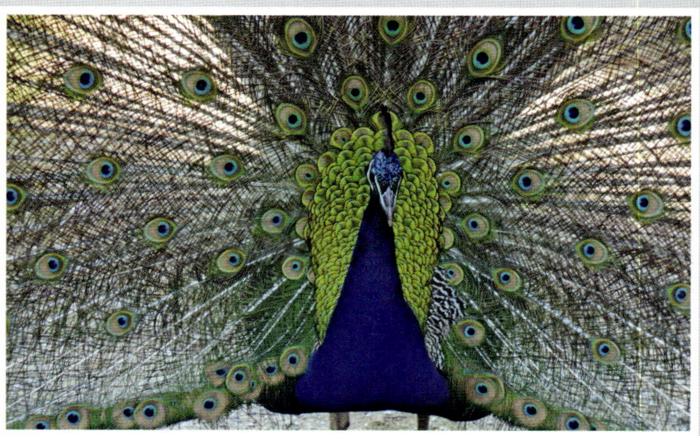

Ein Pfau am Kloster Filerimos

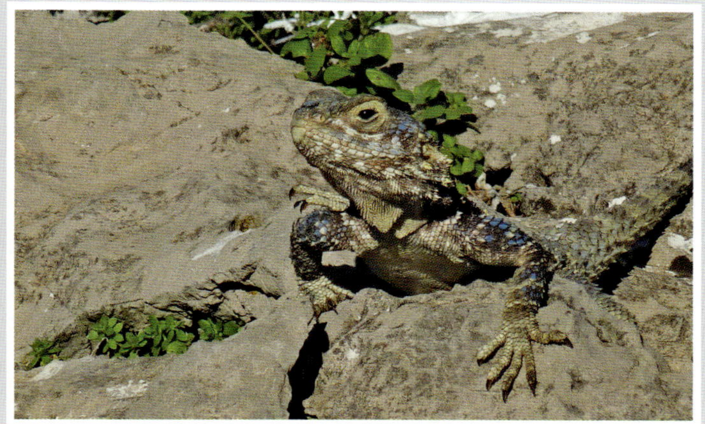

Wie ein kleiner Drache sieht der gut getarnte Hardun aus

wichtige Einnahmequelle, so findet man die bunt bemalten Bienenkisten rund um die Insel. Der blaue Pfau mit seinem auffälligen Aussehen der Männchen gehört zu den ältesten Ziervögeln. Bereits in den Sagen der griechischen Antike wurden sie erwähnt. Die standorttreuen Vögel werden weltweit als Haustiere gehalten.

Auf Rhodos wurde die **ursprüngliche Tierwelt** durch unkontrollierte Jagd radikal dezimiert. So leben in freier Natur Rebhühner, Fasane, Kaninchen, Wiesel, Eichhörnchen, Marder, Fuchs, Dachs, Eidechsen, die harmlose Natter und die Strandviper, Frösche, Schildkröten, Heuschrecken, Grillen, Mäuse und Ratten. Inzwischen denkt man nach, Reh und Hirsch wieder zum Abschuss freizugeben, da ihre Population auf weit über 4000 Exemplare geschätzt wird und inzwischen zur Plage wird. In einigen Regionen um Afandou, Archangelos und Laerma findet man wieder wild lebende Schweine.

Viele Besucher von Rhodos wissen nicht, dass die Insel mehr als dreihundert **Vogelarten** beherbergt, eine Zahl, die im Frühjahr und Sommermonaten mit den eintreffenden Zugvögeln zunimmt. So gehört zur Urlaubsplanung definitiv eine Vogelbeobachtung. Die Klassiker wie Geier, Falken, Bussard, Wanderfalken, Bonelli-Adler und Eulen lassen sich beim Wandern meist einfach ausmachen.

Das Schmetterlingstal ist ein einzigartiges Biotop von seltener landschaftlicher Schönheit. In diesem kleinen Tal versammeln sich in der letzten Phase ihres Lebenszyklus riesige Mengen von **Schmetterlingen,** der Lebensraum der Schmetterlingsart Panaxia Quadripunctaria. Sie werden angelockt von dem Duft des Harzes der Ankerbäume. Inzwischen sehr touristisch wird aufgrund der vorbeiziehenden Massen ein Rückgang der Bärenspinnerpopulation beobachtet.

Eine weitere Besonderheit von Rhodos ist das **rhodische Pferd,** eine fast ausgestorbene Rasse. Es hat eine lange Mähne und ein Stockmaß von ca. 90 bis 110 cm. Historiker haben herausgefunden, dass dieses Pony schon vor Tausenden von Jahren in den Bergen von Rhodos lebte. Der Verein Fatheon wurde 2001 mit dem Ziel gegründet, diese Pferdeart zu schützen und vor dem Aussterben zu bewahren. 2002 wurde mit der Züchtung begonnen, inzwischen ist der erste Nachwuchs geboren. Die Anlage kann besucht werden. Weitere Informationen gibt es unter: www.rhodos-travel.com/pferde-archangelos.htm.

Fauna 2 – ut aqua | Die Ägäis, im Altertum für ihren **Fischreichtum** bekannt, ist heutzutage weitgehend leergefischt – der Grund für die sehr hohen Fischpreise in den Tavernen. Zu lange wurde mit Dynamit gefischt, dadurch wurden einige Fischarten ausgerottet. Beim Schnorcheln trifft man gelegentlich auf Tintenfische oder Papageienfische, im offenen Meer Schwertfische und Thunfische. Vor Haien braucht man sich nicht fürchten, sie sind ungefährlich. Delphine werden immer seltener von Fischern gesichtet. Beim Baden könnte man unliebsamen Kontakt mit Seeigeln oder dem roten Drachenkopf machen. Einen sehr guten Querschnitt über die Fischwelt an Rhodos Küsten erhält man im Aquarium in Rhodos. Die Hauptattraktion sind die uralten Schildkröten, große Rochen und seltene Fischarten.

Berühmt ist der Ort Psinthos aufgrund seiner **Gizani-Fische,** die am südlichen Dorfrand, in einem kleinen Schaubecken bei den Fassouli-Quellen, leben. Der Gizani ist auf Rhodos endemisch und der einzig natür-

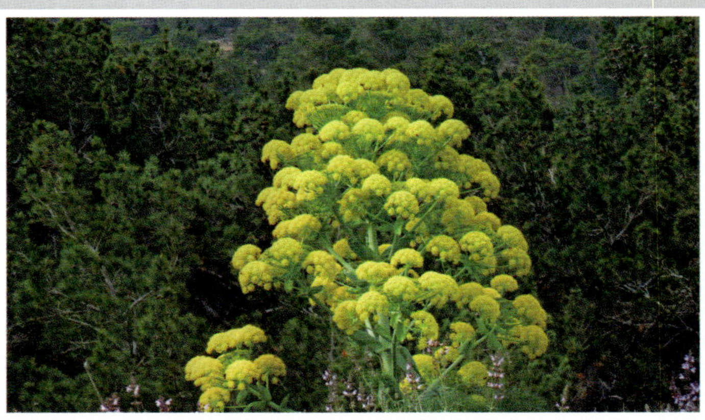

Ferula tingitana (der riesige Tanger Fenchel)

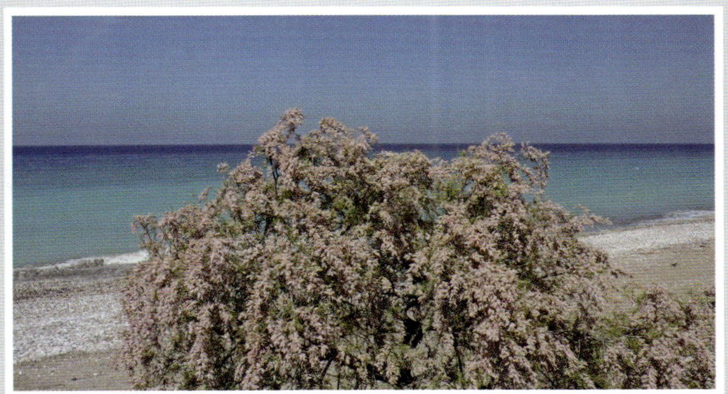

Blühende Tamarisken

lich vorkommende Süßwasserfisch der Insel. Auch gehört er zu den am stärksten vom Aussterben bedrohten Süßwasserfischarten Europas. Der nur 3–5 cm große Gizani ist äußerlich eher unscheinbar, sein Körper ist silbergrau mit gelblichen Schimmern im Kopfbereich. Die Rückenpartie ist dunkelgrau mit grünen Farbeinschlägen und wird zur Unterseite hin deutlich heller – fast weiß.

Besorgniserregend ist die noch kleine, aber zunehmende Population des **Hasenkopfkugelfischs,** sagt Maria Corsini Foka,– Meeresbiologin am Griechischen Zentrum für Meeresforschung auf Rhodos. Der hochgiftige Fisch stammt eigentlich aus den Tropen. Doch er er breitet sich jetzt im Mittelmeer aus und wurde schon sehr häufig vor der Küste von Rhodos gesichtet.

Flora

300 Tage Sonne, das mediterrane Mittelmeerklima, dazu frostfreie und milde Winter mit starkem Regen verwandelt Rhodos im Frühjahr in ein **Blütenmeer** mit Klatschmohn, Krokussen, Narzissen, Margeriten, Alpenveilchen, Hyazinthen, Anemonen, Iriden, Lupinen, Gladiolen, Pfingstrosen, Rosen und Ginster zum Beispiel. Besonders schön **blühende Büsche** sind Bougainville, Ibiscus und verschiedene Arten von Oleander. Sie sind traumhaft schön anzuschauen und duften herrlich.

Ein besonderes Highlight sind 52 unterschiedliche und davon zehn endemische **Orchideenarten.** Interessante Hintergrundinformationen finden Sie hier: die Orchideen von Rhodos: www.orchideen-kartierung.de.

Folgende **Kleinsträucher** und Stauden trifft man auf Wanderungen an: Thymian, Rosmarin, Lavendel, riesiger Tangerfenchel, Salbei, Weihnachtsstern, Meerzwiebel, Myrte, Mönchspfeffer und Frangipani.

Zu den gängigen **Nadelbaumarten** gehören die Pinie, Zypresse, Zeder und Aleppokiefer. Die bekanntesten **Laubbäume** sind: Platane, Eukalyptusbaum, Tamariske, Erdbeerbaum und Edelkastanien. Damit sind gut 1/3 der Insel bewaldet – eine Besonderheit der griechischen Inseln, aber der Garant, dass die Insel auch im Sommer ein grünes Erscheinungsbild in den Bergregionen hat. Das Kalkgestein lässt die Hügel im mittleren Osten der Insel und in höheren Regionen der höchsten Berg der Insel – den Attavrios – fast lebensfeindlich

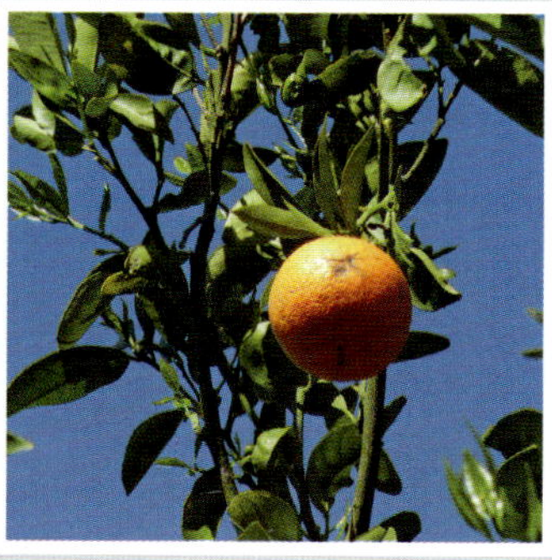

Obstplantage

erscheinen. Hier befinden sich auf nacktem Fels **Dornenbüsche,** kleine Plager, die für uns Wanderer nur mit langer Hose zu ertragen sind. Vereinzelt trifft man auf Dattelpalmen, Agave und Feigenkaktus. In den Regionen um Malona, Salakos, Kritinia und Embona wird Landwirtschaft betrieben. Dort findet man **Obstplantagen** mit Äpfeln, Birnen, Aprikosen, Pfirsichen, Melonen, Feigen und Quitten. Aufgrund der sehr günstigen klimatischen Bedingungen und dem Wasserreichtum kann man Auberginen, Tomaten, Gurken, Zucchini, Kartoffeln und Zwiebeln zweimal im Jahr ernten. Weitere **Nutzpflanzen,** wie den Maulbeerbaum, Olivenbaum, Feigenbaum, Granatapfelbaum, Mandelbaum und Walnussbäume, trifft man überall auf der Insel an.

Rhodos blickt auch auf eine lange Tradition im **Weinanbau** zurück und überzeugt durch das günstigste Mikroklima aller Ägäischen Inseln. Die hauptsächliche Weinanbauzone erstreckt sich über den westlichen Zentralbereich der Insel. Die Anbauregion

	Januar	Februar	März	April	Mai
Tagestemperatur	15	15	17	20	24
Nachttemperatur	10	10	11	14	17
Sonnenstunden	5	5	7	9	10
Regentage pro Monat	12	11	9	7	4
Wassertemperatur	18	18	17	18	20

der weißen Rebsorte Athiri befindet sich an den Hängen des Berges Attaviros, hauptsächlich bei Agios Isidoros, Emponas, Kritinia, Lakki, Monolithos und Sianna. In diesen Regionen wird auch der Mandilaria angebaut, aber auch noch in Kalavarda, Salakos, Soroni, Fanes, Damatria, Theologos und Maritsa. Es gibt ca. 1900 ha Weinbau, wovon auf 1200 ha Athiri und auf 700 ha Mandilaria stehen.

Wer mit offenen Augen die Landschaft bewandert, entdeckt immer wieder neue botanische Schätze – Rhodos ist eine Erlebniswelt für Botaniker.

Klima

Rhodos hat ein mediterranes Klima, milde Winter, heiße Sommer und durchschnittlich 300 Sonnentage im Jahr. Die beste Reisezeit zum Wandern ist das Frühjahr in der Zeit von April bis Juni, dann steht die Natur in voller Blütenpracht. Im Herbst sind dann die Tagestemperaturen wieder akzeptabel, man kann auch sehr gut wandern, allerdings wandert man nach dem trockenen Sommerklima durch eine verbrannte Natur, ähnlich einer Wüstenlandschaft.

Rhodos liegt ebenso südlich wie die nordwestliche Küste Afrikas. Trotzdem sind die Temperaturen hier auch in den heißen Sommermonaten erträglich, das ist dem teilweise sehr stark blasenden Nordwestwind namens Meltemi zuzuschreiben. Betroffen davon ist hauptsächlich die Westküste, während die Ostküste windgeschützt liegt.

Für einen Badeurlaub ist der Sommer oder Herbst auf Rhodos die beste Reisezeit. Im Frühjahr ist das Wasser zu kalt für ein erfrischendes Bad. In der Hochsaison von Juli bis August sollte man sich auf hohe Preise für Hotels und Mietwagen sowie auf sehr hohe Temperaturen einstellen. Die Hitze ist aber aufgrund der niedrigen Luftfeuchtigkeit gut zu ertragen. Die Sommertemperaturen auf Rhodos werden durch den ständig wehenden Nordwind, den Meltemi, geprägt.

ni	Juli	August	September	Oktober	November	Dezember
3	30	30	28	24	20	16
1	24	24	22	19	14	11
2	13	12	11	8	6	4
	0	0	2	5	9	14
3	23	24	24	24	22	20

ALLGEMEINE TOURENHINWEISE

SCHWIERIGKEITSGRADE

■ LEICHT

Spaziergänge oder einfache Wanderung auf breiten Wegen und auf gut begehbaren Pfaden. Es gibt dabei keine besonderen Gefahrenstellen. Kräftige Steigungen, steinige oder rutschige Abschnitte sind jedoch möglich. Beschilderungen bestehen nicht überall, und so kann es an Weggabelungen zu Orientierungsproblemen kommen.

■ MITTEL

Diese Touren führen in unwegsame und abgelegene Küstenstreifen oder Berggebiete. Einzelne Stellen und Passagen können felsig und abschüssig sein. Diese erfordern dann Trittsicherheit, Schwindelfreiheit und die nötige Wandererfahrung. Manche dieser Strecken setzen guten Orientierungssinn voraus.

■ SCHWER

Schwarze Routen sind anspruchsvoll und meistens auch lang. Sie erfordern sehr gutes Orientierungsvermögen. Rechnen Sie mit schmalen, steilen oder abschüssigen und rutschigen Abschnitten und schwierigen Passagen. Diese Bereiche setzen absolute Trittsicherheit, Schwindelfreiheit und teilweise erste Klettererfahrungen voraus. Diese Routen befinden sich in entlegenen Gebieten und somit ist keine rasche Hilfe zu erwarten.

AUSRÜSTUNG

Auf allen roten und schwarzen Wanderwegen benötigt man feste, über die Knöchel reichende Wanderschuhe, mit einer festen Gummisohle, mit ausreichend Profil. Ein leichter Wanderschuh, oder sogar ein Turnschuh, eignet sich nur auf den blauen Touren. Da Strecken auf rutschigem Untergrund und im steilen Gelände verlaufen, sind Wanderstöcke zur weiteren Unterstützung hilfreich. Auf einigen Wanderungen führt der Pfad durch dichtes Buschwerk. Da die meisten Büsche extrem stachelig sind, ist auf diesen Touren eine lange Hose von Vorteil.

Nur bei der Besteigung des höchsten Berges der Insel, und das nur im Zeitraum vom Oktober bis April, gehören eine windfeste Jacke und eine längere Hose zur Standardausrüstung. Regenbekleidung sowie rasch trocknende Funktionskleidung sind je nach Wettervorhersage sinnvoll. In den Sommermonaten ist Regen die absolute Ausnahme, dann sind Sonnencreme sowie ein passender Strohhut obligatorisch. Auf Reservekleidung kann man hier in der Regel aufgrund der hohen Durchschnittstemperaturen verzichten.

Eine kleine Reise-Apotheke und eine Trillerpfeife für den Notfall gehören zur Standardausrüstung im Rucksack. Ein eingeschaltetes Handy ist empfehlenswert, aber in Schluchten ist der Empfang nicht die Regel. Da es nicht auf allen Touren eine Einkehrmöglichkeit gibt, sollte noch dementsprechende Tourenverpflegung mit eingeplant werden. Da es im Sommer sehr heiß auf Rhodos wird, und die Sonne sehr intensiv ist, sollten mindestens 1,5 l Wasser pro Person eingeplant werden.

ORIENTIERUNG UND MARKIERUNG

Rhodos ist mit einem gigantischen Netz an Bewirtschaftungswegen durchzogen. So kommt man überall hin, wenn man denn weiß, welcher der vielen Wege der richtige ist. Erschwerend kommt hinzu, dass die Bezeichnungen der Orte und Kirchen in Griechisch sind und so für die meisten Urlauber nicht entziffert werden können. Daher navigiert man auf abgelegenen Wanderwegen anhand von eindeutigen Landschaftsmerkmalen. Zur Verdeutlichung der Wegführung hat der Autor an Schlüsselstellen Steinmännchen aufgestellt. Nur bereits viel belaufene Wanderwege sind durchgängig mit Steinmännchen oder kleinen Steinpyramiden gekennzeichnet. Sporadisch trifft man auch auf blaue und rote Punkte, diese sind aber nicht durchgängig hilfreich bei der Wegfindung. Auch trifft man immer wieder auf Ziegenzäune. Wie der Name schon sagt, sie schützen neu angepflanzte Olivenbäume, Weinreben oder Plantagen vor Ziegen, dürfen aber jederzeit geöffnet werden – solange sie dann auch wieder richtig verschlossen werden.

WAS SOLLTE MAN BEIM WANDERN AUF RHODOS BEACHTEN?

Bei Wanderungen auf die höchsten Gipfel von Rhodos kann unerwartet dichter **Nebel** aufkommen. Wie unter dem Kapitel Orientierung und Markierung beschrieben, findet man nur wenig ausgetretene Pfade mit adäquaten Markierungen, um sich eindeutig bei sehr geringer Sicht zu orientieren. Daher sollte man die heruntergeladenen GPS-Tracks auf seinem Smartphone dabeihaben und den Gebrauch natürlich zuvor einstudiert haben.

Rhodos wurde in den letzten Jahren, vorzugsweise in den Sommermonaten, von verheerenden **Waldbränden** heimgesucht. Bitte beachten Sie dementsprechende Warnungen von der Hotelrezeption, Vermietern, Medien oder Ortskundigen, unterwegs treffen. Durch verantwortungsbewusstes und aufmerksames Verhalten und Handeln kann jeder Wanderer seinen Teil dazu beitragen, den Wald vor Bränden zu schützen. Was tun, wenn man doch in ein Feuer gerät? Wer als Urlauber in eine Waldbrandregion hineingerät, sollte „immer quer zum Wind flüchten“ und sollte peinlichst genau darauf achten,

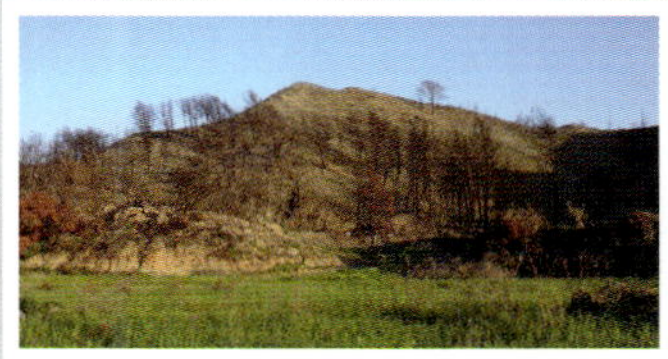

Vom Waldbrand heimgesuchte Hügelkette

dass er nicht in die Rauchwolken hinein kommt.

In den Sommermonaten ist die Hitze, verbunden mit sehr geringer Luftfeuchtigkeit und einer sehr hohen **Sonneneinstrahlung,** nicht zu unterschätzen. Es empfiehlt sich, Touren frühmorgens zu beginnen und für dementsprechenden Sonnenschutz und ausreichend Wasser für sich zu sorgen. Selbst in dichter bewaldeten Regionen geht man auf den Forstwegen oft in praller Sonne.

Schluchtwanderungen sind ein spannendes und lohnendes Abenteuer, bergen aber auch ein erhöhtes Risiko. Vor jeder Durchquerung sollte der Wetterbericht genau studiert werden. Während und nach starken Niederschlägen können sonst ausgetrocknete **Canyons oder Bachbetten** zu reißenden Flüssen werden. In engen Schluchten kann man vor den sehr schnell heranrollenden Wassermassen nicht schnell genug flüchten, so besteht Lebensgefahr.

In Hundehütten, fest verankert mit an einer Kette, findet man auf Rhodos viele Hunde an Ein- und Ausgängen von Ziegenhaltungen. So soll verhindert werden, dass die Ziegen ihr Revier verlassen. Neuankömmlinge, wie wir Wanderer, werden in der Regel durch aggressives und lautes Bellen gewarnt. Trotzdem ist man jedes Mal wieder erschreckt, insbesondere wenn der **Hund** an der langen Leine gehalten wird.

Im antiken Rhodos machten unzählige giftige **Schlangen** die Insel unbewohnbar. So wurde das Orakel in Delphi befragt, wie man die Plage

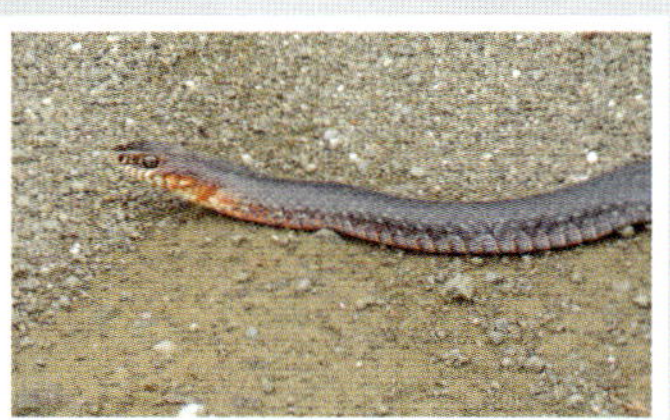

Eine Natter quert die Piste

beenden könnte. Das Orakel empfahl, Hirsche auf der Insel anzusiedeln. Der Orakelspruch wurde befolgt. Die Hirsche vertrieben die Schlangen. Seitdem ist der Hirsch das Symbol von Rhodos. Trotzdem gibt es heutzutage noch eine giftige Schlangenart, die Hornotter. Ein Biss ist für Erwachsene nicht tödlich, trotzdem sollte man zeitnah einen Arzt aufsuchen.

Die meisten **Skorpione** leben in wasserarmen Gebieten und verstecken sich tagsüber unter Steinen oder abgelagertem Holz. Dreht man dieses aber um, geraten sie in Bedrängnis und es besteht die Wahrscheinlichkeit, gestochen zu werden. Ein Stich der auf Rhodos lebenden Skorpione ist in der Regel harmlos, kann aber zu allergischen Reaktionen führen, die wiederum sehr gefährlich sein können.

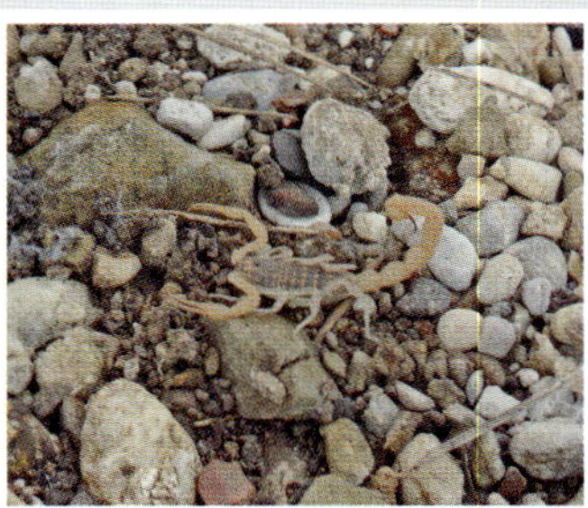

Ein Skorpion mit erhobenen Stachel

GEFÜHRTE TOUREN

Die Münchnerin Elpida und der Schwabe Rhodier Avgustinos organisieren Touren für Wanderer, Reiter und Mountainbiker. Gerne sind sie bei der Reiseplanung sowie Planung von Touren behilflich. Gerne stellen die beiden ihren Gästen auch GPS-Tracks zur Verfügung. | www.elpidaranch.eu | info@elpidaranch.eu | Tel. 00306948132977 | mobil 00302244061281 | GPS-Pkw 36.139218 27.924478

WANDERKARTEN

Die beste Übersicht über die gesamte Insel, ihr Wanderwegenetz und Ausflugsziele bietet die Kompasskarte Nummer 248 Wandern und Fahrradfahren auf Rhodos. Die GPS-genauen Kompasskarten sind die ideale Ergänzung für Ihre nächste Tour. Der lesefreundliche Maßstab und nützliche Informationen über die Region erleichtern Ihre Planung.

WEITERE WANDERWEGE

Auf Rhodos gibt es keine angelegten Wanderwege. Die Inselregierung hat zwar EU-Gelder für die Umsetzung eines Wegenetzes bekommen, aber bisher konnten die auferlegten Kriterien zur Umsetzung nicht erfüllt werden und so bleiben die Gelder zunächst gebunden.

Reiseinformationen

Ärzte/Krankenhäuser

Sollte es Ihnen im Urlaub gesundheitlich nicht so gut gehen, so gibt es folgende Möglichkeiten:

Apotheken erkennt man in Griechenland an einem grünen Kreuz auf weißem Hintergrund. Die Apotheker beraten bei kleineren Gesundheitsproblemen. Die Medikamente sind in der Regel günstiger als im Heimatland. In vielen Apotheken bekommt man auch Hygieneartikel, Babynahrung, Windeln, Sonnencreme und Kosmetika. In Rhodosstadt gibt es zahlreiche Apotheken sowie in den Ferienregionen und größeren Dörfern.

Das **Ärztezentrum KRITO** bietet 24 Stunden Versorgung an. Es werden alle internationalen Reiseversicherungen akzeptiert. | Ioannou Metaxa Str. 3, 85100 Rhodos | Tel. 00302241038008 | Mobil 00306945901430

Oberhalb von Rhodosstadt befindet sich das im Frühjahr 2000 in Betrieb genommene neue **Krankenhaus** der Insel. | 85100 Rhodos | 003024122222 | GPS-Pkw 36.417777 28.192927

Seit November 2006 gibt es die Euromedica **Privatklinik** mit neuesten medizinischen Einrichtungen. EUROMEDICA | General Hospital of the Dodecanese | Koskinou Municipal Unit Municipality of Kallithea – 8510 Rhodes | 00302241045000 | info@euromedica-rhodes.gr | GPS-Pkw 36.385497 28.200839

Nachfolgend befindet sich eine Liste von Ärzten, die größtenteils Deutsch sprechen:

Internist | Dr. med. der Universität Koeln Vasilios Papavasiliou |85102 Archangelos | Tel. 00302244024124 | Mobil 00306977560165 | papavasiliouv@rodosnet.gr

Zahnarzt | Dr. Stefanos Tolios | Ierou Lochou 13, 85100 Rhodos | www.dentalclinic.vrisko.gr | dr_stefanostolios@yahoo.com | Tel. 0030 2241024.544 | Mobile 00306944775787

Allgemeinarzt | Dr. Nikitaras Spyros | Kon. Palaologou Str. 49, 85100 Rhodos | Tel. 00302241070843

Botschaften / Konsulate
Deutsches Konsulat | Amerikis 55, 85100 Rhodos | 003041037125
Österreichisches Konsulat | Iroon Politechniou 21, 85000 Rhodos | 00302241075738, -25445, -31618
Schweizer Eidgenössisches Konsulat | G. Efstathiou 8, 85100 Rhodos | 00302241036155

Busverbindungen
Das Linienbusnetz auf Rhodos ist gut organisiert. Es gibt aber zwei Busgesellschaften auf Rhodos. RODA wird von der Inselregierung betrieben, während KTEL in privater Hand ist. RODA fährt die Ortschaften entlang der Westküste an – Richtung Kamiros und Embonas. Für alle anderen Routen, außerhalb der Stadt, ist KTEL, zu erkennen an der ockergelben Farbe, zuständig. Diese verbindet alle Ortschaften entlang der Ostküste, bis hin nach Katavia. Busverbindungen in die vom Tourismus nicht erschlossenen Dörfer richten sich nach dem Bedarf der Inselbewohner. In der Regel fahren sie morgens vom Dorf nach Rhodosstadt und am Nachmittag wieder retour in die Dörfer.

Fahrpläne hängen am Busbahnhof aus. Den aktuellen Busfahrplan in englischer Sprache (aber selbsterklärend) findet man auf folgender Internetseite: KTEL und RODA: http://www.ando.gr/upload/files/eot/BUS.pdf. Einen ausgedruckten Busfahrplan mit Angaben zu den Preisen erhält man in der Touristenzentrale. Die Touristenzentrale befindet sich in Rhodosstadt an der Ecke Makariou-Str./Papagou-Str. In Rhodosstadt verkehren zusätzlich von 6:30 Uhr bis 21:00 Uhr Stadtbusse – zu erkennen an der blauen Farbe.

Hinweise: Bezahlt wird im Bus. In den Sommermonaten sind die Busse in der Regel total überfüllt. Die Hauptbushaltestellen in Rhodosstadt befinden sich im Bereich des Neumarkts / Mandraki-Hafens. Eigens verkehrende Flughafenbusse gibt es nicht.

Freikörperkultur
FKK ist prinzipiell, wie in ganz Griechenland, nicht erlaubt. Dennoch gibt es verschiedentlich FKK-Strandabschnitte. Ein Abschnitt im südlichen Ende des Strandes von Faliraki gilt sogar als offizieller FKK-Strand. Auch gut drei Kilometer außerhalb von Faliraki, versteckt hinter Felsen, befindet sich ein kleiner Nacktbadestrand, der mit einer Taverne, sanitären Einrichtungen sowie Liegestuhl- und Sonnenschirmverleih ausgestattet ist. Es werden aber auch einige andere Strände von FKKlern besucht.

Unter anderem der Strand von Tsambika, auf dem sich im südlichen Abschnitt ein inoffizieller FKK-Strand gebildet hat. Ein weiterer inoffizieller FKK-Strand ist der abgelegene Kieselstrand von Fourni.

Gesetzliche Feiertage
01.01. – Neujahr
06.01. – Dreikönigstag
27.02. – Rosenmontag (orthodox) – variiert hier 2017
25.03. – Griechischer Nationalfeiertag
14.04. – Orthodoxer Karfreitag – variiert hier 2017
16.04. – Orthodoxer Ostersonntag – variiert hier 2017
17.04. – Orthodoxer Ostermontag – variiert hier 2017
01.05. – Tag der Arbeit
04.06. – Orthodoxer Pfingstsonntag – variiert hier 2017
05.06. – Orthodoxer Pfingstmontag – variiert hier 2017
15.08. – Maria Himmelfahrt
28.10. – Ochi-Tag
25.12. – 1. Weihnachtsfeiertag
26.12. – 2. Weihnachtsfeiertag

Öffnungszeiten
Die Öffnungszeiten sind außer an Sonntagen nicht begrenzt.
So öffnen Geschäfte in der Regel von 9:00–13:30 sowie 17:00–21:30 Uhr.
Supermärkte haben meistens keine Mittagspause und sind auch zum Teil länger geöffnet.

MEINE LIEBLINGSTOUR

Die Wanderung beginnt in Archangelos, immerhin das größte Dorf der Insel. Es liegt strategisch gut bedacht an der Rückseite eines Felsmassives und ist so vom Meer vor den Blicken von Seeräubern verborgen. Am Fuß des Profitis Ilias erreichen wir eine der schönsten Buchten an der Südküste von Rhodos. Durch den hohen Eisengehalt der sehr kleinen Kieselsteine entsteht die rote Farbe des Strandes und stellt somit einen tollen Kontrast gegenüber dem Meer dar. Er ist so gut wie gar nicht besucht, 130 m lang, 20 m breit und lädt zum erholsamen Verweilen ein. Dabei sollte man nicht aus dem Auge verlieren, dass noch 7 km abenteuerliche Wanderung vor uns liegen. – Siehe Wanderung 24 ARCHANGELOS – RED SAN BEECH – KAPELLE AGIA AGATHI.

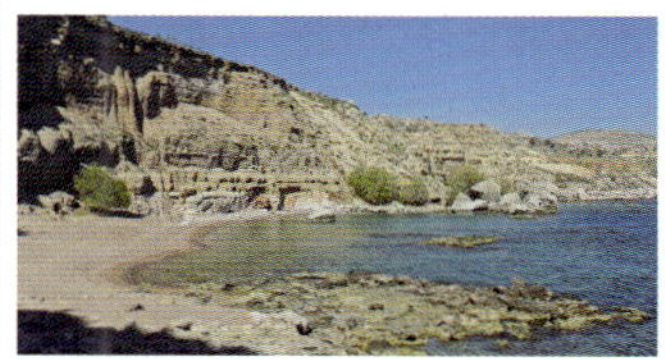

MEINE HIGHLIGHTS

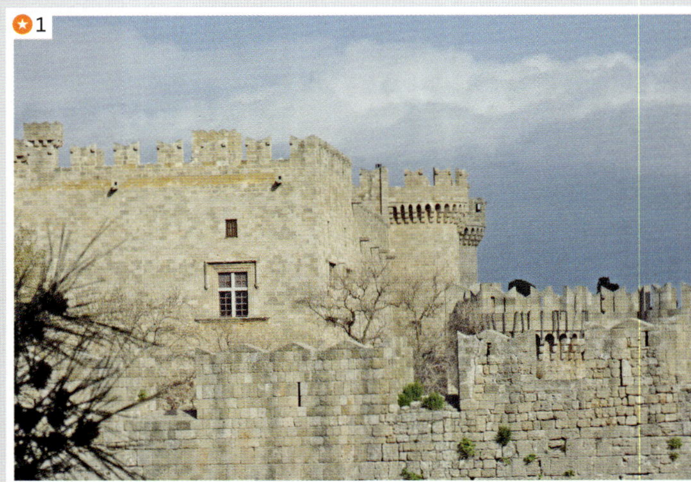

1

- 1: **Der Großmeisterpalast im Besonderen und alle weiteren Sehenswürdigkeiten in Rhodosstadt – siehe Wanderung 1 THE BIG FIVE – RHODOSSTADT** → Tour 1 Seite 30

- 2: **Die schönste Strandwanderung aus diesem Wanderführer – siehe Wanderung 53 NATÜRLICHE TRAUMSTRÄNDE** → Tour 53, Seite 196

- 3: **Abenteuerliche Besteigung eines unbekannten Gipfels im Attaviros-Gebirge – siehe Wanderung 33 VOSKOTOPI 1071 M** → Tour 33, Seite 136

- 4: **Wanderung durch ein Freilichtmuseum von 1929 – siehe Wanderung 13 GEISTERORTE AM PROFITIS ILIAS** → Tour 13, Seite 69

- 5: **Die Epta Piges, was „Sieben Quellen“ heißt – siehe Wanderung 19 ARCHANGELOS – EPTA PIGES** → Tour 19, Seite 89

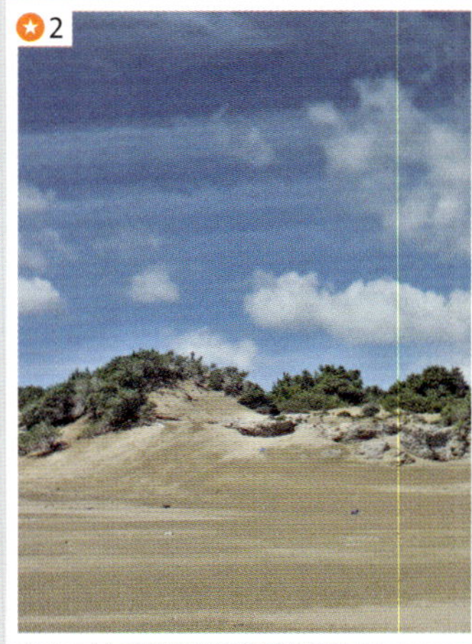

2

3

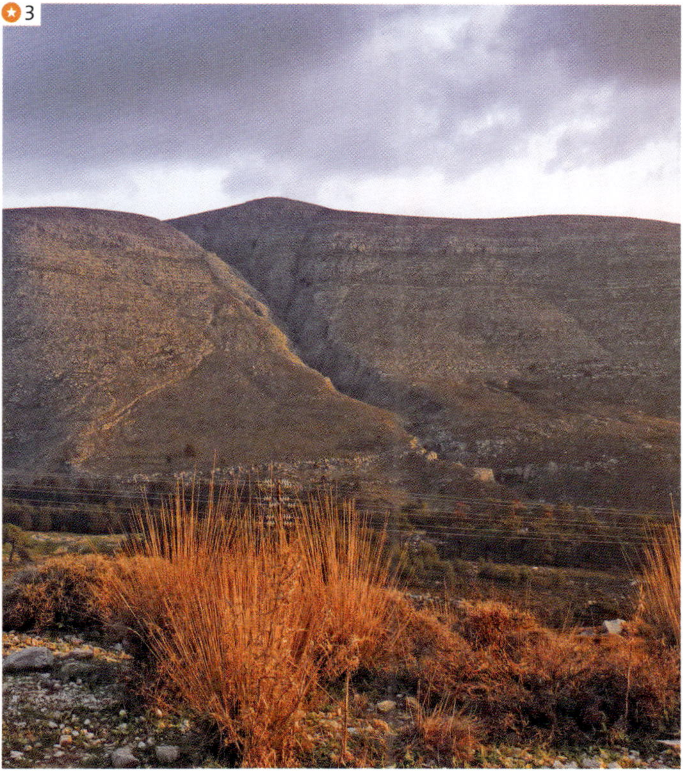

4

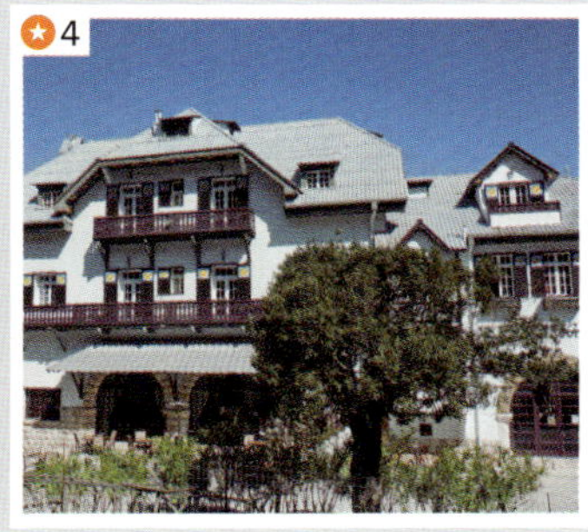

5

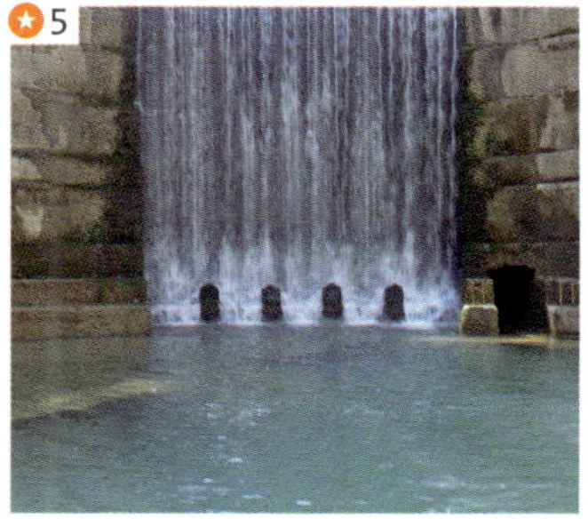

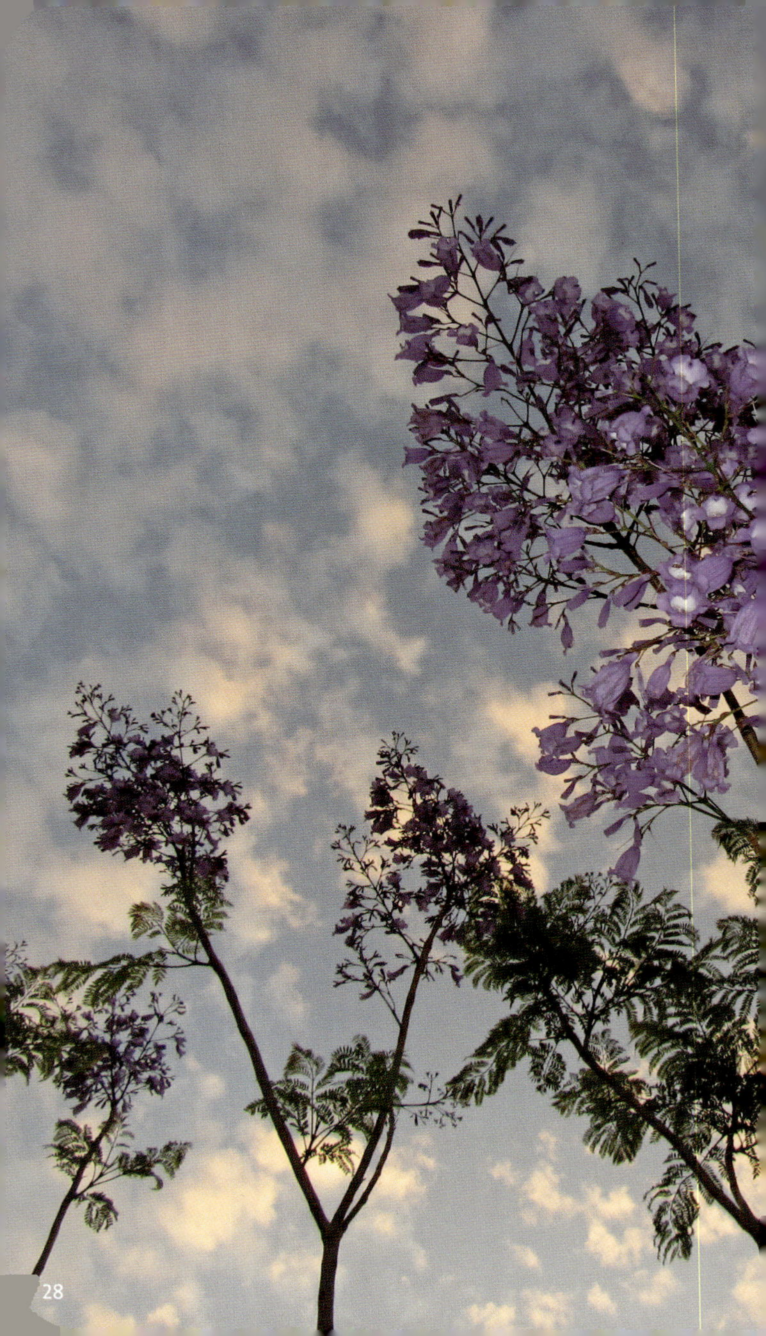

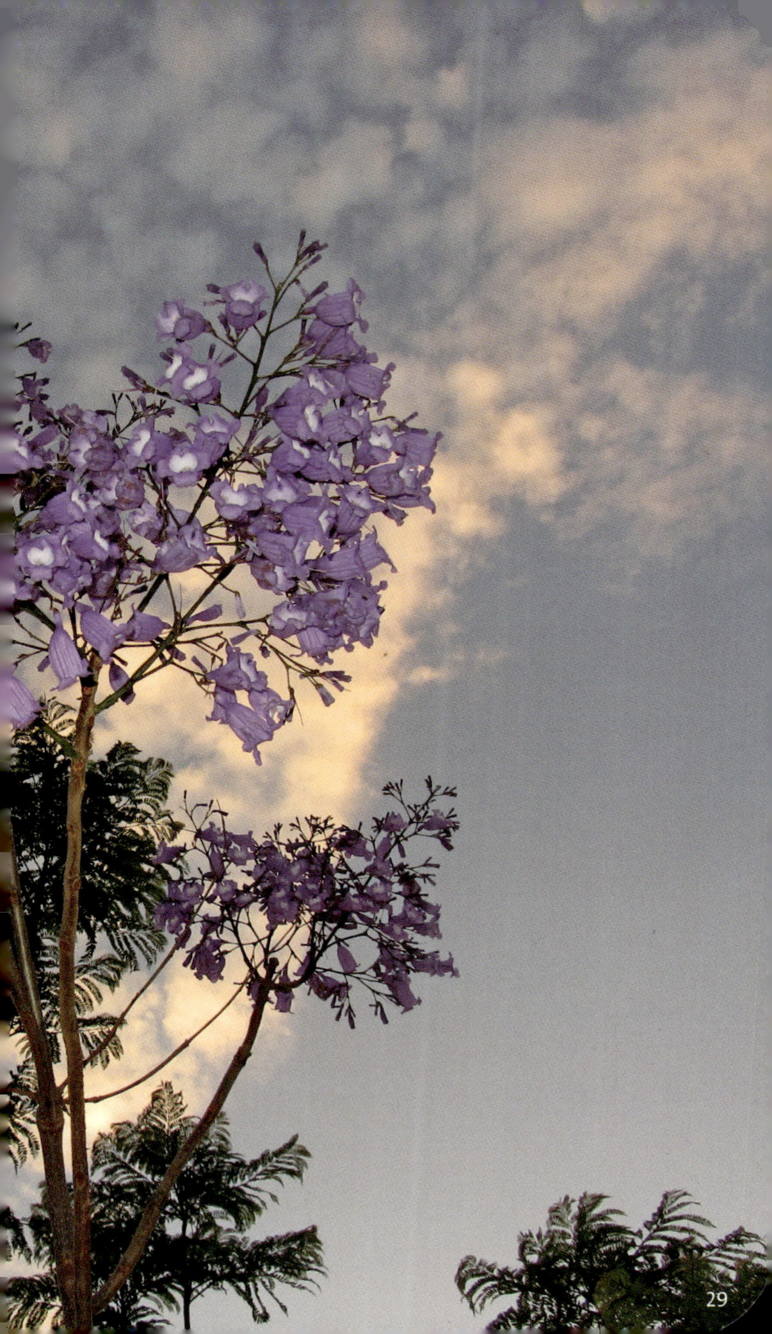

THE BIG FIVE – RHODOSSTADT

Spaziergang zu den TOP-fünf-Sehenswürdigkeiten von Rhodosstadt

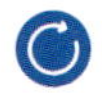  3,6 km  2:20 h  20 hm 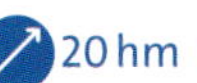 20 hm  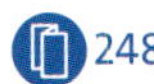 248

START | Buslinie: Alle wichtigen Buslinien verbinden die Inselorte mit Rhodosstadt. Pkw Anfahrt: Einen Parkplatz zu finden, ist die schwierigste Aufgabe bei dieser Tour. Aber man findet einen kostenlosen Parkplatz am Westufer der kleinen Bucht am Fährhafen. Dazu folgt man der Ausschilderung zum Hafen auf der EO95. Sobald wir zwei rotbraune Türme in ca. 150 m Entfernung sehen, biegen wir rechts auf einen Schotterparkplatz ab. Geokoordinaten: [GPS: N36° 26,588 O28° 13,869].
CHARAKTER | Einfacher Spaziergang durch Rhodosstadt.

Mehrere Tage könnte man in der Altstadt verbringen und doch immer wieder Neues entdecken. 30 Gebäude und Plätze gelten als besonders sehenswert. Mancher anderen Stadt würde eine einzige dieser Sehenswürdigkeiten genügen, um ihre Gäste zum Besuch des historischen Stadtkerns einzuladen. Die Altstadt von Rhodos ist ein riesiges Freilichtmuseum. So führt der Weg entlang der ältesten mittelalterlichen Straße Griechenlands sowie an der ältesten Taverne Griechenlands. Wer sich auf das Wesentliche konzentrieren möchte, auf dieser nachfolgend beschriebenen Runde werden die BIG FIVE mit einem Rundspaziergang verbunden.

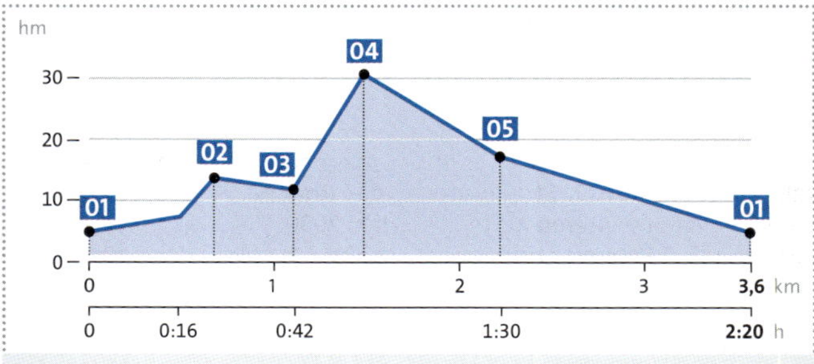

01 Katharinahospiz 4 m; 02 Kahal-Kadosh-Shalom-Synagoge 11 m; 03 Archäologisches Museum 4 m; 04 Großmeisterpalast 24 m; 05 Ekklisia Agios Fanourios 9 m

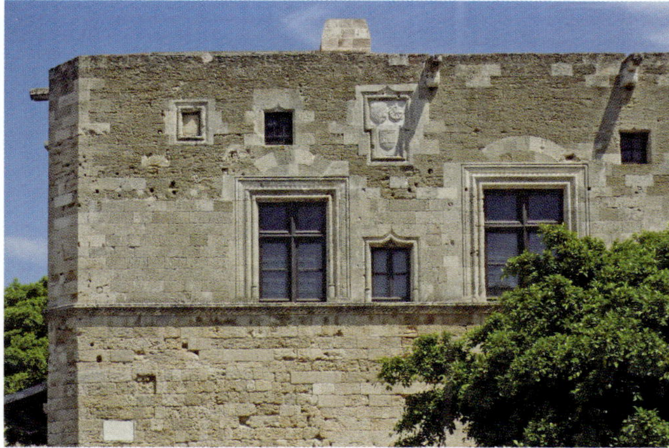

Katharinahospiz

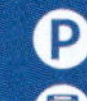
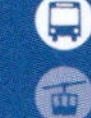
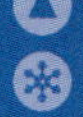

▶ Wir gehen in südliche Richtung auf der Anfahrtsstraße zurück, zunächst entlang der Mauer der historischen Altstadt, bis wir auf einzelstehenden Palmen treffen, weiter geradeaus wäre der Zugang zum Burggraben. Hier gehen wir rechts in die Straße. Hinter dem Akandiator – Teil der italienischen Mauer – gehen wir sofort rechts und nach 40 m links in die Einbahnstraße entlang der zerfallenden Häuser, um nach weiteren 120 m auf die Rückseite des 01 **Katharinahospiz** (4 m) zu treffen. Eine bequeme Unterkunft für Besucher des Ordens, Pilger ins Heilige Land sowie die Bewohner des Hospizes. Wir halten uns nun links auf der dunkelgrau gepflasterten Straße und erreichen nach weiteren 40 m die Kirchenruine Panagia tou Bourgou – einst die größte Kirche von Rhodos. An der Ostseite der Ruinen sind noch drei Kreuzrippengewölbe und eine anschließende Seitenkapelle erhalten geblieben. Wir setzen unseren eingeschlagenen Weg fort, gehen nach 60 m, noch vor den drei Seepferdchen, links in die Einbahnstraße. Wir treffen auf die 02 **Kahal-Kadosh-Shalom-Synagoge** (11 m) – das älteste jüdische Gotteshaus Griechenlands. Die 1577 erbaute Synagoge bildete das Zentrum von Rhodos Judenviertel – indem 1930 4000 Leute lebten. Wir gehen auf der Einbahnstraße zurück, links an den Seepferdchen vorbei und treffen auf einen großen Platz mit mächtigen Birkenfeigen. Dort befindet sich ein Gedenkstein an die jüdischen Kriegsopfer von 1944. Wir setzen den Weg weitere 140 m vor, las-

Interessantes

Katharinahospiz, Kirchenruine Panagia tou Bourgou, Kahal-Kadosh-Shalom-Synagoge, Archäologisches Museum, die Ritterstraße, Großmeisterpalast, Süleyman-Pascha-Moschee und die Ekklisia Agios Fanourios.

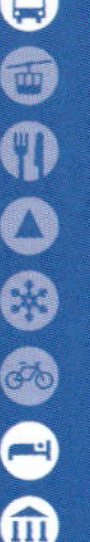

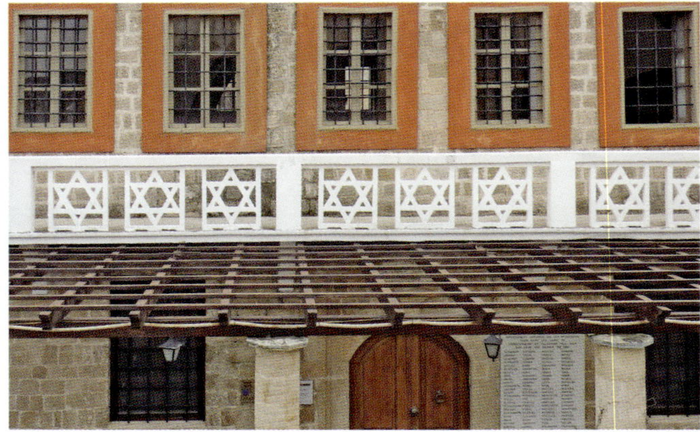

Kahal-Kadosh-Shalom-Synagoge

sen den Brunnen links liegen und gehen in die Einbahnstraße, vorbei an zahllosen Läden, bis rechts der Blick durch das Marientor zum alten Hafen freigegeben wird. Wir setzen unseren Weg parallel zur Stadtmauer fort, gehen durch das Arnaldo-Tor, und bevor wir den historische Stadtkern ganz verlassen, gehen wir links nun direkt auf das **03 Archäologische Museum** (4 m), das ehemalige Ordenshospital der Johanniterritter zu. Auch genannt das Krankenhaus der Könige, es wurde in der Zeit von 1440–1484 errichtet – eines der herausragenden Gebäude der Ritterzeit. Seit 1916 Museum, werden Exponate aus der postklassischen, hellenistischen, römischen und Ritterzeit gezeigt. Vor dem Gebäude gehen wir rechts und sofort links in die äußerst beeindruckende, gepflasterte Ritter-

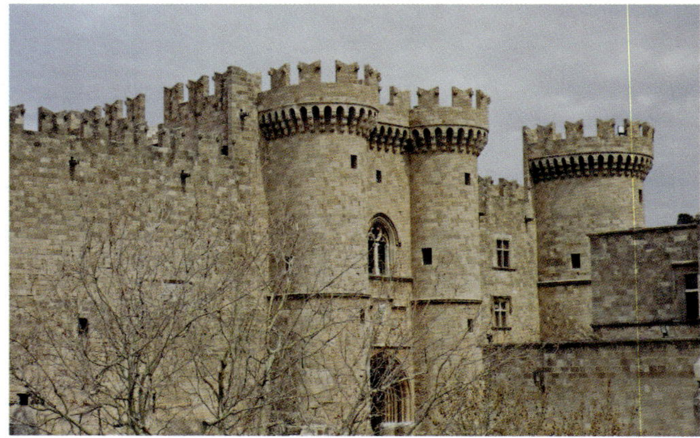

Großmeisterpalast

straße – Griechenlands einzige, vollständig erhaltene Wohnstraße aus dem 16. Jahrhundert. Nach weiteren 270 m erreicht man den rechts von uns liegenden Eingang zum 04 **Großmeisterpalast** (24 m). Er wurde im 14. Jahrhundert als Residenz des Großmeisters des Johanniterordens errichtet. Nach einem Rundgang setzen wir unseren ursprünglichen Weg fort, bis der Pflasterweg endet, hier gehen wir links, entlang des Uhrturms und bei der folgenden Weggabelung halb links. Wir lassen die Süleyman-Pascha-Moschee, ein Relikt der osmanischen Eroberer, links liegen. Nach weiteren 160 m, wir haben eine weitere riesige Birkenfeige passiert, treffen wir auf den gelben Turm der Mehmet Aga Mosque. Hier gehen wir rechts in die kleine Gasse, bei der folgenden Weggabelung halb rechts und erreichen nach insgesamt 260 m von der Moschee die 05 **Ekklisia Agios Fanourios** (9 m) – eine geheimnisvolle dunkle Kirche, die aufgrund des jahrhundertelangen Kerzenrußes stark beschädigt wurde. Wir setzen unseren eingeschlagenen Weg fort, bis wir bei der Galleria Celina und drei Brunnen auf eine Gassenkreuzung treffen. Hier gehen wir links auf dem grauschwarz gepflasterten Stein. Bevor wir einen Torbogen unterqueren, rechts befindet sich ein Brunnen, biegen wir rechts in die sehr schmale Gasse. Die Gasse endet, rechts folgen wir der Ausschilderung Richtung Kirche, gehen halb links an dieser vorbei, treffen auf das Hotel Saint Michelle und die Stadtmauer. Wir gehen 30 m rechts an dieser entlang, um dann links durch einen Fußgängertunnel in den Burggraben zu gelangen. Dort gehen wir links Richtung Ausgangspunkt.

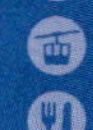
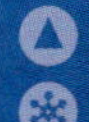

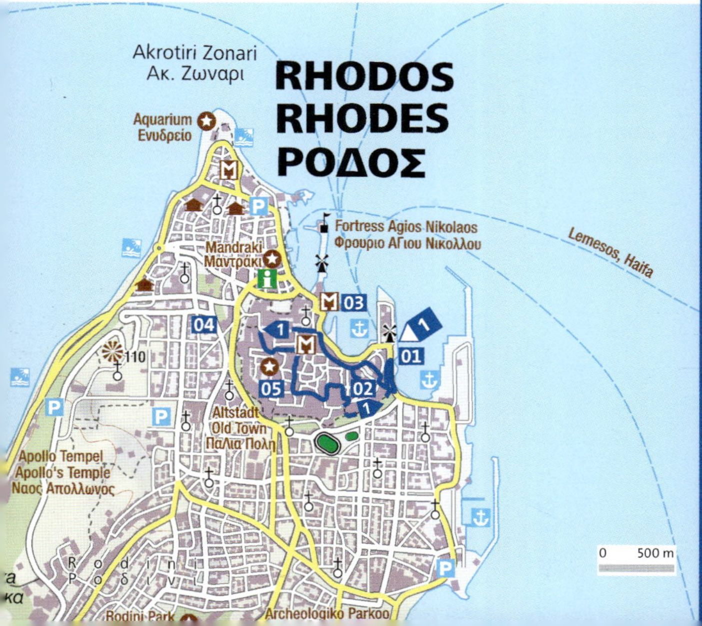

BURGGRABEN – BASTIONEN – STADTTORE – DER RITTERSTADT RHODOS

Äußerst spannender und historischer Erkundungsspaziergang durch den Burggraben der Ritterstadt

 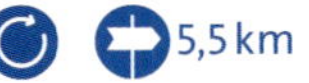 5,5 km 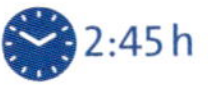 2:45 h 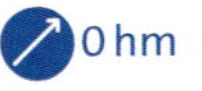 0 hm 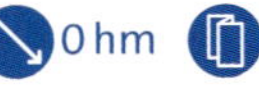 0 hm 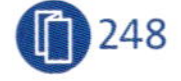 248

START | Buslinie: Alle wichtigen Buslinien verbinden die Inselorte mit Rhodosstadt. Pkw Anfahrt: Einen Parkplatz zu finden, ist die schwierigste Aufgabe bei dieser Tour. Aber man findet einen kostenlosen Parkplatz am Westufer der kleinen Bucht am Fährhafen. Dazu folgt man der Ausschilderung zum Hafen auf der EO95. Sobald wir zwei rotbraune Türme in ca. 150 m Entfernung sehen, biegen wir rechts auf einen Schotterparkplatz ab. Geokoordinaten: [GPS: N36° 26,454 O28° 13,933].
CHARAKTER | Einfacher Spaziergang auf guten Wegen.

Nachdem die Ritter sich Rhodos angenommen hatten, vervollständigten sie 1306, die bereits bestehenden byzantinischen Befestigungen. Ein sehr wichtiger Baustein ihrer Verteidigungsstrategie war der Burggraben, ein Annäherungshindernis, der Burg vorgelagert, um zu verhindern das die Angreifer unmittelbar an die

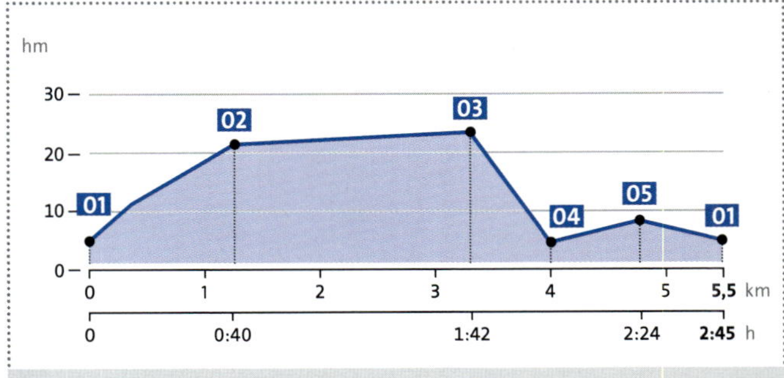

01 Carettobastion 3 m; 02 Koskinou Tor 21 m; 03 Amboisetor 19 m; 04 Paulustor 4 m; 05 das Marientor zum Hafen 1 m

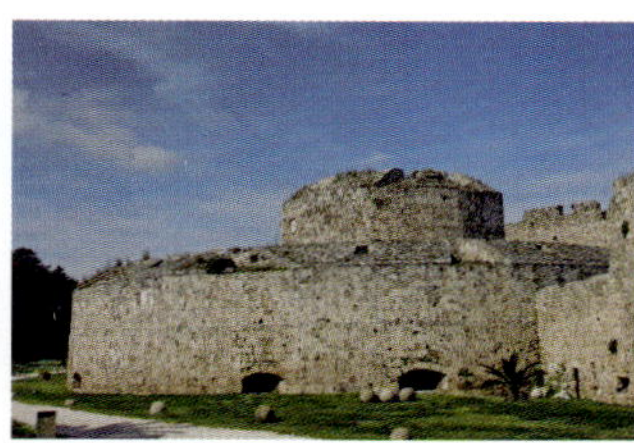
Rhodosstadt Carettobastion

Tore oder Mauern der Burg zu gelangen. Seither ist die 4 km lange Stadtmauer, mit bis zu 12 m dicken Mauern, rund 20 m hoch, unverändert. Was liegt da näher, als einen Orientierungsgang durch den bis zur 50 m breiten Burggraben der Ritterstadt Rhodos zu machen – ein sehr lohnendes Abenteuer. Es geht durch Tunnel und über Brücken, auf diesem Wege lassen sich am besten die 8 Verteidigungsabschnitte (französische Mauer, deutsche Mauer, Mauer der Ritter aus der Auvergne, die Mauer der Krone Aragon mit der spanischen Bastion, die englische Mauer, Mauer der Ritter der Provence und die Mauer der Italiener und um die Hafenanlage die Mauern von Kastilien) des Bollwerks des Johanniterordens erkunden.

▶ Wir gehen in südliche Richtung auf der Anfahrtsstraße zurück, zunächst entlang der Mauer zur historischen Altstadt, bis wir auf einzeln stehende Palmen treffen, dort gehen wir direkt im Festungsgraben weiter. Zur weiteren verbesserten Verteidigung wurden aus der Altstadt herausragende, kleine Festungsinseln errichtet. Die erste, die wir passieren, ist die 01 **Carettobastion** (3 m), wie der Name schon herleitet, der Turm der Italiener. Nur kurz später treffen wir auf ein Freilichttheater und danach auf die Johannesbastion. Direkt hinter dieser befindet sich ein schmaler Tunnel, der in die Altstadt führt. Dort angekommen gehen wir 100 m links, um dann wieder links das 02 **Koskinou Tor** (21 m) zur Neustadt zu erreichen. Es bietet sich ein imposanter Blick

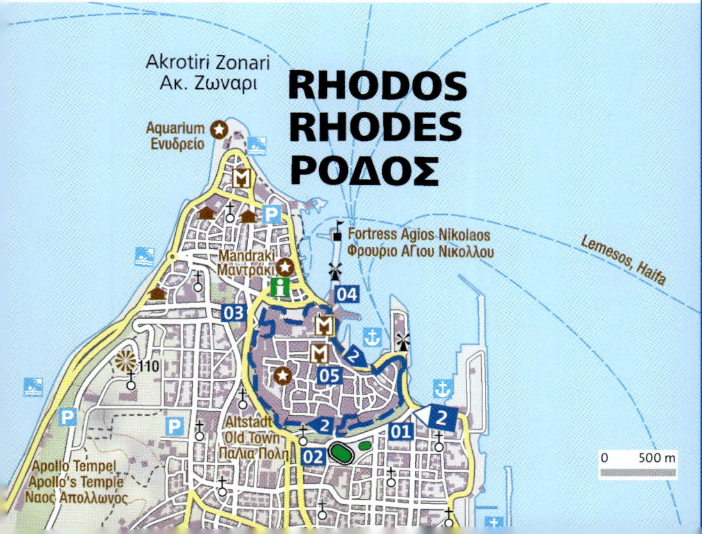

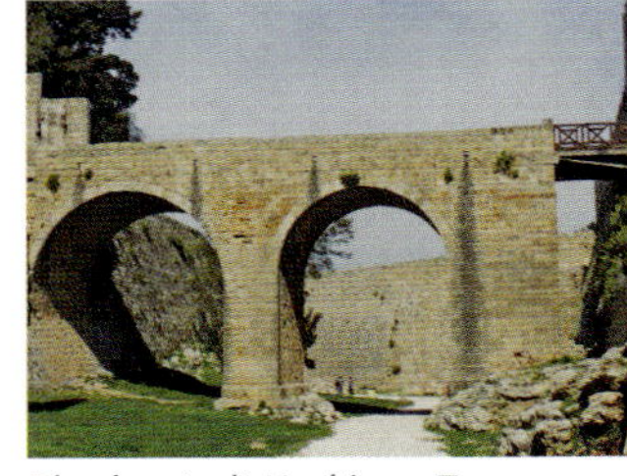

Rhodosstadt Koskinou Tor

entlang des Burggrabens. Wir gehen wieder zurück durch den Tunnel, rechts unter dem Koskinou Tor hindurch. Nach weiteren 150 m quert ein weiterer Tunnel in einen zweite Burggraben. Der Reihenfolge nach passieren wir nun: den Marienturm am südwestlichen Stadtrand, den Turm von Spanien und am westlichen Rand der Altstadt die deutsche Mauer mit dem Georgsturm und der Georgsbastion. Gut 70 m vor der nächsten Brücke gehen wir rechts über Holztreppen, durch einen Tunnel in einen kleinen Gartenbereich, bis zu einer Straße hinauf und folgen dieser links bis zum 03 **Amboisetor** (19 m). In unmittelbarer Nähe zum Großmeisterpalast ist es das eindrucksvollste der sieben mittelalterlichen Stadttore, das nach dem 41. Großmeister des Johanniterordens Emery d'Amboise benannt wurde. Auch hier gehen wir zunächst auf dem gleichen Weg bis in den Burggraben zurück, um dann unter dem Amboisetor hindurchzugehen. Unterhalb der steil aufragenden Mauern des Großmeisterpalasts umrunden wir nun den nördlichsten Bereich der Altstadt. Angekommen am Mandrakihafen gehen wir rechts entlang der Asphaltstraße. Überquert man die Straße nach links, erreicht man das 04 **Paulustor** (4 m). Wir gehen aber durch das Pili Eleftherias (Tor der Freiheit) in die innere Altstadt. Dieses Tor wurde 1924 von den Italienern errichtet, die sich als Befreier von der türkischen Herrschaft verstanden. Der dahinter liegende Platz Platia Simis beherbergt die Ruinen des Tempels der Aphrodite aus dem 3. Jahrhundert vor Christi. Auf der Küstenstraße gehen wir nun weiter Richtung Süden. Wir erreichen das imposante 05 Marientor zum Hafen (1 m). Es besteht aus zwei mächtigen Rundtürmen, wurde 1487 vom Großmeister Pierre de'Aubusson verstärkt und erwies sich bereits zwei Jahre später bei einem Angriff der Osmanen als wehrhaft. Weiter führt uns der Weg bis zum nordöstlichen Rand der Altstadt, mit dem St.-Katharina-Tor (Pili Agias Ekaternis), auch genannt das Tor des Meeres (Thalassini Pili) oder Hafentor (Pili Limaniou). Wir erreichen den Fährhafen und schon kurz später unseren Parkplatz.

Tipp

Lässt sich einfach mit der Wanderung 1 kombinieren.

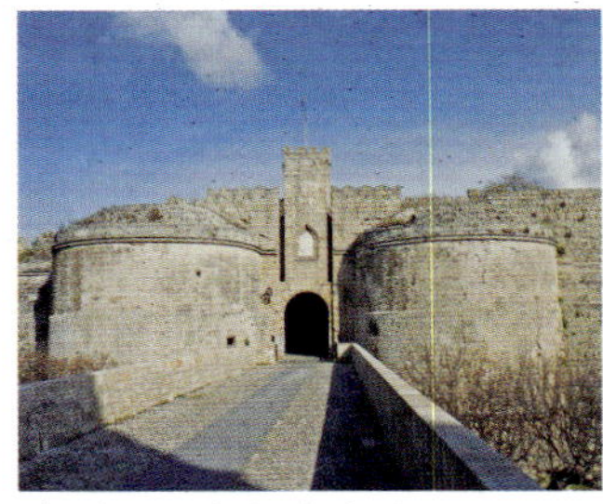

Rhodosstadt Amboisetor

NEUER MARKT – MANDRAKIHAFEN – AQUARIUM – ANTIKE AKROPOLIS

Auf Schusters Rappen entdecken wir Sehenswürdigkeiten von Rhodosstadt

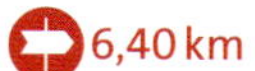

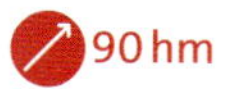

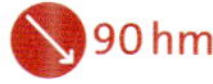

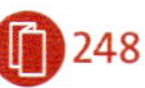

START | Buslinie: Reist man mit dem Bus an, so kann man die Wanderung am Wegpunkt zwei, am neuen Markt, beginnen. Pkw Anfahrt: Man folgt den braunen Hinweisschildern Richtung Akropolis. Gegenüber vom Park mit der Akropolis und dem antiken olympischen Stadien befindet sich zunächst ein Busparkplatz und ein kurzes Stück weiter ein Pkw-Parkplatz, der kostenlos ist. Geokoordinaten: [GPS: N36° 26,464 O28° 12,905].
CHARAKTER | Einfacher Spaziergang ohne große Höhenunterschiede.

Der Gebirgszug Risco de Famara ist ein 15 km langer und bis zu 670 m hoher Bergrücken parallel zur Küste. Am nördlichsten Zipfel von Lanzarote fallen die Klippen nahezu senkrecht bis zum Playa de la Canteria ab. Zwei markante Schluchtausläufer fräsen sich durch das 12 Millionen Jahre alte Massiv. Diese erste dokumentierte Tourenbeschreibung ist die Route vom Playa de la Canteria durch einen der beiden Schluchtausläufer und weiter durch die Nordostflanke des Gebirgszugs bis hinauf zum Mirador del Rio. Auf einem alten Handelspfad geht es zurück zum Ausgangspunkt.

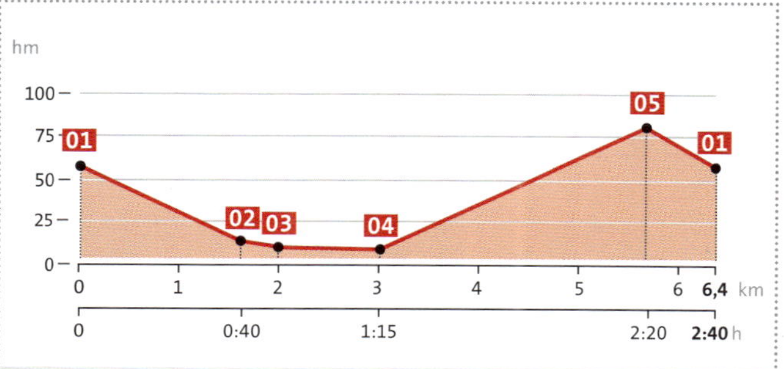

01 Start und Ziel Akropolis 43 m; 02 Neuer Markt – Nea Agora 3 m; 03 Mandrakihafen 3 m; 04 Aquarium 3 m; 05 Antike Akropolis 78 m

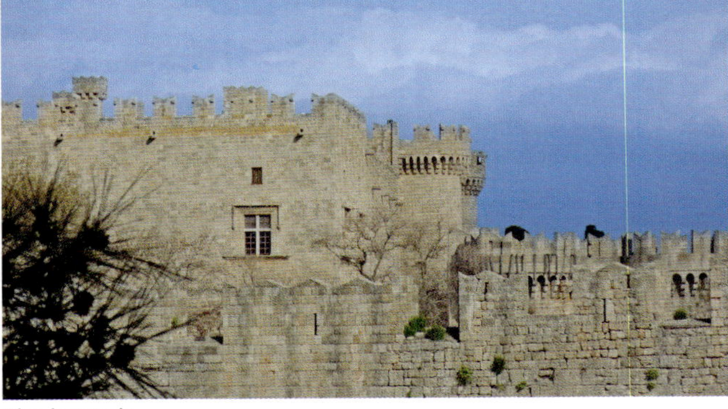
Rhodosstadt

▶ Vom 01 **Start und Ziel bei der Akropolis** (43 m) gehen wir links auf der Anfahrtsstraße, lassen den Busparkplatz rechts liegen und queren geradeaus die Kreuzung am Stoppschild. Nach 200 m endet diese Straße, auf der gegenüberliegenden Straßenseite befindet sich eine Ruine, hier gehen wir links Richtung Stadtmitte. Wir erreichen ein kleines bewaldetes Stück mit einer grünen Verkehrsinsel, hier halten wir uns halb links und erreichen eine zweite begrünte Verkehrsinsel. Beim Kinderspielplatz und den Cafés gehen wir rechts in die Straße, überqueren die Hauptstraße – rechts durch die Bäume kann man den Großmeisterpalast ausmachen – und gehen nun zunächst zwischen Hauptstraße und Burggraben. Sobald wir halb links auf der anderen Straßenseite Kuppeln sehen, sie vermitteln eher das Erscheinungsbild einer prächtigen Moschee aus der Zeit der türkischen Herrschaft, gehen wir durch den Haupteingang in den 02 **Neuen Markt – Nea Ago-**

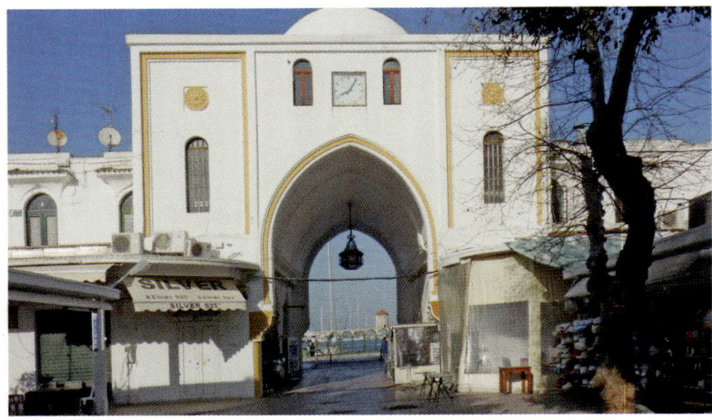

Neuer Markt

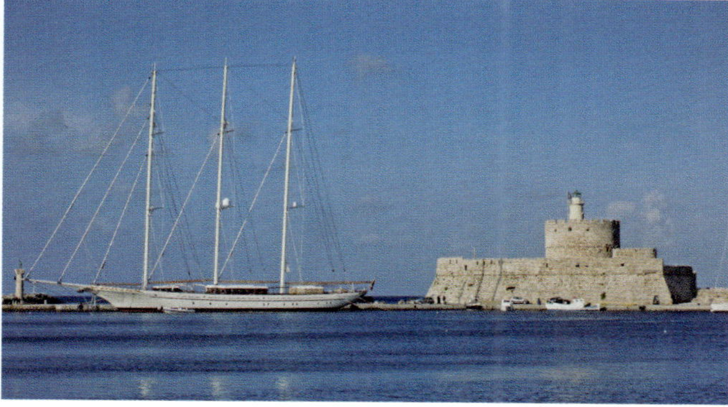

Mandrakihafen

ra (3 m). In unmittelbarer Nähe der mittelalterlichen Stadt, am Mandrakihafen gelegen, haben die Italiener einen Marktplatz errichtet. In der hofartigen Anlage, mit einem markanten Pavillon in der Mitte, unzähligen Ständen und Geschäften, Cafés, Tavernen und Restaurants, tummeln sich Einheimische und Touristen.

Wir queren den Markt und gehen direkt zur Hafenpromenade herunter und erreichen den 03 **Mandrakihafen** (3 m). Er wurde 408 v. Chr. gegründet. Im einstigen Fischerhafen liegen heute Ausflugsboote und Jachten. Vorbei führt der Weg am Casino und 1. Hotel der Insel, auch gebaut von den Italienern. Es folgt ein Hotel nach dem anderen. Der schöne Strand der Neustadt lockt mit Strandbars, Tavernen, einem Sprungturm sowie Volleyballfeldern. An der nördlichen Spitze von Rhodos erreichen wir das 04 **Aquarium** (3 m), 1934 unter italienischer Herrschaft erbaut. Das Aquarium ist in einer unterirdisch geformten Höhle untergebracht,

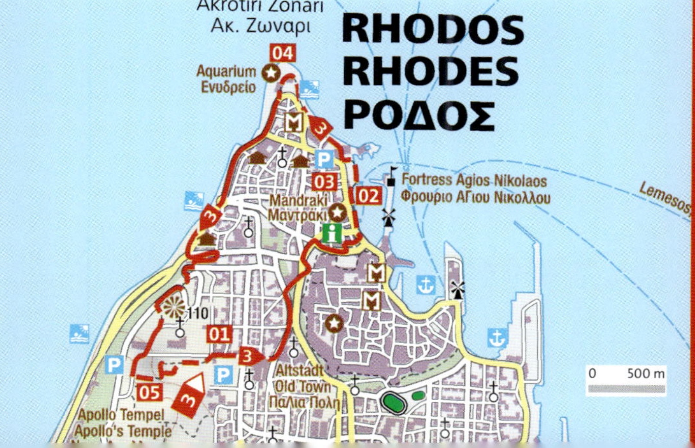

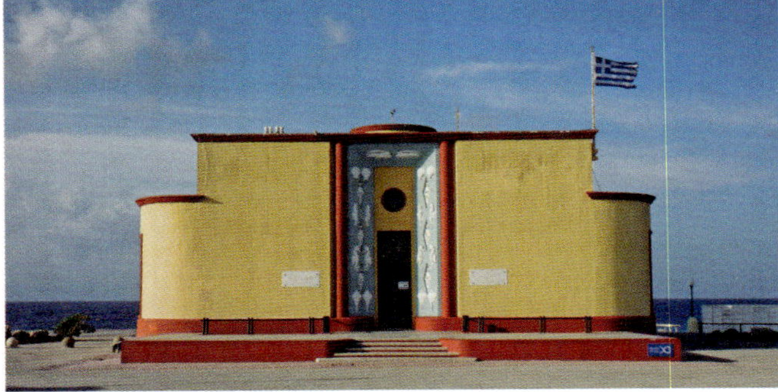

Das aquarium von Rhodosstadt

mit Gängen aus porösem Sandgestein und dekoriert mit natürlichen Schalentieren. Wir setzen unsere Wanderung am Stadtstrand fort, gehen noch vorbei am Kreisverkehr mit den Statuen (Diagoras von Rhodos auf den Schultern von Damagetos und Akousilaos) bis wir nach 400 weiteren Metern direkt hinter dem Hotel Belvedere S.A. in die Straße biegen und bei der nächsten Gelegenheit ca. 200 m scharf rechts die Sackgasse hineingehen. Die Straße endet vor einem Anwesen, hier gehen wir links auf dem Pfad bergauf. Wir erreichen eine Asphaltstraße und folgen dieser, bis in die Linkskehre, verlassen sie dort auf einem Pfad, der zu einer höher gelegenen Straße führt. Wir befinden uns nun fast auf dem 110 m hohen Monte Smith und die **05 Antike Akropolis** (79 m) ist in Sichtweite. Wir erreichen die 408 vor Christi gegründete antike Stadt Rhodos mit drei verbliebenen dorischen Säulen des Apollontempels, die Reste der Tempel der Athena und des Zeus, die Reste des 800 Zuschauer fassenden Stadions und eines Theaters. Durch die Parkanlage führt der Weg zurück zum Ausgangspunkt.

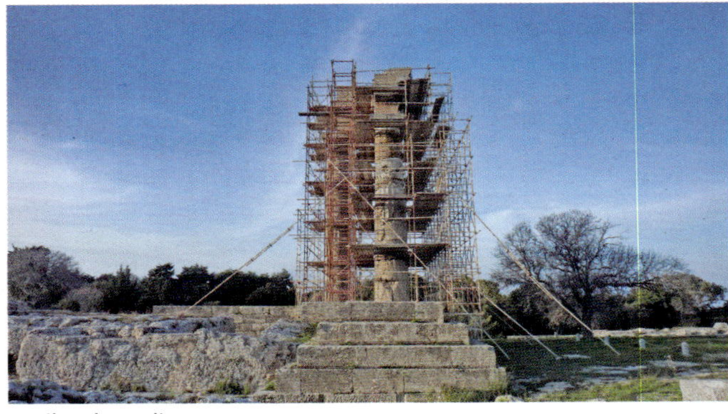

Antike Akropolis

RODINI PARK

Spaziergang durch eine Oase der Ruhe – und das im Zentrum der Hauptstadt

  2,6 km  1:20 h  30 hm 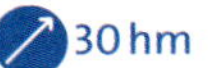 30 hm  248

START | Buslinie Nummer 3: fährt im Stundentakt vom Busbahnhof am Neuen Markt. Entfernung Rhodos-Stadtzentrum: 2 km. Mit dem Pkw: Von Rhodosstadt folgen Sie der Ausschilderung Richtung Lindos. Der Park mit Parkplatz liegt direkt an der Hauptstraße.
Geokoordinaten: [GPS: N36° 25,584 O28° 13,218].
CHARAKTER | Einfacher Spaziergang durch einen Park.

In einem Vorort der Hauptstadt Rhodos befindet sich der Rodini Park, eine Oase der Ruhe und ein beliebtes Naherholungsgebiet für Groß und Klein. Unter Schatten spendenden Platanen, Zypressen und Pinien lässt sich in heißen Sommermonaten erholsam picknicken. Ein kleiner Bach schlängelt sich durch die Anlage, an einigen Stellen haben sich kleine Teiche gebildet – der Treffpunkt von: stolzen Pfauen und laut schnatternden Gänsen. Brücken führen von einem zum anderen Ufer. Der Park wurde ursprünglich von den Johannitern angelegt und im südwestlichen Teil als Totenstadt genutzt. Während der Besatzungszeit der Italiener wurden zusätzliche Bäche, Staustufen, herrliche Bäume, Holzbrücken und Treppchen, stilvoll ergänzt. Im März besiedeln unzählige farbenprächtige Schwertlilien den Waldboden. Die Schwertlilie wurde nach der griechischen Göttin des Regenbogens benannt.

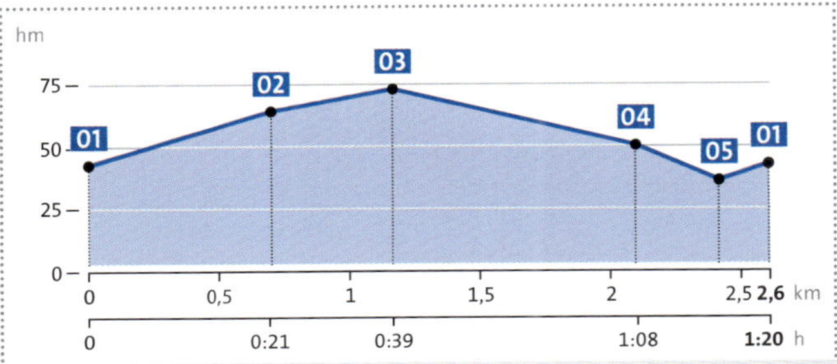

01 Eingang und Ziel 30 m; **02** Brücke am Ende der Schlucht 36 m; **03** Ptolemäer Grab 65 m; **04** Moos bedecktes Viadukt 34 m; **05** Brücke 29 m

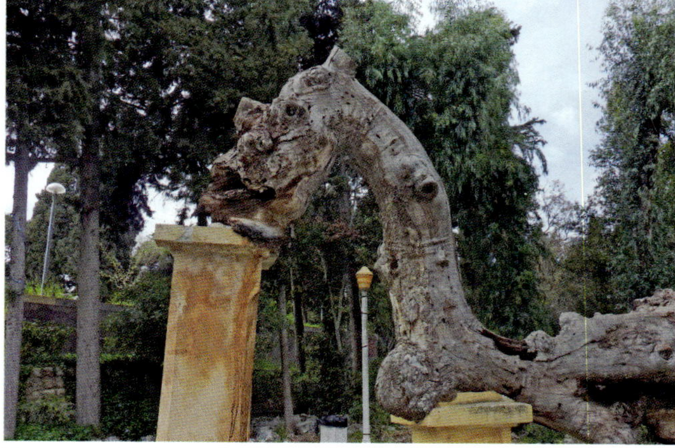

Eingang und Ziel

▶ Vom **01** **Eingang und Ziel** (30 m) lassen wir die auf säulengestützte Platane rechts liegen und gehen halb links, oberhalb des Bachlaufs, in den Park herein. Es geht entlang eines Maschendrahtzauns, links befindet sich bröseliger Felsen. Das Tal verengt sich und wir erreichen eine **02** **Brücke am Ende der Schlucht** (36 m), wir nehmen die Treppen bergauf und gehen direkt auf eine große freie Fläche, queren diese geradeaus über eine Schotterpiste bis zur Asphaltstraße – nicht bis zur Hauptstraße vorgehen – und gehen nun rechts auf der Asphaltstraße weiter. Links am Wegesrand befinden sich Tunnel, leider sehr vermüllt. Wir kommen an der alten Totenstadt der Johanniterritter vorbei. Rechts und links in dem Tunnel, durch den die Straße führt, sieht man in einem Tunnel aus dem Stein geschnittene Bänke und Tische, an denen das Totenmahl gehalten wurde. Die Straße macht nun eine Rechtskehre, während wir links, auf einem kleinen Pfad, zu einem **03** **Ptolemäer Grab** (65 m) gelangen. Der Name für das Grab wurde von einem Reisenden im 18.–19. Jahrhundert vergeben und hat nichts mit den Ptolemäer, der makedonisch-griechischen Dynastie, gemein. Wir queren den Fußballplatz Richtung eines türkisgrünen Gitters und erreichen eine Straße. Oberhalb des Bachlaufs errei-

Variante

Kombinieren Sie diesen Ausflug mit den Wanderungen 1, 2 oder 3.

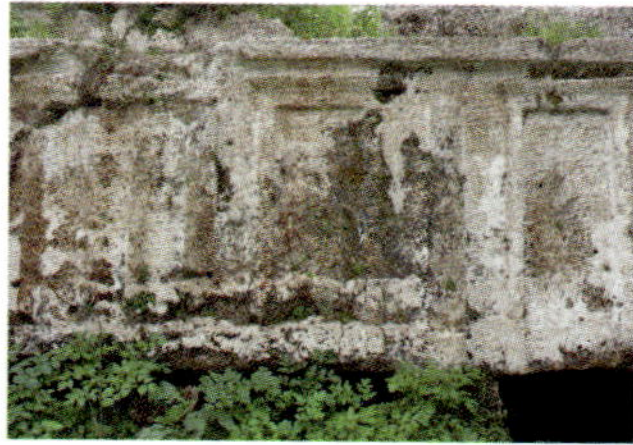

Potlemäer Grab

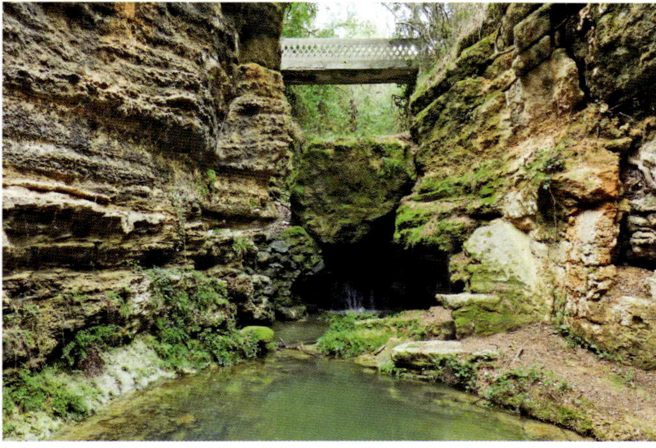

Brücke am Ende der Schlucht

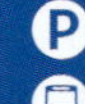
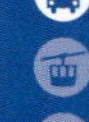
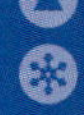

chen wir ein 04 **moosbedecktes Viadukt** (34 m). Über die Jahre hat sich der Park immer mehr zu seiner ursprünglichen Wuchsform gewandelt. Uralte Bäume, mit ausgehöhlten Stämmen und knorrigen Ästen, das Wasser fließt wie schon seit Jahrzehnten durch das von Menschenhand geschaffene Bachbett. Der Weg kommt zu einem Ende, wir hören die lauten Straßengeräusche, hier queren wir die nicht sehr stabil wirkende 05 **Brücke** (29 m) und bei den zwei mächtigen Eukalyptusbäumen geht es bergauf, wir erreichen die abgestürzte Platane.

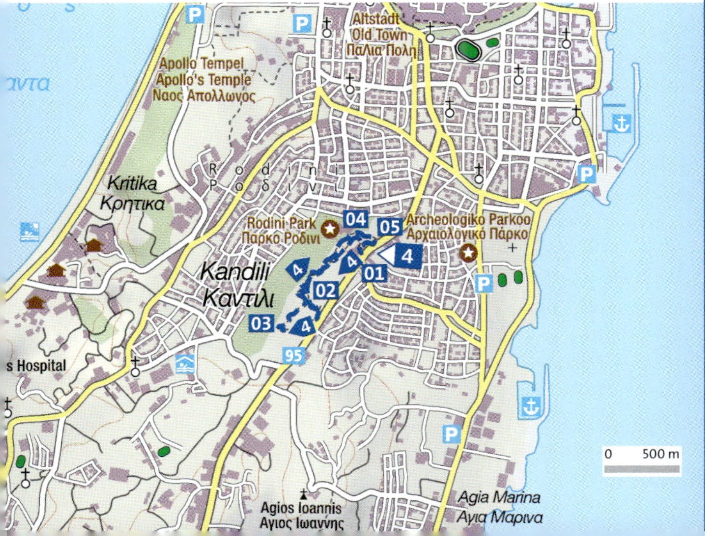

KLOSTER FILERIMOS

Was ist was, ist hier die Frage?

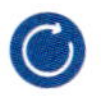
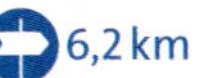

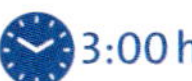

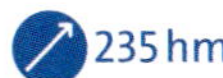

235 hm

START | Buslinie RODA: Fährt bis zu der Ortschaft Trianda und von dort sind es noch 1,7 km einfach bis zum Startpunkt. Rhodosstadt: 10 km. Pkw Anfahrt: Auf der nordwestlichen Küstenstraße Richtung Flughafen fahren und dann in der Ortschaft Trianda links der Ausschilderung zum Kloster folgen. Nach 1,7 km sehen wir auf der rechten Seite ein gelbes Häuschen, direkt vor diesem biegen wir rechts in die Schotterstraße ab, hier parken wir den Pkw. Geokoordinaten: [GPS: N36° 24,202 O28° 8,993].
CHARAKTER | Einfache Wanderung auf gut befestigten Wegen und Pfaden.

Der Besuch des dicht bewaldeten, 267 m hohen Plateaus von Ialyssos ist ein Ausflug in die verschiedenen Epochen der Insel, an einem der schönsten Flecken der Insel. Versuchen wir einmal die Sehenswürdigkeiten zeitlich zu sortieren. Uns erwarten: Die Überreste eines Tempels der Pallas Athene, eine byzantinische Burganlage, das Kloster Filerimos und einer byzantinischen Viersäulenkirche. Nicht zu vergessen die atemberaubenden Aussichten vom West- und Ostplateau. Anfang April übersehen Alpenveilchen und Lilien den Wanderweg mit einem farbenfrohen Blumenteppich.

▶ Beim **01 Start und Ziel** (38 m) gehen wir gut 10 m in die Schotterpiste hinein und steigen links auf

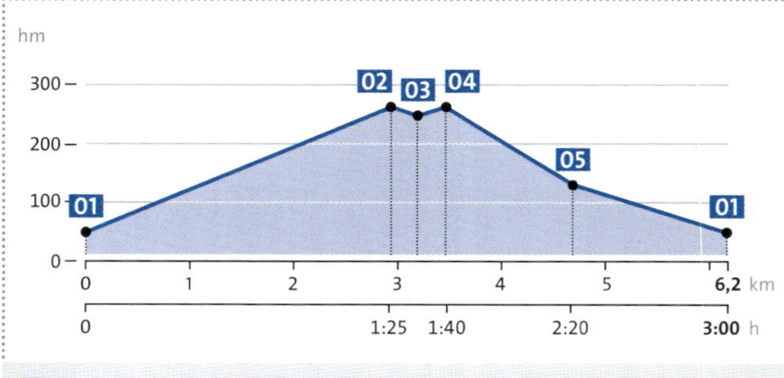

01 Start und Ziel 38 m; **02** Kloster Filerimos 262 m; **03** byzantinischer Burganlage 253 m; **04** Tempel der Pallas Athene 265 m; **05** Straße verlassen 131 m

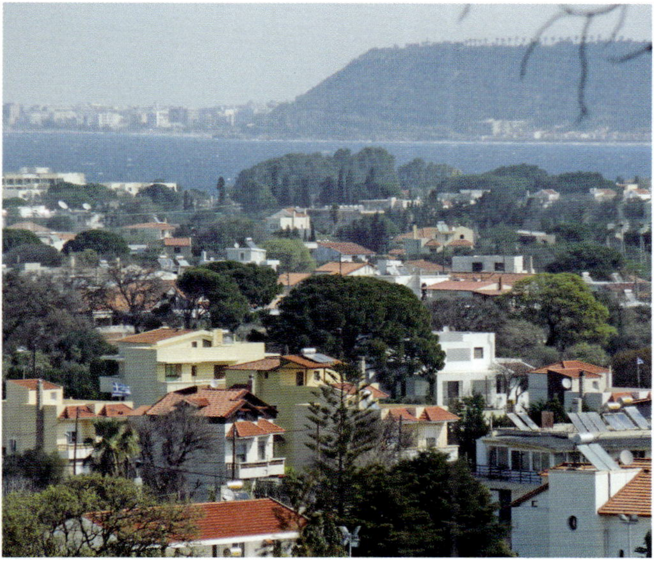

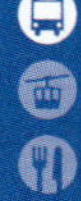
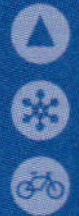

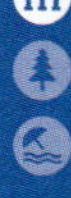

Blick auf Ialisos

dem schmalen Pfad durch den lichten Wald. Nach gut 150 m auf der Asphaltstraße verlassen wir diese in der Linkskehre nach rechts auf einen Pfad und sofort wieder links, nun steil bergauf. Abschnittsweise gehen wir über uralte Treppen – die Überreste des ursprünglichen Weges zum Kloster. Der Pfad endet, wir treffen auf die alte Asphaltstraße zur Klosteranlage, wir folgen dieser rechts bergauf, durch eine Linkskehre – vorbei an einem nicht intakten Brunnen. Wir queren die folgende Asphaltstraße ein kurzes Stück halb links bergab. Weiter

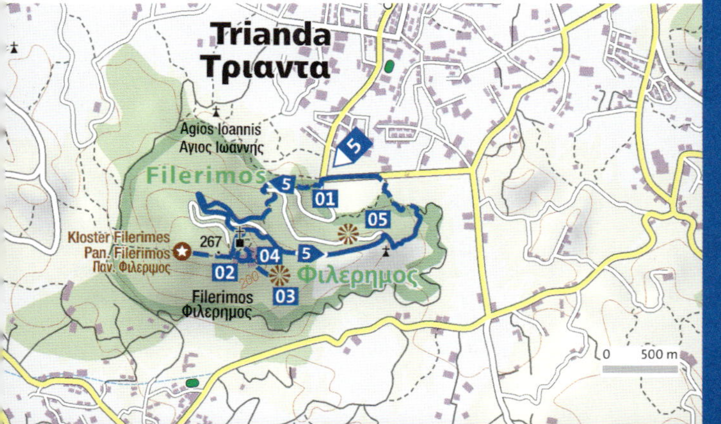

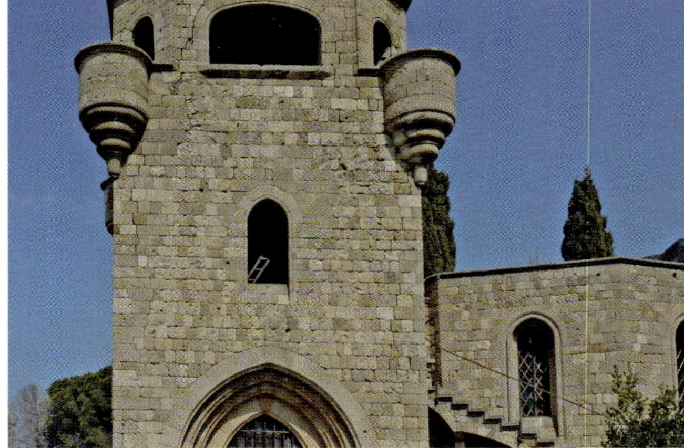

Byzantinische Viersäulenkirche

geht es auf einem schmalen Steig, bis wir 40 m hinter einer Ruine scharf rechts, auf einem schwer auszumachenden Wegstück, zum Klostergelände gelangen. Nicht nur die vielen Sehenswürdigkeiten, auch der Blick vom überdimensionalen großen Kreuz am Ende der beeindruckenden Baumallee, Richtung Westen, auf den Berg Profitis Ilias und bei guter Sicht das Attaviros-Gebirge, sind atemberaubend. Aber nun zum **02 Kloster Filerimos** (262 m). Seinen Namen hat der Berg von einem aus Jerusalem kommenden Mönch, der eine Ikone der Jungfrau Maria bei sich hatte und sich als Einsiedler niederließ. Dieser Mönch errichtete im 13. Jahrhundert eine Kapelle, die später zum Kloster und zur Kirche ausgebaut wurde – heutzutage ist es nicht mehr bewohnt. Besonders zu erwähnen ist die restaurierte Klosterkirche mit den Grundmauern einer Vier-Säulenkirche.

Ganz am Ostrand des Plateaus befindet sich eine verfallene **03 byzantinische Burganlage** (253 m) aus dem 5.–6. Jahrhundert nach Christi. Von hier ergibt sich eine beeindruckende Fernsicht Richtung Rhodosstadt. Auf seinem Plateau befand sich auch gleich neben der Klosterkirche die Akropolis der antiken Stadt Ialysos aus dem 3.–2. Jahrhundert vor Christi, der **04 Tempel der Pallas Athene** (265 m). Wir gehen zunächst bis zur Ruine auf dem Hinweg zurück. Direkt nach der Ruine halten wir uns rechts, die Treppen herunter, und noch abermals rechts, auf dem beginnenden Pfad, bis wir die Asphaltstraße erreichen und die **05 Straße** (131 m) erst in einer Linkskehre, rechts befindet sich eine Kapelle, verlassen. Dort geht es sofort links, den betonierten Weg, kurz später asphaltierten Weg, bergab. Nach einem gelben Gebäude gehen wir auf der rechten weiterführenden Schotterpiste. Die Schotterpiste endet, wir gehen links und bei der folgenden Weggabelung halten wir uns rechts, Richtung der Häuser. An der Asphaltstraße angekommen, erreichen wir nach 430 m den Ausgangspunkt.

KOSKINOU ORTSKERN

Spaziergang durch ein denkmalgeschütztes Labyrinth

 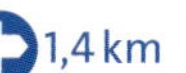 1,4 km 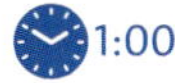 1:00 h 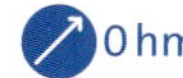 0 hm  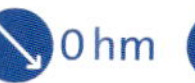 0 hm 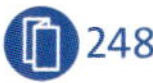 248

START | Buslinie KTL: Busse fahren bis zum 2,34 km entfernten Kresten Palace. Entfernung von Rhodosstadt: 10 km. Anfahrt mit Pkw: Auf der E095 Richtung Lindos fahren und dann links Richtung Koskinou abbiegen. Im Dorfkern am Hauptplatz gibt es viele Parkmöglichkeiten.
Geokoordinaten: [GPS: N36° 23,227 O28° 12,780].
CHARAKTER | Einfacher Spaziergang durch Gassen. Leicht verliert man in dem Häuserlabyrinth die Orientierung.

Zwischen Rhodosstadt und Faliraki befindet sich das kleine Dorf Koskinou, 4 km vom Strand entfernt. Der alte Ortskern des ursprünglichen Dorfes steht unter Denkmalschutz und ist auf jeden Fall einen Besuch wert. Noch im 19. Jahrhundert war es ein Vorort von Rhodosstadt. Auf einem Rundgang durch die engen und verwinkelten Gassen lässt sich am besten der klassische Dorfkern aus Villen im klassizistischen Stil, traditionellen Wohnhäusern, schmiedeeisernen Toren, bunten Häusern und Fassaden mit kunstvollen Kieselmosaiken und ihren blumengeschmückten Innenhöfen erkunden. Die Hektik der Hauptstadt Rhodos ist hier schnell vergessen und die wenigen Touristen verschmelzen mit der Bevölkerung.

▶ Am 01 **Start und Ziel** (96 m), bei dem großen Kreisverkehr im

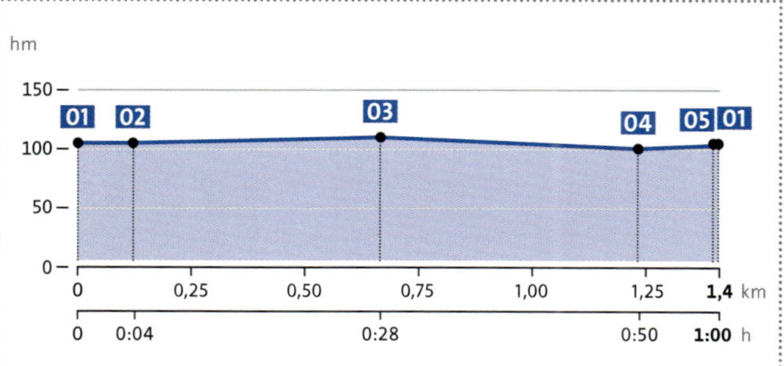

01 Start und Ziel 96 m; 02 Kreuzung 89 m; 03 rostige Türen 101 m; 04 Taverne 103 m; 05 Kirche 102 m

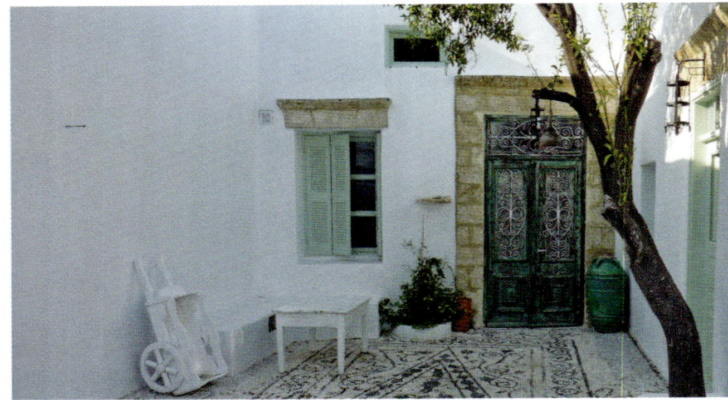

Koskinou traditionelle Wohnhäuser

Dorfkern, wir haben das mittig im Kreisverkehr stehende Tor im Rücken, hier gehen wir in die Straße zwischen dem Haus mit den dunkelbraunen Jalousien und der Taverne mit der Julius-Mein-Kaffeemarke. Am Ende der noch unspektakulären Straße, nach 100 m – bei einer großen Agave –, gehen wir halb links, queren geradeaus die sofort nachfolgende 02 **Kreuzung** (89 m). Wir befinden uns jetzt in einer ersten schmalen Gasse, mit einer markanten ockerbraunen Hauswand. Am Ende der 140 m langen Straße gehen wir sofort links und nach weiteren 40 m abermals links in eine weitere sehr schöne Gasse. Diese endet, gegenüber befindet sich eine braune Tür, wir gehen links,

Tipp

Im späten Abendlicht ergeben sich grandiose Farbspiele.

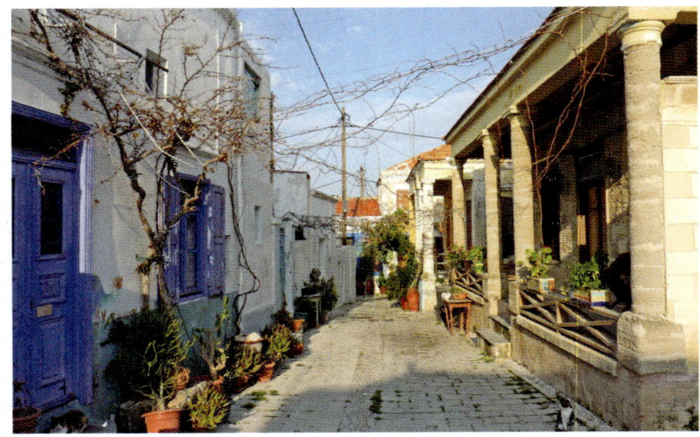

Koskinou traditionelle Wohnhäuser

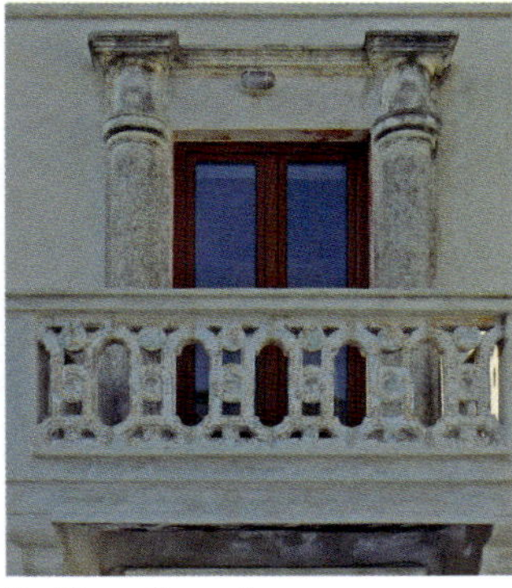

Koskinou Fassaden

treffen auf die Kreuzung vom Hinweg, lassen den Abzweiger vom Hinweg liegen und überqueren diese geradeaus. Nach den Hausnummern 17 und 19 biegen wir abermals nach 40 m rechts in die Gasse. Hinter der Hausnummer 24 und 26 lassen wir den Abzweiger links bergauf liegen und gehen geradeaus weiter. Bei auffallend **03 rostigen Türen** (101 m) und Fensterläden, der Hausnummer 55, gehen wir links in die Gasse und bei der Hausnummer 319 gehen wir rechts vorbei an einem in der Gasse stehenden abgesägten Baum. Die schmale Gasse endet und wir gehen rechts weiter. An dieser Stelle empfiehlt sich noch ein kleiner Ausflug in die links liegenden Gassen, bevor es dann auf der Asphaltstraße ein kurzes Stück bergab geht, um sofort wieder rechts bergauf und dann direkt vor Haus 35, durch einen verengten Weg, entlang des gelben Geländes zu gehen. Wir gehen nun am östlichen Ortsrand entlang des Geländers leitet uns der Weg automatisch in eine weitere Gasse, diese mündet nach einer Rechtskurve in eine Straße, auf der wir halb rechts ein Stück bergauf gehen und nun 80 m bis zur **04 Taverne** (103 m) zurücklegen. Direkt dahinter befindet sich ein kleiner Platz, bei dem Haus mit lila angemalten Türen und Fensterläden gehen wir links und nach 30 m gleich wieder links. Diese Gasse führt uns Richtung **05 Kirche** (102 m), wir gehen aber zuvor rechts in die Straße, zurück zum Kreisverkehr im Dorfkern.

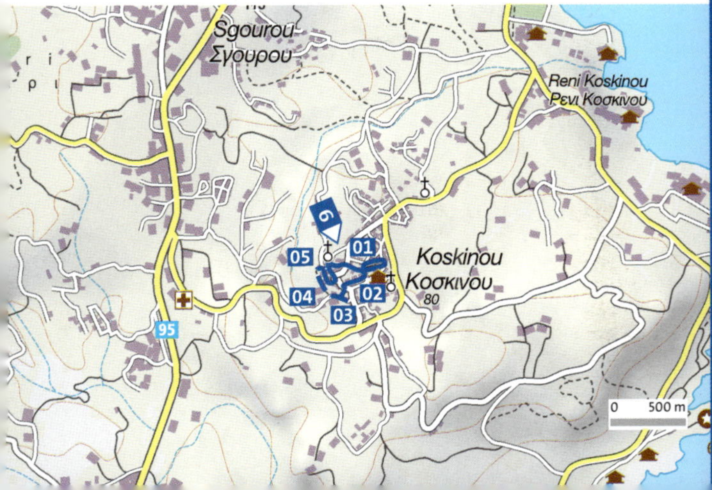

7

THERMEN VON KALITHEA – STRAND VON KALITHEA

Wanderung entlang der wunderschönen Bucht von Kalithea mit den gleichnamigen Thermen

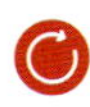 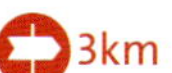 3km 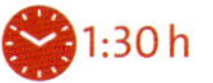 1:30 h 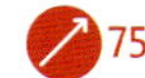 75 hm  75 hm  248

START | Buslinie KTEL: Alle Busverbindungen entlang der Südostküste halten oberhalb der Thermen. Entfernung Rhodosstadt: 9 km. Mit dem Pkw: Bei der Fahrt Richtung Lindos nehmen wir den linken Abzweiger Richtung der ausgeschilderten Thermen. Ein großer Parkplatz steht zur Verfügung.
Geokoordinaten: [GPS: N36° 22,642 O28° 14,223].
CHARAKTER | Einfache Wanderung auf gerölligem Untergrund. Zwischen dem Wegpunkt 4 und dem Wegpunkt 3 befindet sich eine Kletterstelle, daher der Schwierigkeitsgrad rot, sonst wäre sie blau.

Auf dieser Wanderung verknüpften wir einen der kulturellen Höhepunkte von Rhodos, mit einer Wanderung für Genießer. Die entspannende wohltuende Wirkung der Thermen von Kalithea, war schon in der Antike bekannt. So soll der römische Kaiser Augustus bereits Kalithea besucht haben, um sich von dem Stress des Regierens zu erholen. Der Wanderweg führt entlang eines der schönsten Tauchreviere auf Rhodos. Das tiefe, blaue Wasser ist ein Garant für spannen-

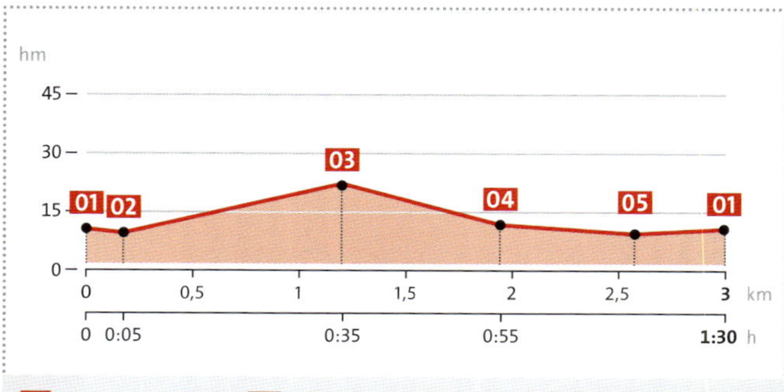

01 Start und Ziel 14 m; 02 Thermen von Kalithea 3 m; 03 Varinate 21 m; 04 Kalithea Mare Palace Hotel 1m; 05 bizarre Steinobjekte 14 m

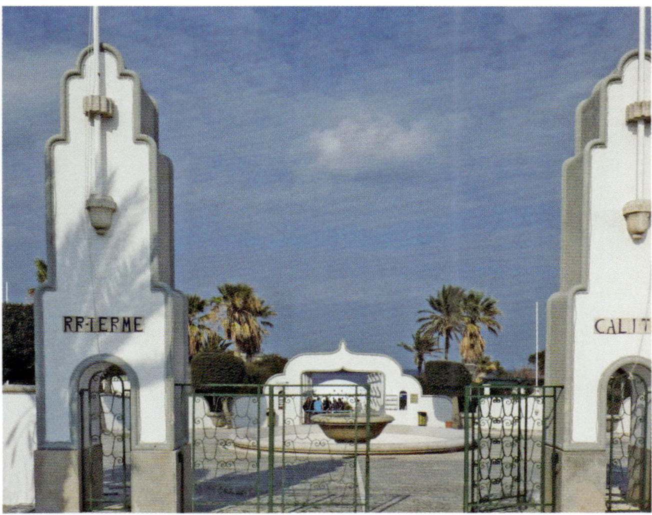

Koskinou traditionelle Wohnhäuser

de Ausflüge in die fantastische Unterwasserwelt und wir Wanderer staunen über dem atemberaubenden Fernblick. Erfrischende Bademöglichkeiten gibt es am Strand bei den Thermen und beim Hotel.

▶ Vom 01 **Start und Ziel** (14 m) gehen wir durch die mächtigen Pfeiler der Eingangspforte, vorbei an einem Springbrunnen direkt in die Anlage. Die Thermen gehören zu den herausragenden architektonischen Werken der damaligen Zeit. Wege aus Kieselstein-Mosaiken führen zum halbförmigen Atrium, von wo das Thermalwasser der sechs Quellen zur Badeanstalt weitergeleitet wird. Nachdem wir den Haupteingang der 02 **Thermen von Kalithea** (3 m) verlassen haben, gehen wir rechts, die stark erodierte Schotterpiste bergauf, bis der Weg endet. Dort

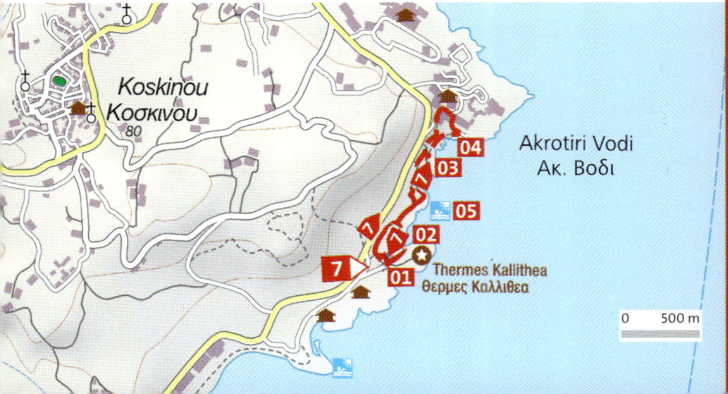

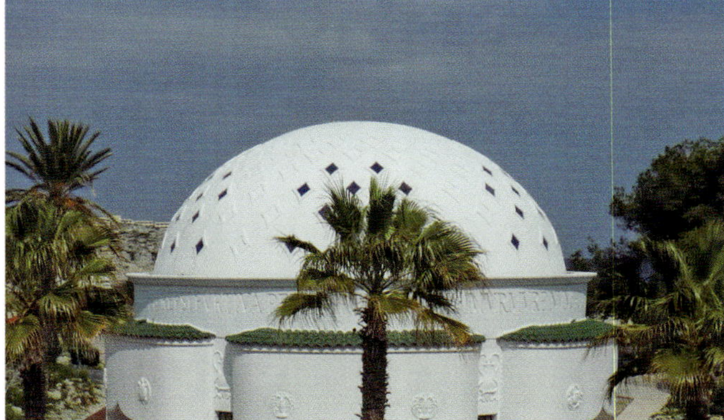

Thermen von Kalithea

geht es rechts auf der Piste weiter, bei den nachfolgenden 200 m ignorieren wir Abzweiger, bis zu einer Weggabelung, um hier halb links auf dem Pfad weiterzugehen. Nach weiteren 150 m, mittig befindet sich ein großer Busch, gabelt sich der Pfad, wir gehen links bergauf, nun immer unterhalb der Hauptstraße. Im weiteren Verlauf treffen wir auf ein komplexes Wegenetz. Wir gehen über eine Anhöhe und sehen bereits in der Ferne das Kalithea Mare Palace Hotel. Mal auf gleicher Höhe mit dem links auf dem Berg stehenden Funkmast gehen wir halb rechts auf einen breiteren Weg herunter. Hier gilt es sich zu entscheiden, ob man die 03 **Variante** (21 m) gehen möchte oder an dieser Stelle umdreht. Sonst gehen wir halb links auf dem Pfad, am Hotel die paar Stufen über den Volleyballplatz und links um das vor uns liegende Gebäude herum. Wir befinden uns nun am nördlichen Ende der Bucht von Kalithea auf dem Gelände des 04 **Kalithea Mare Palace Hotel** (1 m). Hier folgen wir der Ausschilderung Richtung Strand, queren diesen Strand auf seiner gesamten Länge, bis wir eine Felswand erreichen. Eine mit Steinen aufgehäufte Erhöhung unterstützt uns, die Kletterstelle zu überwinden. Zunächst gehen wir halb rechts leicht bergauf, entlang der Klippe zum Hotelstrand, um dann auf den Wegpunkt 03 zu treffen. Hier gehen wir nun links auf einem weiteren Pfad, der sich mittig zwischen der rechts oben liegenden Straße und den Klippen links befindet. Im weiteren Verlauf nähert sich der Pfad den Klippen, wir umrunden einen mächtigen Felsen und können 05 **bizarre Steinobjekte** (14 m) beobachten. Nur kurz später treffen wir auf den Hinweg, der der verbleibende Rückweg ist.

Variante

Möchte man nicht über das Gelände des Kalithea Mare Palace Hotel, den nachfolgenden Strand, gefolgt von einer kleinen Kletterpartie, gehen, so dreht man bereits beim Wegpunkt 4 um.

SORONI – AUSSICHTSPUNKT • 169 m – KLOSTER PANAGIA PANTANASSIS

Durch das Hinterland der wilden Nordwestküste zu einem überdachten Aussichtspunkt

 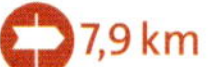 7,9 km 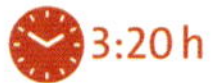 3:20 h  153 hm 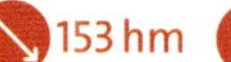 153 hm  248

8

START | Buslinie RODI: Im 1½ bis 2-Stunden-Takt fahren die Busse. Entfernung Rhodosstadt: 22 km. Mit dem Pkw: Wir fahren auf der nordwestlichen Küstenstraße vorbei am Flughafen, bis wir die Ortschaft Soroni erreichen. Gegenüber dem Café Daluz befindet sich links eine große Parkfläche.
Geokoordinaten: [GPS: N36° 21,798 O28° 0,177].
CHARAKTER | Einfache Wanderung ohne große Höhenunterschiede auf gut befestigten Wegen.

Die Region um das Dorf Soroni ist bekannt für den Weinanbau. Ein besonderes Mikroklima sorgt in den Wintermonaten für viel Regen und im Sommer verhindern kühlende Winde aus Nordwest, dass es zu heiß wird. Dieses Phänomen können wir auch auf der heutigen Wanderung erleben. Es folgt leichte Wanderung – Zeit für Gefühle – zu einem aussichtsreichen Aussichtspunkt. Es ergibt sich eine perfekte 360° Rundsicht: Richtung Norden sieht man die Ägäis, Richtung Westen den Berg Profitis Ilias – zuerkennen an den vielen Funk Masten – und dahinter die Berggipfel des Attaviros Gebirgsmassivs. Auf dem Rückweg gibt es noch die Möglichkeit das Neuzeitkloster Panagia Pantanassis zu besichtigen.

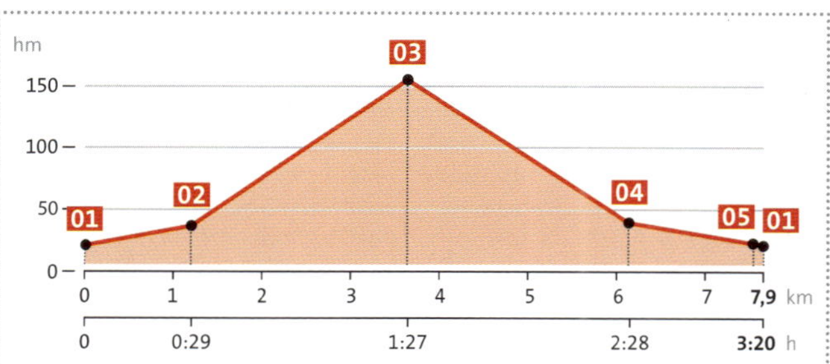

01 Start und Ziel Soroni 18 m; 02 Abzweiger 27 m; 03 Aussichtspunkt 169 m; 04 Kloster Panagia Pantanassis 37 m; 05 Kirche von Soroni 23 m

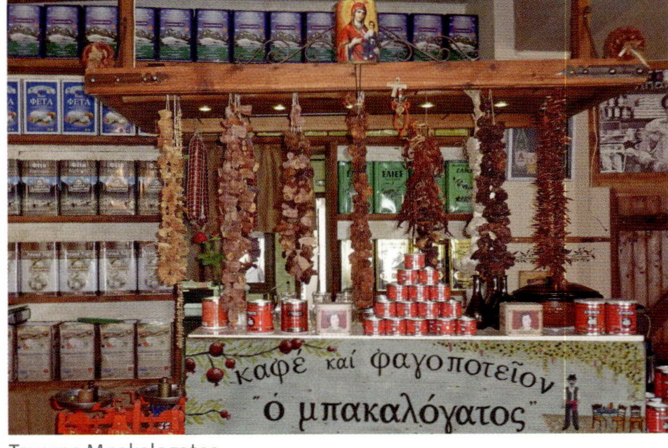

Taverne Mpakalogatos

▶ Vom **01 Start und Ziel Soroni** (18 m) gehen wir zunächst auf der weiterführenden Anfahrtsstraße, wir passieren den rechten Abzweiger Richtung Soroni Beach, gehen bei der nächsten Möglichkeit links in den gepflasterten Weg und bei der folgenden Weggabelung nach 50 m halb rechts. Bei einer weiteren Weggabelung, hier steht ein Haus mittig, gehen wir rechts, nach mächtigen Norfolktannen, geradeaus, wir lassen das Dorf hinter uns. Durch ein kleines Hochtal geht es vorbei an Olivenbäumen, Eukalyptusbäumen, Weinreben und Feigenbäumen, bis zu einem Bach, an diesem **02 Abzweiger** (27 m) gehen wir links auf der Schotterpiste bergauf und nicht geradeaus zur Hauptstraße. Immer wieder treffen wir auf Abzweiger, wir gehen aber kontinuierlich bergauf auf der nun sehr breit gewordenen Schotterpiste. In der Ferne sehen wir bereits den Aussichtspunkt mit Überdachung, wir gehen aber zunächst einmal an dem Gipfel vorbei, noch ein kurzes Stück bergab, bis dann scharf rechts ein Abzweiger zum Gipfel mit **03 Aussichtspunkt** (169 m) führt. Wir gehen ein kurzes Stück auf dem Hinweg, dann aber rechts auf dem weiterführenden Weg, der sich bereits nach 50 m gabelt und wir auf dem rechten, stark erodierten Weg bergab gehen. Es geht vorbei an einem dunkelroten verlassenen Haus, der Weg macht eine Linkskehre und wir gehen nun im stetigen Bergauf und Bergab direkt auf einem Bergrücken. Schlussendlich geht es bergab durch einen lichten Kiefernwald, in der Ferne sieht man die rauchenden Schlote des Kraftwerks, bis wir links, direkt auf dem Pfad am Maschendrahtzaun, laufen. Nur 10 m nach einer Rechtskehre des Zauns gehen wir sofort links auf ein Feld und halb links über

Tipp

Das Kloster ist sehr sehenswert.

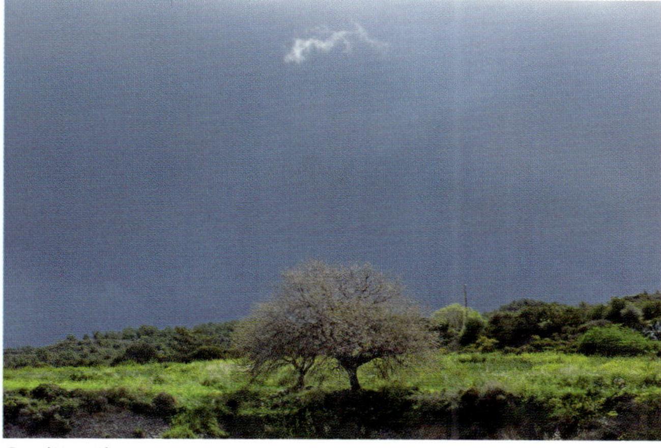

Gewitterstimmung

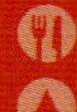
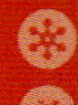

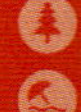

das Feld auf ein alleinstehendes Haus zu. Einmal die Anfahrtsstraße zum Haus erreicht, gehen wir rechts herunter zur Asphaltstraße und abermals rechts zum **04 Kloster Panagia Pantanassis** (37 m). Die Klosteranlage kann zu folgenden Zeiten besucht werden: 7:00–12:00 und 16:00–17:30 Uhr. Zu beachten ist: angemessene Kleidung, also bedeckte Schultern und Knie und keine Shorts bzw. Trägerhemden oder sogar T-Shirts. Nach dem Besuch des Klosters gehen wir auf der Asphaltstraße, bis die Straße endet. Hier gehen wir links nun direkt auf die **05 Kirche von Soroni** (23 m) zu. Sobald wir auf direkter Höhe mit der Kirche sind, biegen wir in die Straße rechts, wir erreichen den Ausgangspunkt.

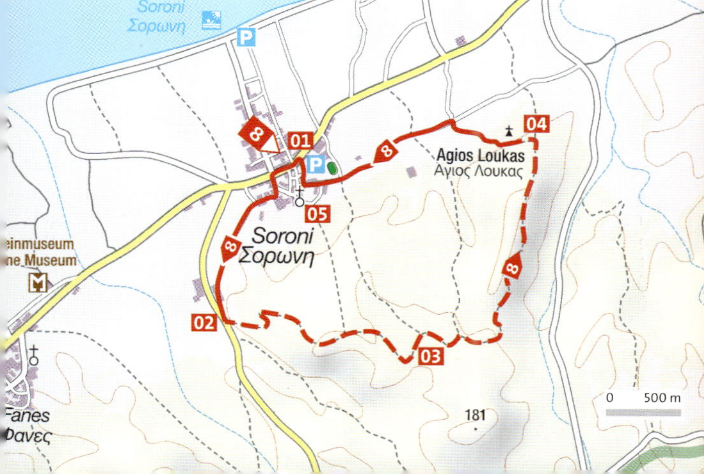

STRAND VON KALVARDA – MOUNT AKRAMYTIS • 131 m

Landschaftlicher Zauber, eine archäologische Stätte und ein traumhafter Strand

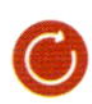 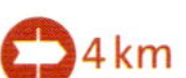 4 km  2:10 h  122 hm  122 hm  248

START | Buslinie RODA: Die einzig sinnvolle Verbindung wäre 7:30 Uhr von Rhodos, 14:45 Uhr wieder zurück. Entfernung Rhodosstadt: 30 km. Anfahrt Pkw: Auf der nordwestlichen Küstenstraße Richtung Flughafen und weiter Richtung Soroni, um von dort zunächst der braunen Ausschilderung Richtung Kamiros zu folgen. Zuvor kann man bei der Taverne Old Kamiros bequem parken. Geokoordinaten: [GPS: N36° 20,537 O27° 55,015].
CHARAKTER | Einfache Wanderung, nur der kurze Aufstieg ist weglos und erfordert etwas Navigationsgeschick.

Kamiros ist die 3. und die kleinste der 3 antiken Stätten von Rhodos und liegt landschaftlich sehr reizvoll oberhalb von mehr Meer. Von der Stadt ist ein umfangreiches Grabungsfeld geblieben, das ein anschauliches Beispiel einer antiken Stadtanlage darstellt. Um 1000 v. Chr. wurde Kamiros im Zuge der „Ionischen Wanderung" von dorischen Griechen gegründet. Auf unserer Wanderung umrunden wir einmal komplett die antiken Stätten von Kamiros genießen eine traumhafte Aussicht von einem verträumten Aussichtspunkt. Vielleicht könnte man die heutige Tagesplanung

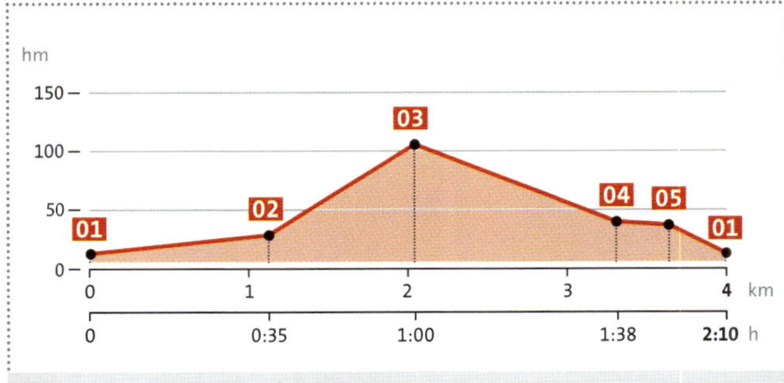

01 Strand von Kalvarda 5 m; 02 Abzweiger 20 m; 03 Mount Akramytis 131 m; 04 Piste endet 38 m; 05 Asphaltstraße 37 m

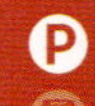
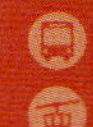

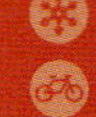

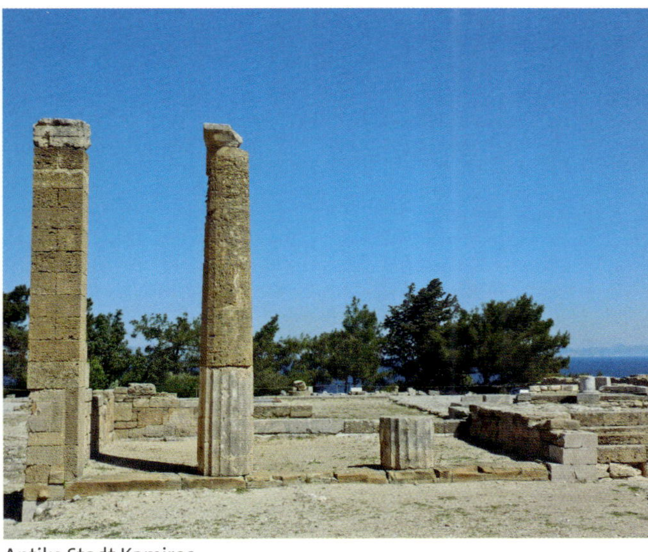

Antike Stadt Kamiros

wie folgt gestalten: Sonnenbaden, Wandern, die antike Stätte von Kamiros besichtigen, Einkehr in eine typisch griechische Taverne und wieder Sonnenbaden?

▶ Vom 01 **Strand von Kalvarda** (5 m) gehen wir nur ein kurzes Stück auf der Hauptstraße, biegen links auf die Straße Richtung der antiken Stätten von Kamiros ab, verlassen diese aber bereits nach einigen Metern in der Linkskurve und gehen hier geradeaus weiter, direkt auf die Schotterpiste durch eine Linkskehre und nun weiter landeinwärts. Nach 520 m lassen wir den linken Abzweiger

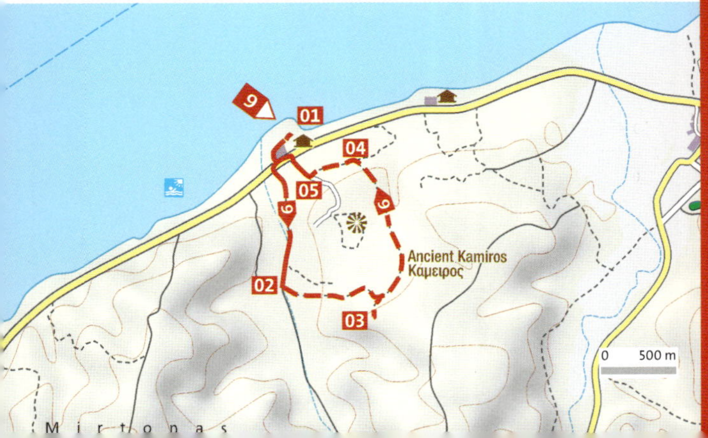

zu einer Blechhütte liegen und gehen durch das kleine Waldstück. Das Waldstück endet, wir sehen rechts ein einzelstehendes Haus mit der Nummer 146 und wir nehmen den 02 **Abzweiger** (20 m) nach links.

Vorbei an einem Olivenhain gehen wir leicht bergauf, bis der Weg an einer kleinen Steinmauer in einem Bachbett endet. Auf dem oberen Ende des Olivenhains gehen wir weitere 30 m links, bis wir rechts bei einer sandigen Stelle auf die Böschung steigen. Auf dem ersten Teilstück ist noch ein Pfad auszumachen, aber schon bald geht es in 20–40 m Entfernung zu dem rechts liegenden Bachlauf bergauf.

Auf dem letzten Stück verliert sich auch der Bachlauf, bei der vor uns liegenden Einsattelung erreichen wir einen Pfad, hier gehen wir rechts bis zum kleinen Gipfel des 03 **Mount Akramytis** (131 m) vor. In nördliche Richtung schauen wir weit über die Ägäis mit ihren vielen Inseln, südöstlich befindet sich der Profitis Ilias – zu erkennen an den vielen Funktürmen – und bei guter Sicht kann man den Gipfel des höchsten Bergs der Insel, den Attaviros – zu erkennen an der weißen Radarkugel –, ausmachen. Wir gehen zunächst auf dem Hinweg bis an den niedrigsten Punkt der Einsattelung zurück, bis wir zu dem rechts tiefer liegenden Olivenhain weglos absteigen. Am nördlichen, dem Meer zugewandten Teil des Olivenhains verlassen wir diesen durch ein Gatter und gehen fortan auf der Piste weiter. Abermals passieren wir einen Olivenhain, gehen parallel zu einem Bachlauf, bis die 04 **Piste endet** (38 m). Von dort gehen wir links bis zur 05 **Asphaltstraße** (37 m) vor, folgen dieser nun rechts bis zur Hauptstraße herunter und weiter rechts zum Ausgangspunkt der Wanderung.

Variante

Auf jeden Fall diese Wanderung mit dem Besuch der antiken Stätten von Kamiros verbinden.

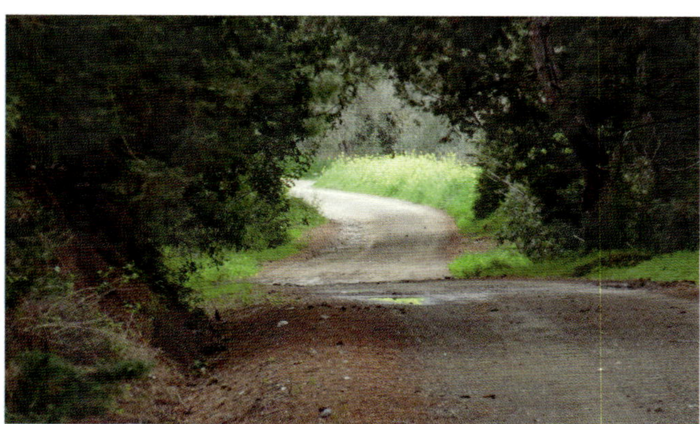

Romantischer Waldweg

SCHMETTERLINGSTAL – KLOSTER KALOPETRAS – RUNDWEG

Achtung! Ein Schmetterling könnte dich berühren

 5,1 km 2:30 h 176 hm 176 hm 248

START | Buslinie: keine. Entfernung Rhodosstadt: 23 km. Anfahrt Pkw: Auf der nordwestlichen Küstenstraße fahren wir vorbei am Flughafen und folgen dem linken Abzweiger Richtung „Butterfly Valley“. Wir fahren noch am Haupteingang vorbei und erreichen einen kostenlosen großen Parkplatz.
Geokoordinaten: [GPS: N36° 20,317 O28° 3,559].
CHARAKTER | Leichte Wanderung auf gut befestigten Wegen.

Das Schmetterlingstal ist ein einzigartiges Biotop von seltener landschaftlicher Schönheit. In diesem kleinen Tal versammeln sich in der letzten Phase ihres Lebenszyklus riesige Mengen von Schmetterlingen, der Lebensraum der Schmetterlingsart Panaxia Quadripunctaria. Sie werden angelockt von dem Duft des Harzes der Ankerbäume. Weiter geht es zu einem Kloster, das mit seinen angepriesenen Schmankerls und der guten Aussicht zum Verweilen einlädt. Auf dem Rückweg geht es dann noch an einer mysteriösen Ruine vorbei, der Ausblick von dort ist idyllisch.

▶ Vom oberen Parkplatz am 01 **Start und Ziel** (203 m) gehen wir auf der Anfahrtsstraße bis zum Haupteingang herunter. Auf gut

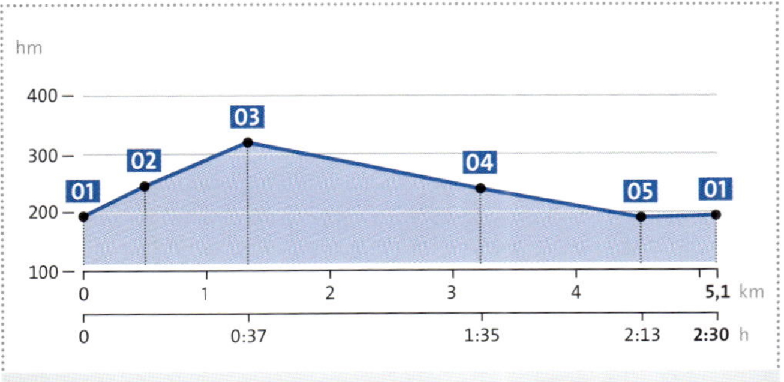

01 Start und Ziel 203 m; 02 Schmetterlingstal 218 m; 03 Kloster Kalopetras 320 m; 04 Aussichtspunkt 280 m; 05 Abzweiger rechts 189 m

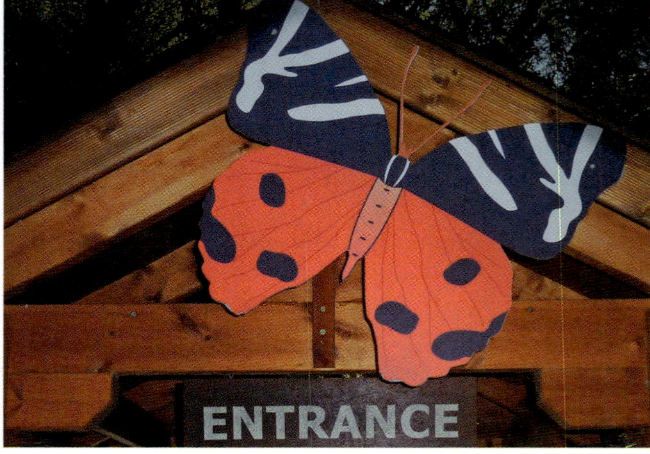

Eingang

ausgebauten Stegen und Pfaden geht es durch das schattige, grüne **02 Schmetterlingstal** (218 m) mit seiner üppigen Vegetation, mit seinem Bach, aufgestauten Bachabschnitten und wunderschönen Wasserfällen, knöchrige mit Moos überzogenen Bäumen, ständig umgeben von Schmetterlingen, die sich auf den Baumstämmen tarnen. Zum Ende hin verengt sich die Schlucht und auf Treppen geht es zum oberen Ausgang. Am oberen Ausgang vom Tal gilt es sich zu entscheiden, geht man auf dem gleichen Weg zurück oder macht aus dieser Wanderung wie nachfolgend beschrieben einen Rundweg.

Wir gehen halb rechts auf dem gepflasterten Weg hoch zur Asphaltstraße und dort links durch die Kehre zu einer kurzen Besichtigung des **03 Klosters Kalopetras** (320 m) – der gute Stein –, Schattige Picknickplätze mit guter Aussicht laden zum Verweilen ein. In den Sommermonaten werden frischer Orangensaft, leckere Teigbällchen, Eiskaffee sowie Yoghurt mit Honig und Walnüssen und natürlich der klassische griechische Salat angepriesen. Wir gehen auf der bergabführenden Straße unterhalb des Klosters, bis wir in der folgenden Rechtskehre diese auf einem Pfad, Richtung eines Betonpfeilers und kurz später auf einer Schotterpiste, verlassen. Die geröllige Schotterpiste steigt steil bis zu einer Anhöhe an, hier gabelt sich der Weg, wir gehen halb rechts weiter auf einem abfallenden Bergrücken. Auf dem letzten Stück wird es sehr steil. Angekommen an einem kleinen Platz, geht es auf einem Pfad zu einer markanten Ruine auf

Sehenswert

Das Naturhistorische Museum im Schmetterlingstal. Tipp: Ab 9:00 Uhr wird es extrem voll, da kommen zahlreiche Ausflugsbusse.

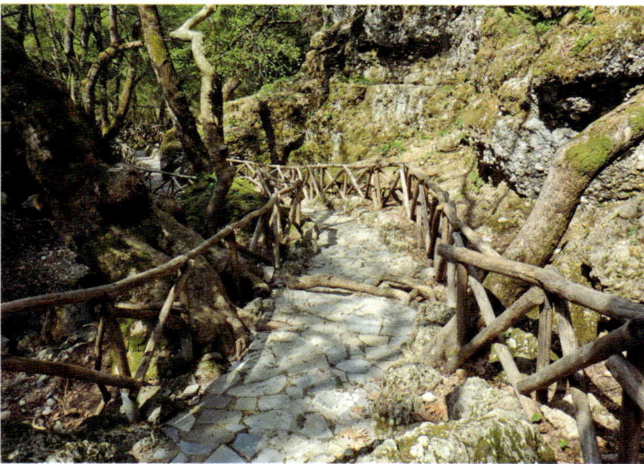

Weg durchs Schmetterlingstal

einem Felsvorsprung. Von diesem 04 **Aussichtspunkt** (280 m) ergibt sich ein idyllischer Blick über die vorgelagerten sanften Hügelketten von Nordwest-Rhodos bis hin zum Meer. Wir gehen auf dem gleichen Pfad wieder zurück und an den Platz halb links. Während wir bereits in der Ferne die Asphaltstraße sehen, gehen wir scharf links beim rostigen Pfeiler, ignorieren den folgenden Abzweiger nach links, nehmen aber bei der darauffolgenden Weggabelung den 05 **Abzweiger rechts** (189 m) und bei einer abermals folgenden Weggabelung halten wir uns halb rechts. Wir öffnen ein Ziegengatter und erreichen den Parkplatz.

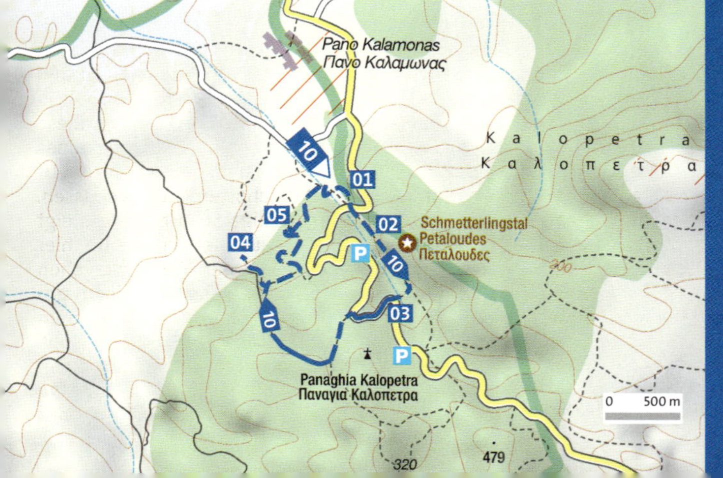

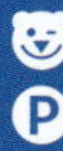
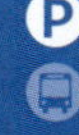
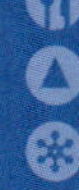
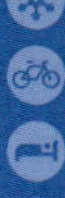
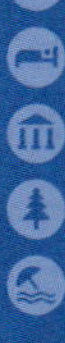

ANTHONY QUINN BUCHT – AMATEUR OBSERVATORY – KAPELLE PROFITIS ILLIAS

Der schönste Küstenpfad im Norden von Rhodos und eine luftige Gratwanderung

 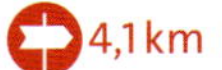 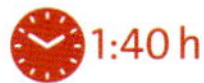 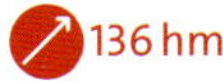 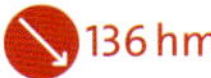 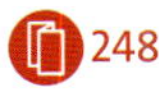

START | Buslinie KTEL: Busverbindung Richtung Lindos und dann bis zum Wegpunkt 5 vorlaufen. Entfernung Rhodosstadt: 16 km. Anfahrt Pkw: Auf der südwestlichen Küstenstraße Richtung Lindos fahren und nach der Ortschaft Faliraki der Ausschilderung Richtung Anthony Quinn Bucht folgen und vor dem kleinen Hotel Ladiko parken.
Geokoordinaten: [GPS: N36° 19,260 O28° 12,335].
CHARAKTER | 650 m führen über ein wegloses und inzwischen stark verwachsenes Teilstück. Auf diesem Stück ist die Orientierung nicht einfach, auch erwartet uns leichte Felskletterei.

Eigentlich ist der gebräuchliche Name der Anthony Quinn Bucht Vagies Bucht. Wie es dazu kam, dass die malerisch gelegene Badebucht, mit kristallklarem Wasser nach dem mexikanisch amerikanischen Filmschauspieler Anthony Quinn benannt wurde, ist nicht eindeutig belegt. Übereinstimmung besteht, dass im Anschluss

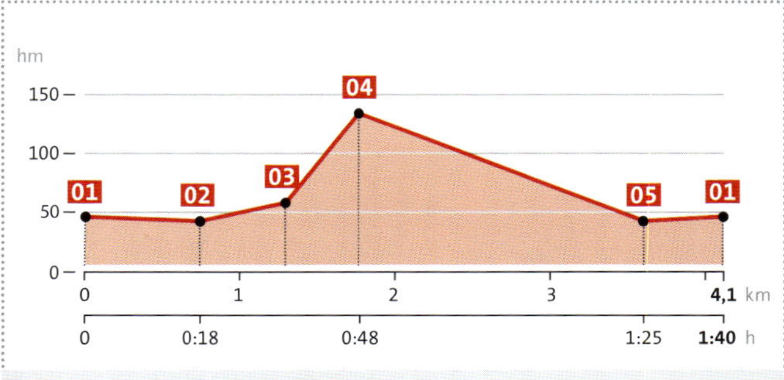

01 Ladiko Strand 17 m; 02 Anthony Quinn Bucht 27 m;
03 Blick Hipparchos Appartments 130 m;
04 Blick von der Kapelle Profitis Ilias 138 m; 05 neue Kirche 34 m

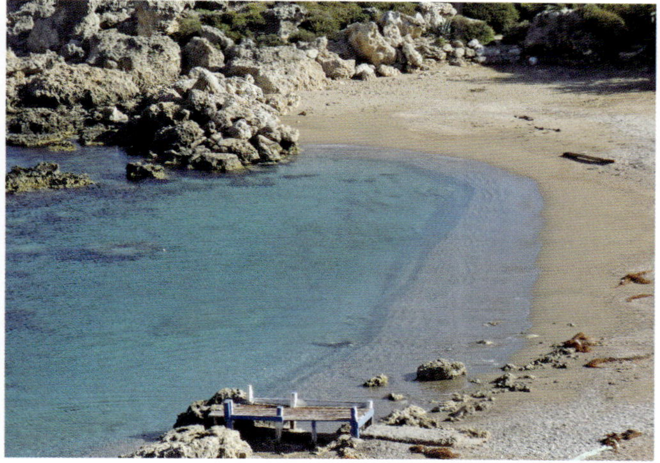
Ladiko Strand

an die Dreharbeiten zum Film Die Kanonen von Navarone (1961), diese fanden zum Teil in Bucht statt, Anthony Quinn auf ungeklärte Weise zu Land kam. So führt diese Wanderung an 2 beeindruckenden Badebuchten vorbei und schlängelt auf einem kleinen Pfad, der es in sich hat, zu einem Gipfel mit Panoramaausblick auf den Nordwesten von Rhodos.

▶ Vom Hotel Lafiko gehen wir auf der weiterführenden Asphaltstraße und oberhalb des rechts unterhalb von uns liegenden **01 Ladiko Strand** (17 m). Bereits nach einem kurzen Stück erreichen wir die wunderschön gelegene kleine **02 Anthony Quinn Bucht** (27 m). Sie ist sehr populär und besonders im Sommer dementsprechend sehr voll. Von sanften Hügeln

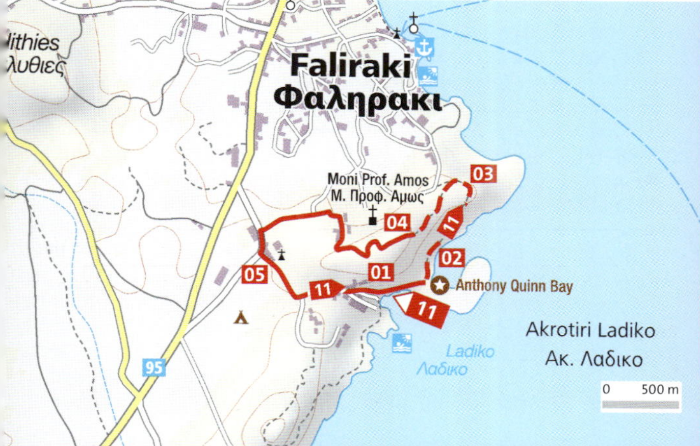

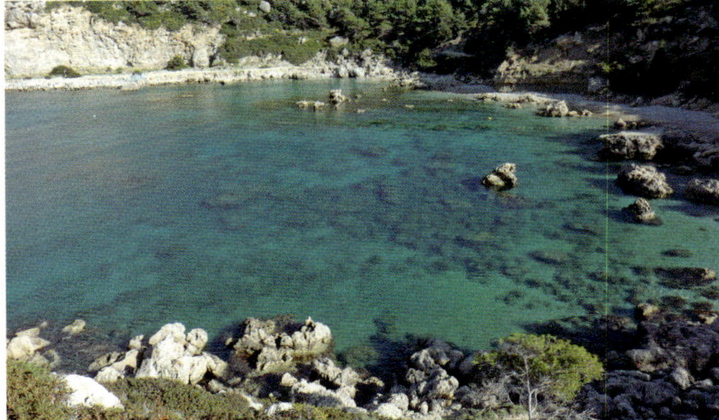

Anthony Quinn Bucht

umgeben, befindet sich ein malerischer Strand mit feinem Sand und kleinen Steinen, der seichte ins kristallklare und saubere Wasser führt. Er bietet die komplette touristische Infrastruktur mit Liegestühlen, Sonnenschirmen, Duschen und Tavernen und Cafés. Am linken äußersten Ende des Parkplatzes verlässt ein schmaler Pfad die Bucht, auch mit einem Wegweiser gekennzeichnet Richtung Faliraki. Entlang eines Maschendrahtzauns und über eine Ebene erreichen wir schon bald die 03 **Hipparchos Apartments** (130 m). Nach einem kurzen Stück parallel zur Zufahrtsstraße der Apartments gehen wir bei der folgenden Weggabelung links Richtung der allein liegenden Villa, um dort bei den Oleanderbüschen zunächst rechts auf einem Pfad parallel zum Maschendrahtzaun aufzusteigen. Der folgende kurze, aber knackige Aufstieg hat es in sich. Der Pfad verliert sich, auf dem weglosen Stück orientieren wir uns Richtung der vor uns liegenden Felsnase. Nach einer Ebene wird das Buschwerk so dicht, dass wir uns rechts der Felsnase halten müssen, bis wir schlussendlich nach 50–60 m einen Pfad finden, der direkt auf den felsigen Grat zuführt und wir nun direkt, in luftiger Höhe, auf dem Grat ansteigen, bis wir den Gipfel erreicht haben. Von dort sind es nur einige Meter bergab, der 04 **Blick von der Kapelle Profitis Ilias** (138 m) ist einzigartig. Die zunächst betonierte Piste geht in eine Schotterpiste über, wir gehen an Hotelruinen vorbei und an der Asphaltstraße links, Richtung Landesinnere. Wir folgen der Ausschilderung zum Hotel Ladiko und der Anthony Quinn Bucht, vorbei an einer 05 **neuen Kirche** (34 m), bis wir den Ausgangspunkt der Wanderung erreicht haben.

Variante

Wandert man nur bis zum Wegpunkt 3, den Hipparchos Apartments, und genießt dort die traumhafte Aussicht und geht auf dem gleichen Weg zurück, so ist der Schwierigkeitsgrad dieser Wanderung blau.

STRAND LADIKO – HÖHLE – FESTUNG ERIMOKASTRO

Eine wunderschöne Panoramawanderung

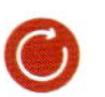  3,4 km 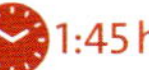 1:45 h 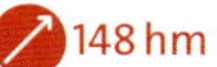 148 hm  148 hm  248

START | Buslinie KTEL: Busverbindung Richtung Lindos und dann bis zum Wegpunkt 5 vorlaufen. Entfernung Rhodosstadt: 16 km. Anfahrt Pkw: Auf der südwestlichen Küstenstraße Richtung Lindos fahren und nach der Ortschaft Faliraki der Ausschilderung Richtung Anthony Quinn Bucht folgen und vor dem kleinen Hotel Ladiko parken.
Geokoordinaten: [GPS: N36° 19,240 O28° 12,316].
CHARAKTER | Hinter dem Wegpunkt 2 wird auf einem 200 m langen Stück etwas Orientierungssinn benötigt.

4 km südlich von Faliraki befindet sich der wunderschöne Strand von Ladiko, gelegen in einer beeindruckenden Bucht. Ein sehr lohnender wildromantischer und unberührter Panoramapfad führt von dort zu den Ruinen einer antiken Festung. Während der Wanderung treffen wir auf eine offene Höhle, es ergibt sich ein unvergesslicher Blick wie durch ein Fenster in das tiefblaue Meer. Nach der Wanderung wartet als Belohnung eine der schönsten Buchten im Norden von Rhodos, die Anthony Quinn Bucht, auf ein entspanntes Sonnenbad.

▶ Vom Hotel Ladiko gehen wir zunächst auf der weiterführen-

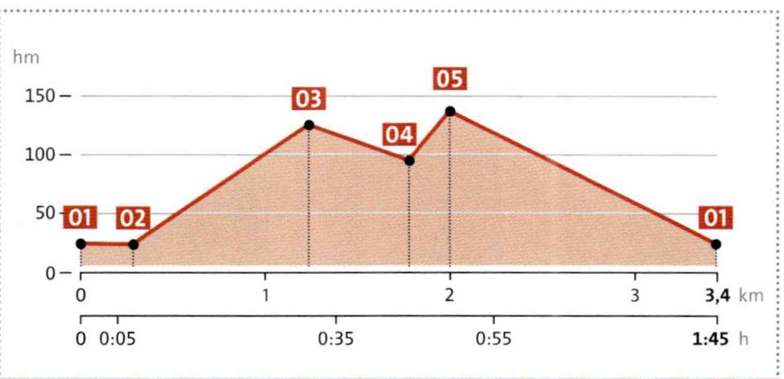

01 Start und Ziel Ladiko Strand 8 m; 02 Schlüsselstelle eins 12 m; 03 Höhle 112 m; 04 Schlüsselstelle zwei 87 m; 05 Festung Erimokastro 142 m

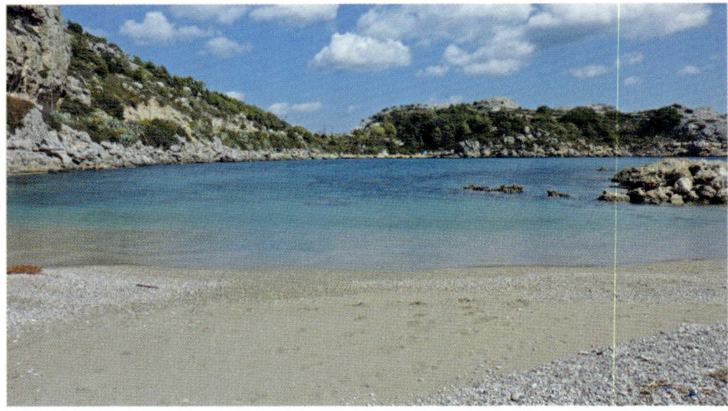

Ladiko Strand

den Straße und bei der folgenden Weggabelung rechts herunter zum 01 **Start und Ziel am Ladiko Strand** (8 m). Hinter der Taverne und direkt bei dem trockengelegten Schiff beginnt ein Pfad, diesen gehen wir bei der nächsten Möglichkeit rechts, vor der folgenden Dusche bergauf über eine kleine Einsattelung. Wir erreichen die 02 **Schlüsselstelle eins** (12 m). Bei vertrockneten Bäumen führt ein Weg rechts zu den Häusern hoch, wir gehen aber halb links auf dem zunächst noch gut auszumachenden Küstenpfad. Es folgt ein wild romantisches, unberührtes, wegloses Stück, hier achten wir darauf, dass wir nicht zu dicht an die Klippe gelangen, aber auch nicht zu hoch ins Buschwerk kommen. Haben wir die Überreste eines Zaunes erreicht, so haben wir bereits einen steileren Klippenbereich umlaufen. Schlussendlich gelangen wir an einen intakten Ziegenzaun, an diesem steigen wir bergauf, um im oberen Bereich durch Gatter auf einen Pfad zu gelangen. Gemächlich gewinnt der Pfad an Höhe, unterhalb der rechts von uns lie-

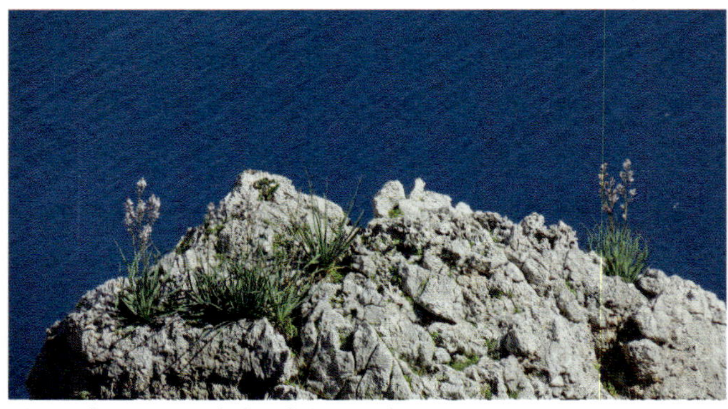

Die Weiße Meerzwiebel auf einem Felvorsprung

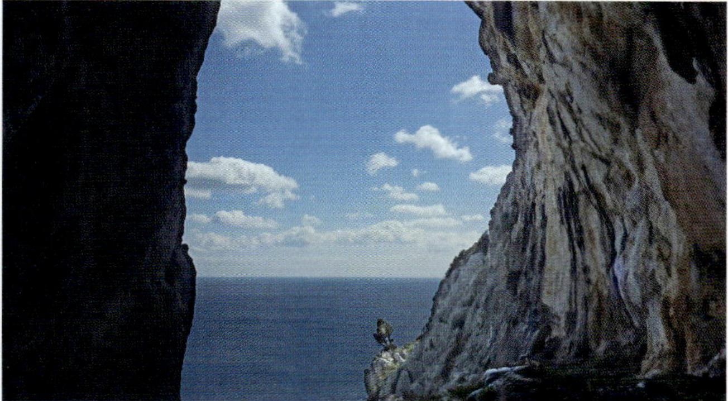

Höhle

genden mächtigen Felswand. 330 m hinter dem Ziegengatter führt rechts bergauf ein Pfad zu einer großen offenen **03** **Höhle** (112 m) und Kletterstelle. Beim Anstieg wird etwas Kletterfertigkeit gefordert, um endgültig den großen Schlund der Höhle zu erreichen. Wir staunen über die atemberaubenden Ausblicke auf das tiefblaue Meer. Wir gehen zunächst auf dem gleichen Weg zurück, um dann unsere Wanderung auf dem eingeschlagenen Pfad fortzuset-

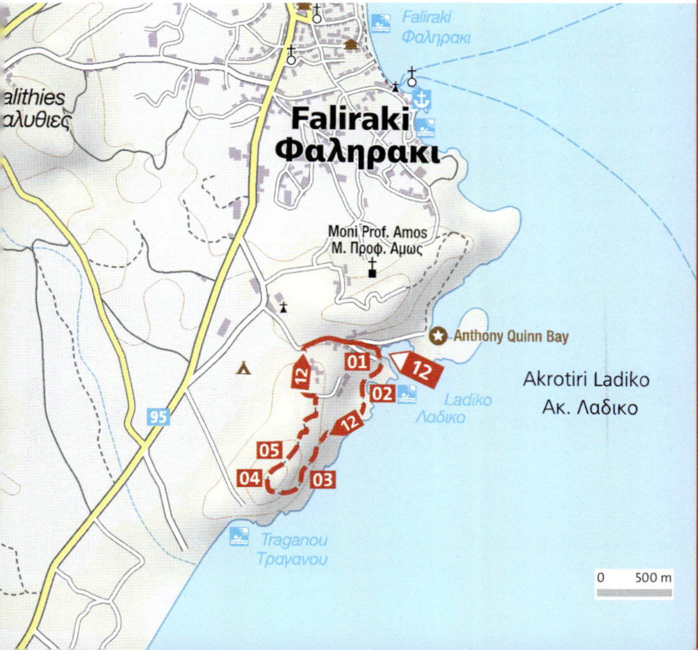

Faliraki
Φαληρακι
alithies
αλυθιες
Faliraki
Φαληρακι
Moni Prof. Amos
Μ. Προφ. Αμως
Anthony Quinn Bay
Akrotiri Ladiko
Ακ. Λαδικο
Ladiko
Λαδικο
95
12
01
02
03
04
05
Traganou
Τραγανου
0 500 m

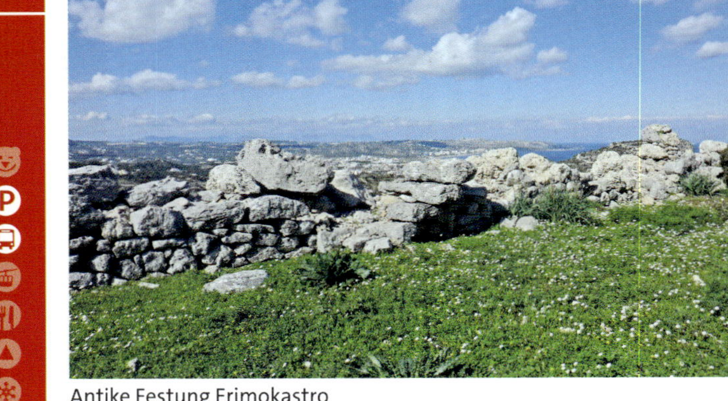

Antike Festung Erimokastro

zen. Der Pfad ist nun nicht mehr so ausgeprägt, dafür helfen Steinmännchen bei der Orientierung. Die mächtigen Felswände liegen hinter uns und es ergibt sich ein wunderschöner Blick auf den langen Strand von Afandou.

Wir haben nun den rechts von uns liegenden Felsen ein gutes Stück umrundet und wir erreichen die **04** **Schlüsselstelle zwei** (87 m). Schauen wir rechts Richtung Gipfel, so sehen wir die Überreste einer Festungsmauer. Befinden wir uns auf gleicher Höhe mit diesen, beginnen wir nun mit dem weglosen Aufstieg. Wir orientieren uns weiterhin an zwei links liegenden Felsen unterhalb des Plateaus, dort gelangt man über die begehbaren Burgmauern auf das Gipfelplateau, wir haben die **05** **Festung Erimokastro** (142 m) erreicht.

Auf dem Plateau gehen wir bis zum höchsten Punkt vor, markiert durch einen Betonpfeiler. Der Weg durch das dichte Buschwerk ist nicht einfach zu finden, halten wir uns aber halb links, so gelangen wir an die nördlich gelegenen Befestigungsmauern. 70 m weiter befindet sich ein Metallpfeiler. Auch gibt es hier einen Abstieg vom Plateau zu einem Pfad, den wir rechts weiter bergab begehen. Im weiteren Verlauf treffen wir auf eine Ziegenhaltung, queren ein Ziegengatter und gehen auf der nachfolgenden Schotterpiste zunächst 150 m bergab – vorbei an den Überresten eines amerikanischen M24 Chaffee Panzer aus dem Zweiten Weltkrieg – und dann bei der Kreuzung links. Auf der beginnenden Asphaltstraße gehen wir beim Hotel Cathrin rechts bis zum Ausgangspunkt zurück.

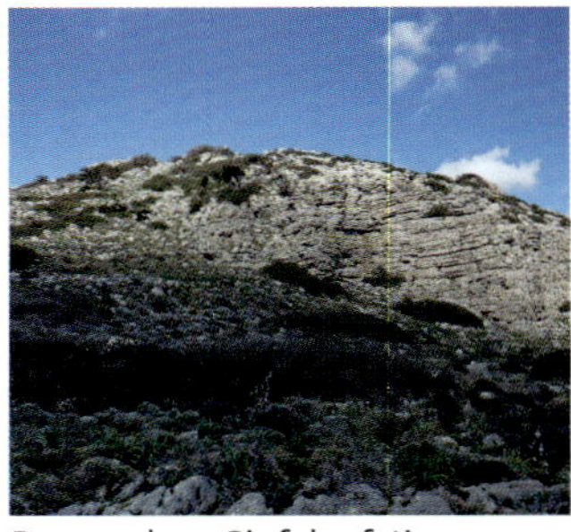

Der weglose Gipfelaufstieg

GEISTERORTE AM PROFITIS ILIAS

Wanderung durch ein Freilichtmuseum von 1929

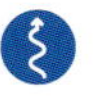 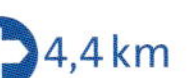 4,4 km 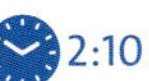 2:10 h  50 hm  50 hm  248

START | Buslinie: Busverbindungen nur bis Salakos, Eleousa und Apollona. Entfernung von Rhodosstadt: 44 km. Anfahrt mit dem Pkw: Auf der südöstlichen Küstenstraße bis nach Kolympia fahren. Dort rechts Richtung Epta Piges (7 Quellen) abbiegen. Hinter dem Dorf Eleousa der Ausschilderung Richtung Profitis Ilias folgen. Beim Hotel gibt es einen großen Parkplatz.
Geokoordinaten: [GPS: N36° 16,630 O27° 56,613].
CHARAKTER | Leicht begehbare Wege mit sanftem Gefälle. Kennzeichnung: Steinmännchen.

Es erwartet uns: Ein auf Rhodos äußerst fremd anmutendes Hotel, gebaut 1929, im Südtiroler Stil. Es ist das einzig intakte Gebäude von ehemals 12 Gebäuden, erstellt von den damaligen italienischen Besatzern, gebaut als Herberge der Erholung für die Offiziere des faschistischen Italiens. Auf diesem spannenden Spaziergang geht es vorbei an der alten Stromversorgung, der Quelle zur Wasserversorgung, einem mysteriösen Fahnenmast und zu einem atemberaubenden Aussichtsbalkon. Bei der Wanderung treffen wir immer wieder auf gepflasterte Wege, Teil eines 50 km umfassenden Wegenetzes, angelegt von den Italienern.

▶ Wir beginnen unsere Wanderung am 01 **Hotel Elafos** (620 m). In luftiger Höhe, auf 619 m, errich-

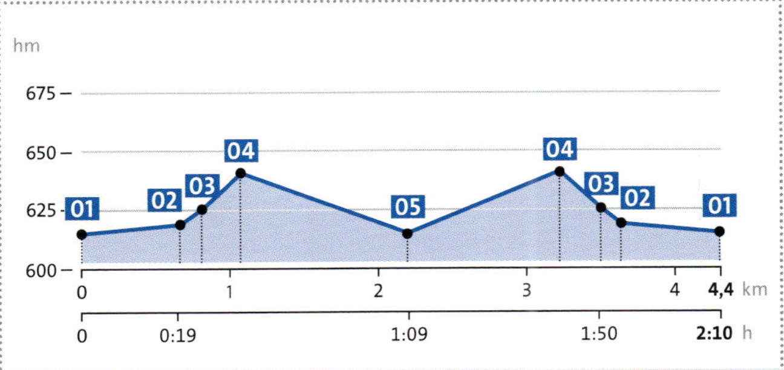

01 Hotel Elafos 620 m; 02 Stromversorgung 594 m; 03 Wasserversorgung 581 m; 04 Fahnenmast 631 m; 05 Aussichtsbalkon 615 m

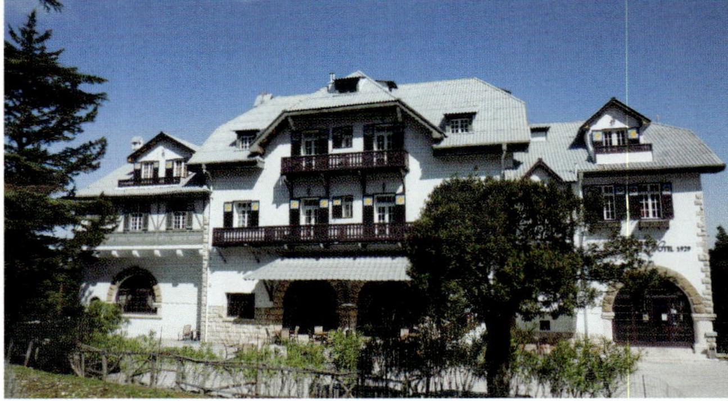

Hotel Elafos

tet von den Italienern. Es beherbergt 24 liebevoll restaurierte Zimmer und ist im Stil der 30er-Jahre eingerichtet. Es verfügt über den Komfort eines modernen 3-Sterne-Hotels. Blicken wir auf das Hotelgebäude, gehen wir links, vorbei an einem zweiten verfallenen Hotelkomplex und dann auf der Schotterpiste leicht bergab in den schattenspendenden Zypressen- und Pinienwald hinein. Vorbei führt der Weg an Steinhäusern, bemalt in Tarnfarben – früher standen die Bäume noch nicht so eng an den Häusern. Diese dienten zur Unterbringung der Arbeiter und der Wache, zum Schutz des Gouverneurs und seiner erlesenen Gäste, als auch als Werkstätten und Lagerräume. In der Ferne sehen wir ein weiteres Gebäude, die alte 02 **Stromversorgung** (594 m) der Anlage. Nur einige Meter weiter rechts, etwas unterhalb, befindet sich die Quelle zur 03 **Wasserversorgung** (581 m). Auch heutzutage wird sie noch für das Hotel verwendet. Teilweise sehen wir auch links des Weges in den Berg geschlagene Tunnel, sie dienten zur Unterbringung des Proviants, so war er in den heißen Sommermonaten gut gekühlt. Wir gehen oberhalb der Quelle tiefer in den Wald hinein, nach 250 m gabelt sich der Weg, rechts ist der weiterführende Weg, wir biegen scharf links ab und gelangen so zu den Grundmauern des ehemaligen 04 **Fahnenmast** (631 m), wo damals das Militär jeden Tag die Fahne gehisst hatte und eingeholt wurde. Ohne den heutigen Baumbewuchs konnte man damals das Hotel ausmachen. Wir gehen einige Meter auf dem Hinweg zurück und nun an der Weggabelung links. Es folgt ein langes Wegstück, in dem sich ein kleiner Flusslauf gebildet hat und dadurch der gepflasterte Weg immer wieder unterbrochen ist. Der Weg gabelt sich und wir gehen rechts und bei der nächsten Möglichkeit sofort wieder links. Wir wandern auf einer neu angelegten Piste, bis wir auf ein Steinmännchen treffen, und hier halb

Tipp

Am Anfang und am Ende der Saison kann es am Berg schon empfindlich kühl werden.

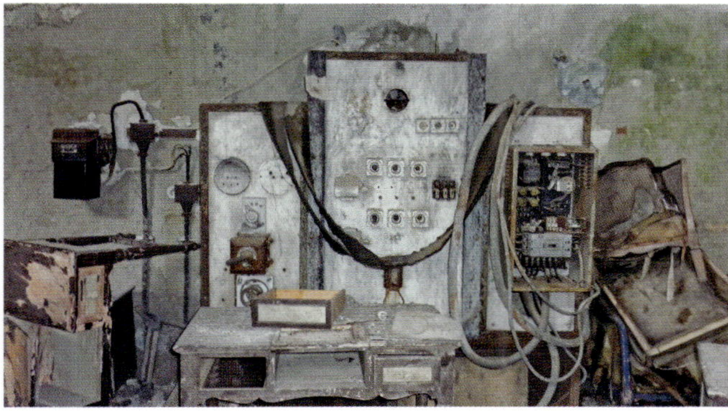

Stromversorgung

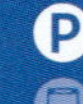

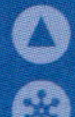

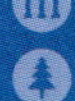

rechts herunter ein kurzes Stück auf einem alten gepflasterten Weg in eine Senke gehen. Bei einem weiteren Steinmännchen treffen wir wieder auf einen gepflasterten Weg, direkt zu einem kleinen Bachlauf, hier stand früher eine Brücke, wir halten uns rechts immer oberhalb des Bachlaufes, bis wir den 05 **Aussichtsbalkon** (615 m) erreichen. Vom Aussichtsbalkon ist nur noch die gemauerte Brüstung übrig, die Metallabsperrungen haben sich in den Abgrund verabschiedet. Daher ist an dieser Stelle Vorsicht geboten. Von der Galerie hat man eine eindrucksvolle Aussicht Richtung Nordwesten auf den 350 m unter uns liegenden Ort Salakos, die Ägäis sowie die Rhodos vorgelagerte Insel Symi und dahinter das türkische Festland.

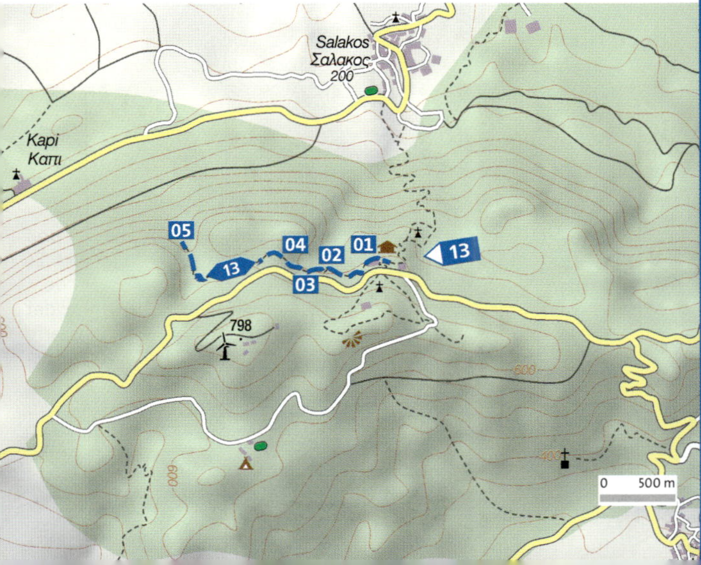

SALAKOS – TAXIARHIS KAPELLE – HOTEL ELAFOS – VILLA DE VECCHI – PROFITIS ILIAS

Aufstieg zu einem Hotel im Südtiroler Stil der dreißiger Jahre – und das auf Rhodos!

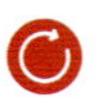 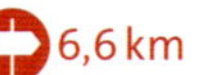 6,6 km 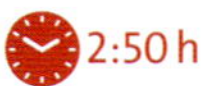 2:50 h 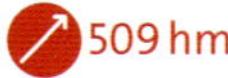 509 hm 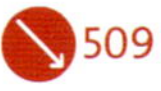 509 hm 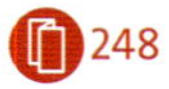 248

START | Buslinie RODA: Nur wochentags eine Verbindung um 6:45 Uhr von Rhodos nach Salakos. Entfernung Rhodosstadt: 46 km. Anfahrt mit dem Pkw: Wir fahren auf der nordwestlichen Küstenstraße bis nach Kalavarda, biegen dort noch nicht rechts Richtung Kamiros ab, sondern fahren halb links Richtung Salakos. Dort angekommen, fahren wir noch komplett durch den Ort hindurch, vorbei am links liegenden Hotel Nymph, bis in der folgenden scharfen Rechtskurve, mit Verkehrsspiegel, wir links in die Seitenstraße abbiegen und nach 70 m rechts am Straßenrand parken.
Geokoordinaten: [GPS: N36° 17,118 O27° 56,685].
CHARAKTER | Trotz der 500 Höhenmeter eine einfache Wanderung auf gut angelegten Wegen.

Diese Wanderung gehört zu den schönsten Wanderungen im Norden von Rhodos. Während der Besatzung durch die Italiener wurde ein 50 km umfassendes Wegenetz angelegt. Dazu gehört auch der

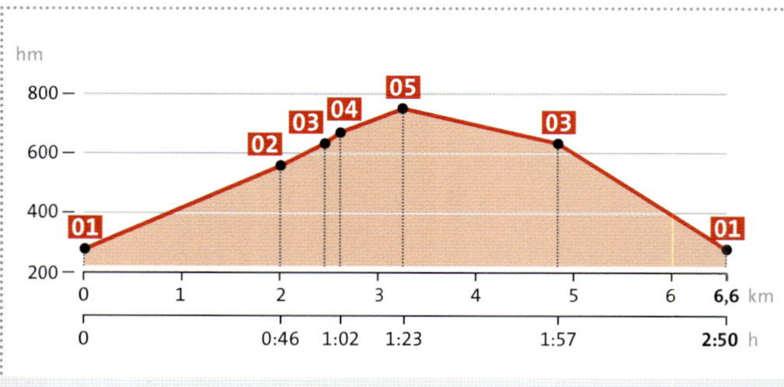

01 Start und Ziel Salakos 244 m; 02 Taxiarhis Kapelle 573 m; 03 Hotel Elafos 611 m; 04 Villa De Vecchi 624 m; 05 Profitis Ilias 753 m

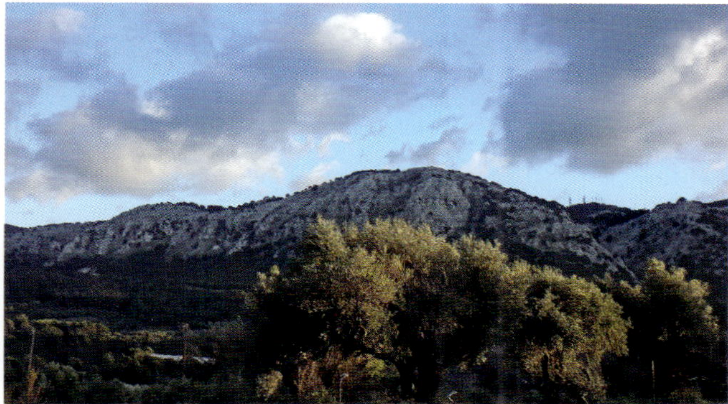

Profitis Ilias

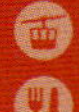
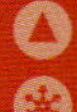

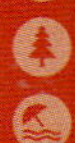

traditionelle Wanderweg, welcher Salakos mit der Hotelanlage verbindet. Diesen benutzten auch schon die Einwohner der umliegenden Dörfer, um zu ihren Viehställen in der Region zu gelangen, die Kapelle am Berg oder das Dorf Apollona zu besuchen. Kulturelle Highlights sind die Taxiarhis Kapelle, das Hotel Elafos und die Villa De Vecchi. Zu den Naturschönheiten gehören die gigantischen Ausblicke von den verschiedenen Aussichtsbalkonen, aber auch der Schatten spendende Zypressen- und Pinienwald. Eine Wanderung gespickt mit Highlights, Spannung und Naturschönheiten.

▶ Am 01 **Start und Ziel** in Salakos (244 m) weist ein hölzernes Schild rechts bergauf, vorbei an Ziegengehegen, Richtung Profitis Ilias. Nach 150 m tangieren wir eine Zufahrtsstraße und gehen durch das Ziegengitter, nun auf dem mäßig ansteigenden, teilweise gepflasterten Weg, in langen Kehren bergauf. Wir erreichen ein Plateau und eine Bank lädt zum Ausruhen ein. Von dort schauen wir in die Ferne über das Dorf Salakos bis hin zur Ägäis und weiter zu den vorgelagerten Inseln. Abermals folgt ein gepflasterter Weg und wir erreichen einen Picknickplatz im lichten Wald. Vor der Besatzung von 1929 wurden hier Birnenbäume angepflanzt. Diese sind aber in Vergessenheit geraten, da es zum damaligen Zeitpunkt militärisches Sperrgebiet war. Zur Erinnerung an vergangene Tage wurden wieder Birnenbäume angepflanzt. An dieser Stelle gehen wir scharf rechts auf einem unscheinbaren Pfad, bis wir einen äußerst beeindruckenden Balkon mit einem atemberaubenden Tiefblick erreichen. In kurzen Kehren gehen wir zu der links oberhalb liegenden 02 **Taxiarhis Kapelle** (573 m). Von der Kapelle führt nun eine Piste hinauf zum 03 **Hotel Elafos** (611 m). 1929 errichteten die Italiener (Südtiroler) in luftiger Höhe auf 619 m das im Tiroler (Südtiroler) Stil errichtete Hotel Elafos. Gebaut wurde das Hotel als Herberge der Erholung für die Offiziere des faschistischen Italiens. Ab 1948, Rhodos wurde wieder dem griechischen Mutterland zugesprochen, dümpelte das Hotel so vor sich hin, bis es dann renoviert wurde und wieder im alten-neuen Glanz erstrahlt.

Am Hotel vorbei gehen wir die Treppen hoch zur Asphaltstraße und auf dieser nur ein kurzes Stück rechts, bis wir schon durch den Wald die geheimnisvolle 04 **Villa De Vecchi** (624 m) sehen. Ein architektonisches Highlight stellt das Gebäude oberhalb der Hotelanlage dar. Es war das Haus des italienischen Gouverneurs und wurde ebenfalls 1929 erbaut. Leider wurde es jahrzehntelang vernachlässigt und droht zu verfallen. Früher gab es dort einen Tennisplatz, Stallungen und ein 6000 l fassendes Wasserreservoir für die gesamte Anlage.

Weiter geht es auf einem teilweise gepflasterten Weg, der direkt unterhalb der Kirche beginnt bis zu einer Weggabelung. Wir gehen dort halb links und folgen der Kennzeichnung durch ein Steinmännchen und einen roten Punkt, bis wir dann einen weiteren Aussichtsbalkon und den Nebengipfel des 05 **Profitis Ilias** (753 m) erreichen. Geht man etwas über den Gipfel herüber, erreicht man den südlichen Gipfelbereich, mit vielen Steinmännchen, hier schaut man auf das Dorf Appolona. Über einen alten Treppenweg, einen mit Steinen gesäumten Weg beginnen wir unseren Abstieg über den Ostgrat, bis die Asphaltstraße in Sichtweite ist. Hier wandern wir scharf links auf einem Pfad, man hat den Eindruck, es geht wieder bergauf, dann aber in langen Kehren bis zum Wegpunkt 4 herunter. Wir gehen auf dem Hinweg am Hotel vorbei, gehen aber nicht bis zur Kirche vor, sondern folgen auf halbem Weg der Ausschilderung halb rechts herunter nach Salakos.

Variante

Diese Wanderung lässt sich gut mit der Wanderung 13 kombinieren.

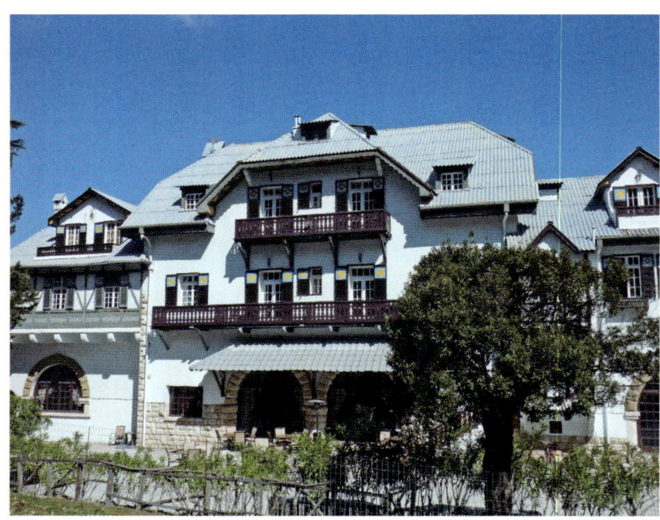
Hotel Elafos

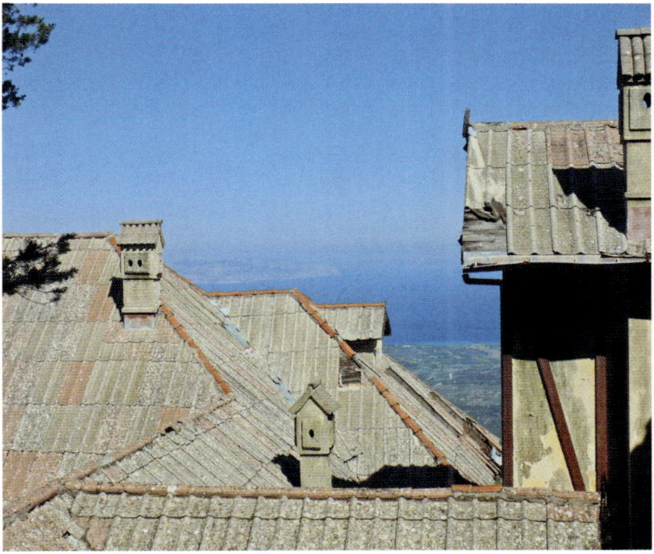

Hotel Elafos mit Blick auf das Meer

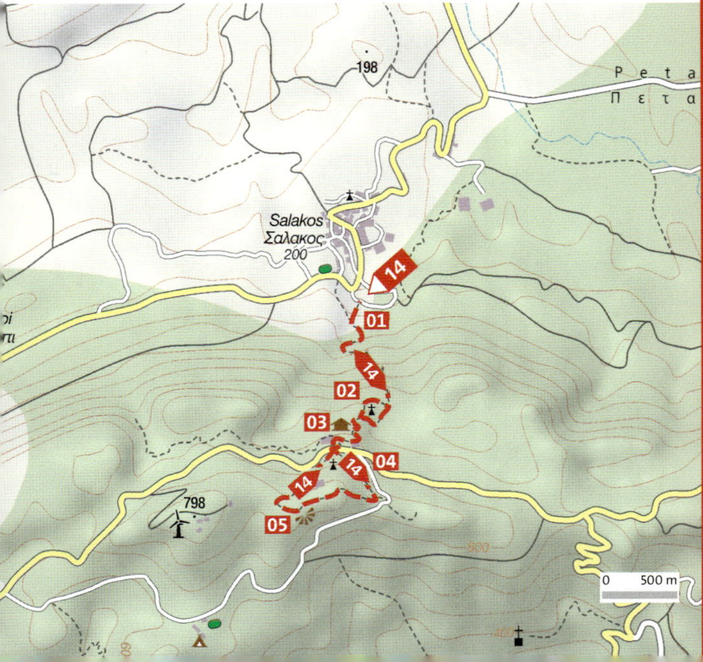

ELEOUSA – ST. NICHOLAS FOUNDOUKLI – ELEOUSA

Durch die grüne Lunge von Rhodos

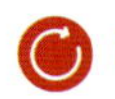 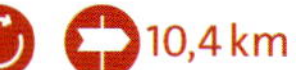 10,4 km 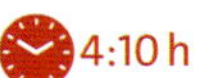 4:10 h 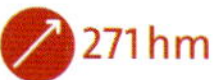 271 hm 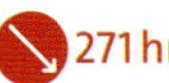 271 hm 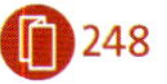 248

START | Buslinie: keine Busanbindung. Entfernung Rhodosstadt: 35 km. Anfahrt mit dem Pkw: Wir fahren auf der südwestlichen Küstenstraße Richtung Lindos und biegen bei Kolympia Richtung der 7 Quellen (Epta Piges) ab, erreichen das Dorf Eleousa, wo wir bei den verfallenen Gebäuden parken.
Geokoordinaten: [GPS: N36° 16,424 O28° 1,599].
CHARAKTER | Einfache Wanderung auf gut befestigten Wegen.

Der Ausgangspunkt unserer Wanderung ist das Dorf Eleousa. Ab 1935 war es während der italienischen Besatzungszeit auf Rhodos,unter dem Namen Campochiaro, das Musterdorf der Italiener. Für die Forstarbeiter wurde eine großartige Piazza in faschistischer Architektur erbaut, die den damals weitgehend baumlosen Profitis Ilias wieder aufforsten sollten. Es folgt eine beeindruckende Wanderung durch einen der grünsten und bewaldetsten Abschnitte von Rhodos, bis zur einer byzantinischen Kapelle. Der Legende zufolge ließ ein hoher Beamter die Kapelle als Vierkonchenbau errichten, nachdem seine drei Kinder an einer Seuche gestorben waren. Die gut erhaltenen Fresken zeigen unter anderem diese Kinder mit ihren Eltern. Durch ein fruchtbares Hochtal führt der Weg zurück zum Ausgangspunkt.

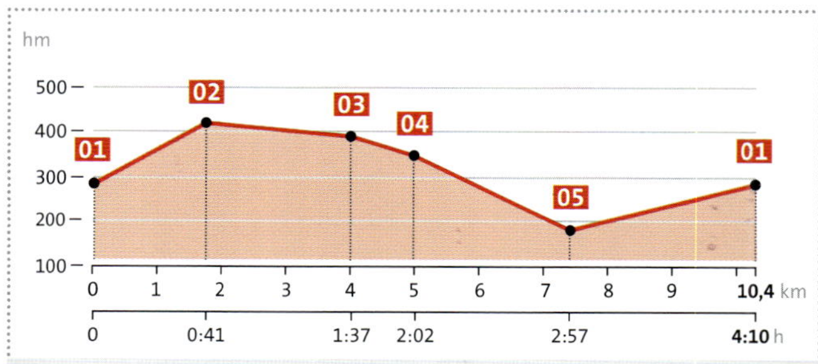

01 Eleousa 288 m; 02 Weggabelung 410 m; 03 Asphaltstraße folgt 380 m; 04 St. Nicholas Foundoukli 331 mi; 05 Dimylia 180 m

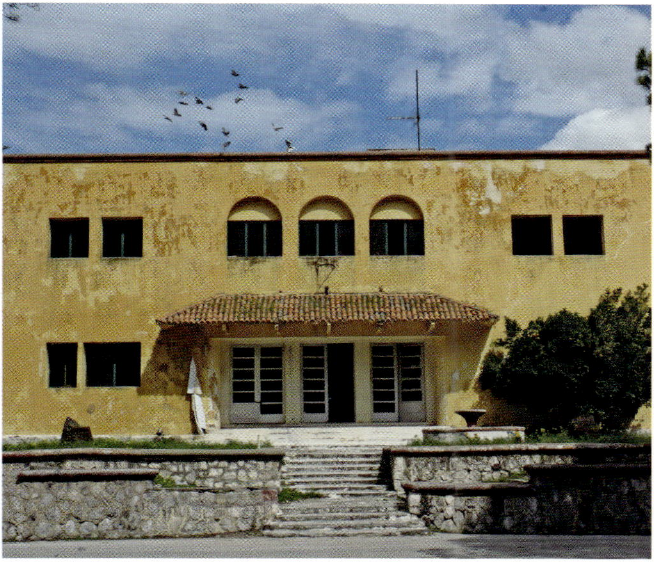

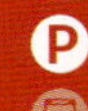
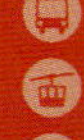
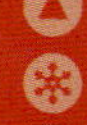

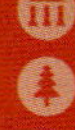

Eleousa Ruinen

▶ Bei dem Platz mit den verfallenen Gebäuden in 01 **Eleousa** (288 m) gehen wir links an der Kirche vorbei und folgen der Hauptstraße Richtung Platania und Appolona. Nach 450 m – rechts steht eine Ruine – verlassen wir die Hauptstraße und begehen die Schotterpiste. Nach 90 m endet der Weg, wir halten uns links, vorbei an weiteren Ruinen. Auf einer Hochebene mit vielen Olivenbäumen halten wir uns halb rechts immer unterhalb der Felsen. Wir ig-

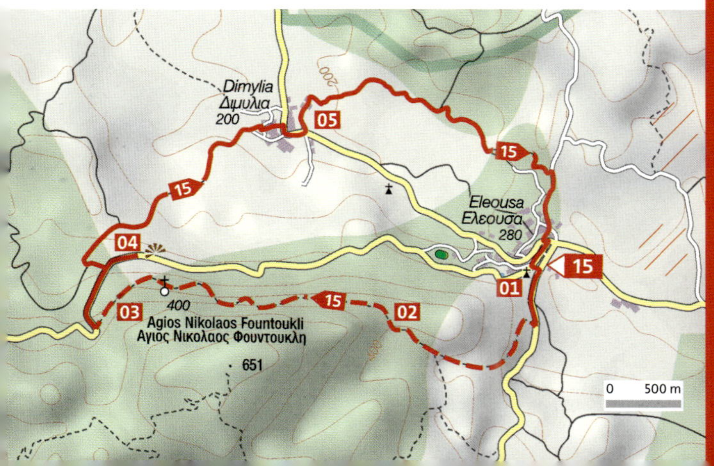

norieren alle Abzweiger nach links, kommen an einer großen Mulde vorbei, bis wir auf einer Anhöhe angekommen, eine 02 **Weggabelung** (410 m) erreichen. Hier gehen wir nicht rechts herunter, sondern folgen der Piste links bergauf. Wir gehen durch dichten Wald erreichen eine 1. und kurz später eine 2. Anhöhe. Auf dem nun folgenden Höhenweg lichtet sich immer wieder der Wald und wir können teilweise bis zum Meer schauen.

Bei der folgenden 03 **Asphaltstraße** (380 m) gehen wir rechts bergab, vorbei an weiteren Ruinen. Wir lassen einen Abzweiger nach links zunächst liegen und erreichen die Kirche 04 **St. Nicholas Foundoukli** (331 m), eine byzantinische Kapelle aus dem 15. Jahrhundert. Feigenbäume und uralte Olivenbäume umgeben diesen Ort, knöcherne Platanen lassen uns staunen und ein Brunnen auf der anderen Seite der Straße lädt zur Abkühlung ein. Wir gehen 150 m auf der Asphaltstraße zurück und biegen nun rechts ab. Den folgenden Abzweiger nach links zur Taverne ignorieren wir. Laut kläffende Hunde begleiten unseren Weg, wir sind angekommen in 05 **Dimylia** (180 m). Die Straße gabelt sich vor einem alten Gebäude, wir gehen rechts und sofort wieder links, erreichen die Hauptstraße, auf der wir rechts 80 m folgen. Links vor der Kirche biegen wir in die Seitenstraße und gehen nun ein Stück parallel zum Flussbett. Wir haben die letzten Häuser hinter uns gelassen und bei der folgenden Weggabelung halten wir uns rechts und bei der nächsten Gabelung links. Hinter der Ziegenhaltung gabelt sich der Weg, hier gehen wir links und bei dem folgenden Abzweiger nach dem Waldstück gehen wir geradeaus weiter. Direkt hinter einem einzelstehenden Haus gehen wir nicht links bergauf, sondern geradeaus weiter, und nach der scharfen Rechtskurve der Piste lassen wir die folgenden zwei Abzweiger nach rechts liegen. Nach einigen Hütten, die mitten im Wald stehen, erreichen wir die Asphaltstraße, gehen aber an dieser Stelle scharf links auf der Schotterpiste bergauf, bis diese an einer Asphaltstraße endet. Dort gehen wir rechts, bei der folgenden Weggabelung rechts auf ein gelbes Gebäude zu und erreichen das Ziel.

Sehenswert

Eleousa – das Musterdorf der Italiener und die Kirche St. Nicholas Foundoukli.

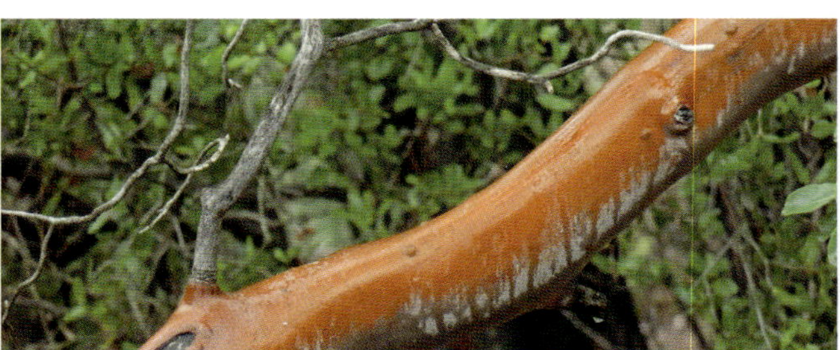

Erbeerbaum am Wegesrand

AGIOS IRENE – NANI PLANTAGEN – NANI – TEICH

Durch die Plantagen im Hochtal des verlassenen Dorfes Nani

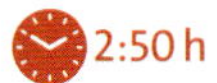

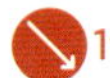 194 hm 

START | Buslinie RODA: Da man nicht um 4:45 Uhr fahren möchte, gibt es keine sinnvolle Verbindung von Rhodos nach Embona. Mit dem Pkw: Von Rhodosstadt über die nordwestliche Küstenstraße fährt man 42 km bis zum Start an der Verbindungsstraße von Salakos und Apollona. Rechts an der Straße befindet sich die kleine Kapelle Agios Irene – gleich nebenan liegt ein Spielplatz. Geokoordinaten: [GPS: N36° 16,312 O27° 54,221].
CHARAKTER | Einfache Wanderung auf breiten Wegen. Auf zwei kurzen Teilstücken auf einem Pfad ist der Orientierungssinn gefragt.

Diese Wanderung führt durch eine liebliche Hügellandschaft zu einem versteckten, wunderschönen und fruchtbaren Hochtal zwischen dem Berg Profitis Ilias und dem höchsten Berg der Insel, dem Attaviros. Wir entdecken verlassene Terrassenfelder und das verlassene Dorf Nani, stille Zeitzeugen früherer Besiedlung, die die Natur zurückerobert. Und mit viel Glück kann man in einer der Gumpen oder am See den Gizanifisch entdecken. Ist auf Rhodos endemisch und der einzig natürlich vorkommende Süßwasserfisch der Insel.

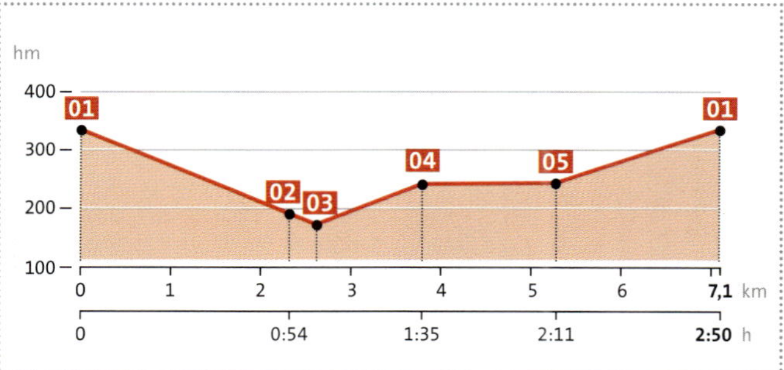

01 Start und Ziel 321 m; 02 Ruinen von Nani 191 m; 03 Schlüsselstelle eins 175 m; 04 Schlüsselstelle zwei 235 m; 05 Weggabelung 239 m

Gleichzeitig gehört er dem am stärksten vom Aussterben bedrohten Süßwasserfischarten Europas. Der nur 3–5 cm große Gizani ist silbergrau mit gelblichen schimmern im Kopfbereich.

▶ Vom **01 Start und Ziel** (321 m) gehen wir 130 m auf der Straße Richtung Embona, um dann bei den Weinreben scharf rechts auf die Schotterpiste abzubiegen und dieser entlang der vielen fruchtbaren Felder nun bergab zu folgen. Die Wirtschaftswege nach rechts und links ignorieren wir, bis ein Bachbett die Straße gequert hat und wir nach einem kurzen Anstieg eine Weggabelung erreichen. An diesem Wegpunkt 5 gehen wir geradeaus, kommen an der Kapelle Agios Nanous Panormitis vorbei, gehen bei der folgenden Weggabelung halb links und erreichen nach 320 m die **02 Ruinen von Nani** (191 m). Wir treffen auf sechs gespenstische Ruinen oberhalb eines sehr fruchtbaren Hochtals. Uralte Olivenbäume und riesige Feigenbäume stehen in unmittelbarer Nähe. Wir setzen unseren Weg fort, ignorieren den linken und den sofort darauf folgenden rechten Abzweiger, bis wir eine Weggabelung erreichen, die **03 Schlüsselstelle eins** (175 m). Hier gehen wir nicht gerade herunter zum Schilf, sondern 30 m links und sofort rechts direkt herunter bis zu einem Bach vor. Bei einer Gumpe queren wir den Bach und nehmen auf der gegenüberliegenden Bachseite den beginnenden Weg. Wir gelangen auf einen breiteren Weg, ignorieren den rechten Abzweiger und gehen durch eine scharfe Linkskehre. Nach 280 m mündet unser Weg in eine weitere Schotterpiste und nach weiteren 150 m bei der Weggabelung halten wir uns halb rechts bergauf. Die Schotterpiste macht eine Linkskehre und quert das Bachbett, während wir am äußersten linken Rand, des rechts von uns liegenden Feldes, weglos bergauf gehen zur **04 Schlüsselstelle zwei** (235 m). Am obersten Ende des Feldes beginnt ein Pfad, ein kurzes Stück sehr steil, er führt durch den Wald – eine schwarze Wasserleitung hilft bei der Orientierung –, bis wir auf einen beginnenden Fahrweg treffen und kurz später auf eine Schotterpiste und einen See, das Wasserreservoir für das tiefer liegende Hochtal. Am Ende des Sees queren wir den Bachlauf und gehen sofort links bergauf. In der folgenden scharfen Rechtskehre kann man eine Variante gehen, indem man den Pfad links herunter, nach 20 m rechts, bis an den See folgt. Der Pfad schlängelt sich dann noch ein gutes Stück am See entlang, bis er schwer auszumachen ist und

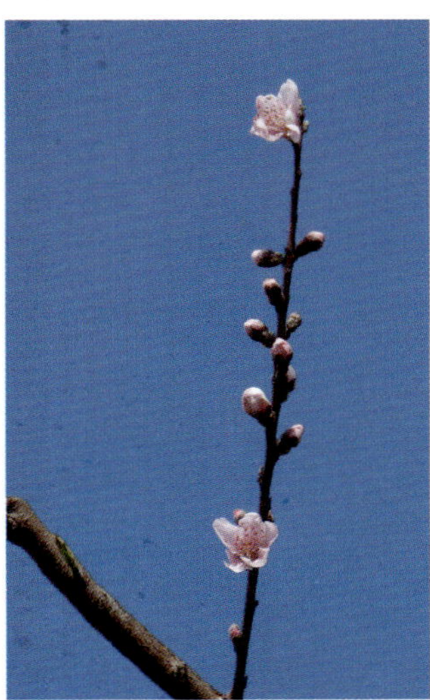

Plantagen in Blüte

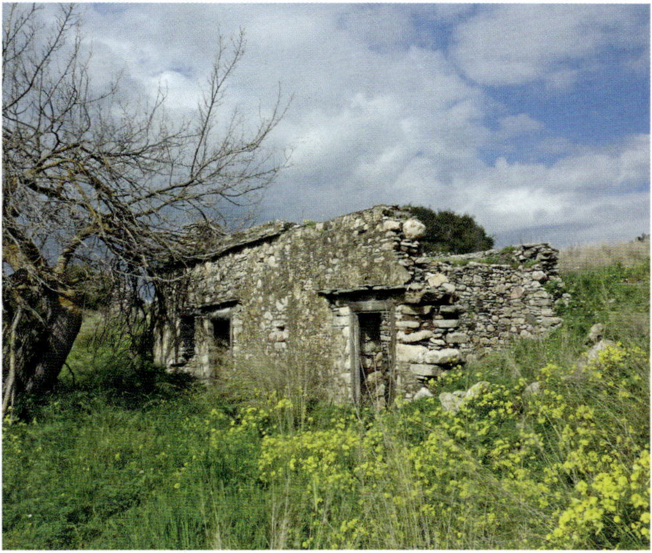

Ruinen von Nani

zur Schotterpiste aufsteigt. Oder man geht nicht zum See herunter und folgt einfach der Piste. Angekommen an der 05 **Weggabelung** (239 m) folgen wir dem Hinweg zurück zum Ausgangspunkt.

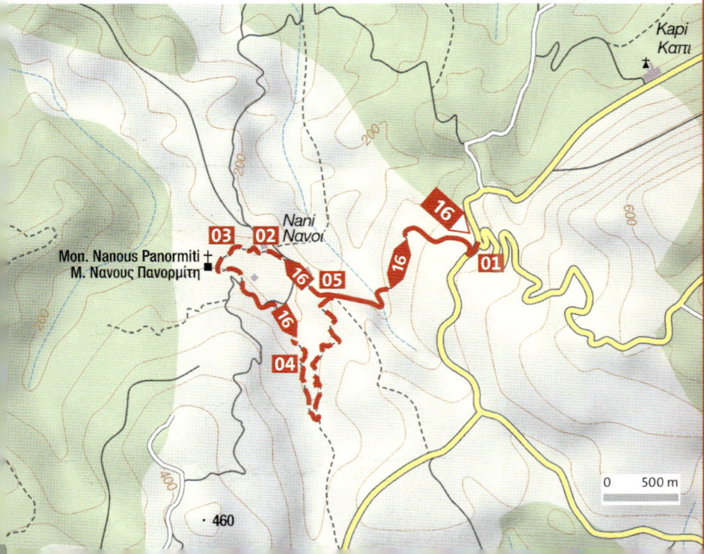

Kapi
Καπι
Nani
Ναυοι
Mon. Nanous Panormiti
M. Ναυους Πανορμίτη
03 02 05 04 01 16
0 500 m
460

KAMIROS SKALA – KOPRI BEACH – BURG KRITINA – KAMIROS KÜSTE

Art des Weges: 30 % Asphaltswege und 70 % Schotterpiste

 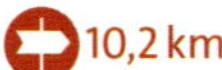  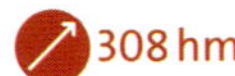 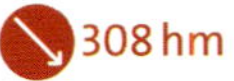 

START | Buslinie Roda: RHODES – MANDRIKO – KRITINIA – KAMIROS SKALA. Mit dem Pkw: Auf der nordwestlichen Verbindungsstraße von Rhodos erreicht man nach 44 km Kamiros Skala. Auf dem großen Platz am Hafen gibt es genügend Parkmöglichkeiten. Geokoordinaten: [GPS: N36° 16,279 O27° 49,509].
CHARAKTER | Mittelschwere Wanderung auf größtenteils breiten Pisten. Etwas Orientierungssinn ist notwendig im mittleren Teilabschnitt der Wanderung.

Bevor die Küstenstraße sich Richtung Embona in die Berge schlängelt gelangt man nach Kamiros Skala, der Hafen für die Überfahrt zu der Insel Chalki und der Ausgangspunkt unserer Wanderung. Es geht vorbei an einem idyllisch gelegenen Strand mit Badegelegenheit zu der Johanniterburg von Kritinia. Auf den Fundamenten einer älteren Anlage begann 1472 der Baumeister Giovanni Battista Orsini den mächtigen Festungsturm zu errichten, der heute noch sein Wappen schmückt. Es folgt eine beeindruckende Wanderung durch wunderschöne Wälder entlang von fruchtbaren Feldern und atemberaubenden Ausblicken, bevor es auf einen Küstenweg zurück zum Ausgangspunkt geht.

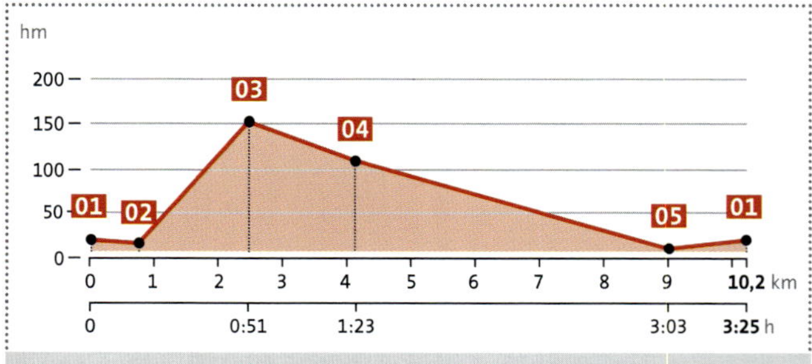

01 Kamiros Skala 1 m; 02 Kopri Strand 7 m; 03 Johanniterburg Kritinia 151 m; 04 Kapelle 114 m; 05 Kamiros Küste 2 m

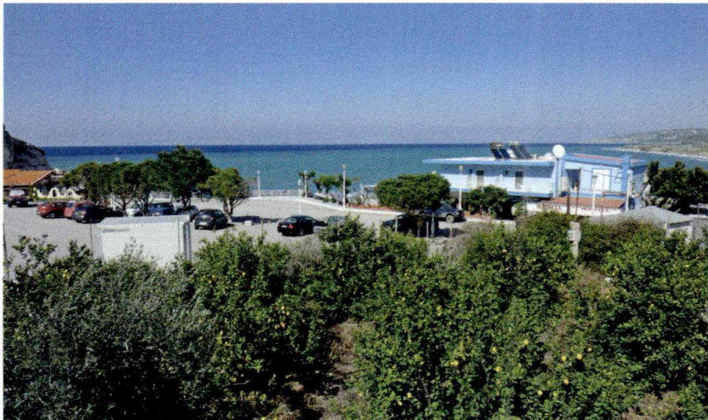

Kamiros Skala Hafen

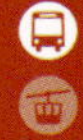
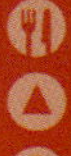
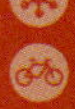
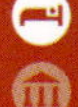
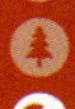

▶ In 01 **Kamiros Skala** (1 m) geben sich Fracht und Fischerboote ein ständiges Stelldichein, um Fische abzuladen und Versorgungsgüter aufzunehmen. Von dem kleinen Fischerdorf wandern wir 450 m auf der Hauptstraße Richtung Embona. Auf der folgenden Anhöhe halten wir uns halb rechts Richtung der Burg von Kritina, biegen aber bereits nach 40 m rechts zum 02 **Kopri Strand** (7 m) ab. Eine kleine 40 m breite Bucht mit Kieselsteinen, inmitten von riesigen Felsformationen – eine sehr schöne Bademöglichkeit. Wir verlassen die Bucht auf der halb rechts bergauf führenden Piste, entlang von Feldern. Oberhalb von uns sehen wir die Auberge Kalopetri, eine wunderschöne B&B-Unterkunft – eine Oase der Ruhe, mitten in der Natur, mit traumhafter Aussicht über das Meer. Die Piste endet und wir gehen nun auf der Asphaltstraße und folgen der Ausschilderung rechts bergauf zur 03 **Johanniter-**

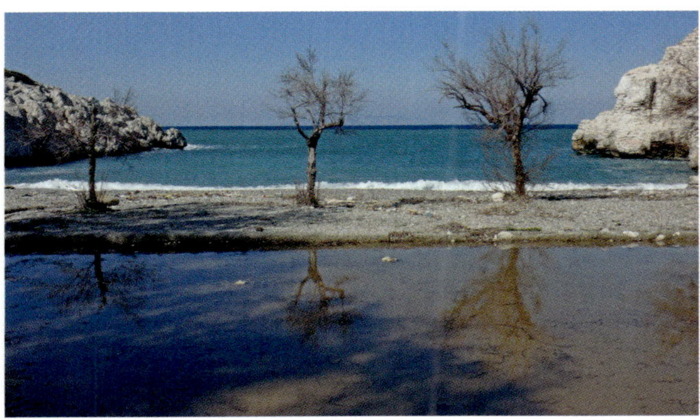

Kopri Strand

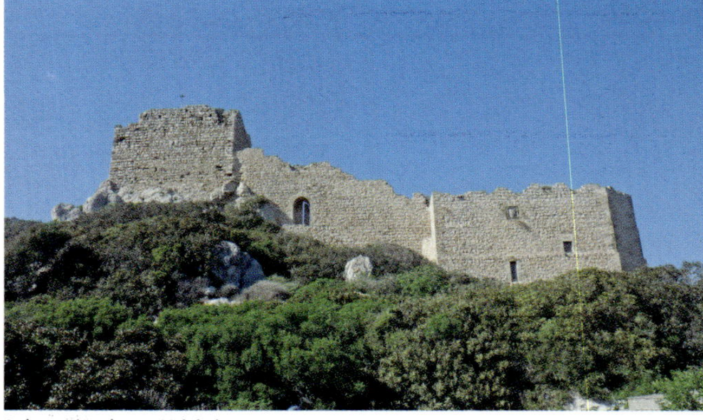

Johanniterburg Kritinia

burg Kritinia (151 m). Wie ein Adlerhorst thront die im 14. Jahrhundert erbaute Johanniterburg auf einem alleinstehenden Felsen an der mittleren Westküste von Rhodos. Von der Burg ergibt sich ein beeindruckender Blick ins Landesinnere, bis hin zum höchsten Berg der Insel, den 1250 m hohen Attaviros, sowie über das Meer zu den vorgelagerten Inseln Chalki und Alimia. Wir gehen zunächst auf dem gleichen Weg zurück, aber dann an der Asphaltstraße rechts und im weiteren Verlauf überqueren wir die Verbindungsstraße von Kamiros Skala nach Empona. Anschließend geht es 400 m durch den lichten Kiefernwald, wir lassen eine blau bemalte **04 Kapelle** (114 m) mit schwarzer Glocke links liegen. Nach weiteren 110 m endet unser Weg – rechts oberhalb befindet sich ein einzel-

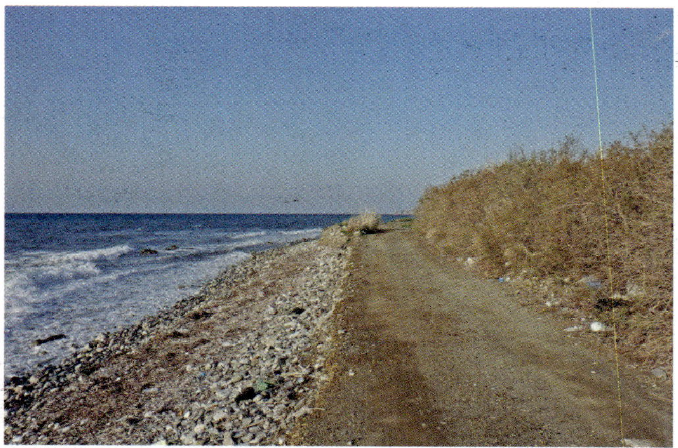

Küstenpfad bei Kamiros

stehendes Haus. Danach gehen wir links und nach weiteren 60 m scharf rechts bergab. Die Piste führt oberhalb der Felder entlang. Am Ende eines rechts stehenden Olivenhains bleiben wir weiterhin auf der Piste, gehen nicht rechts bergauf oder zu den links liegenden Plantagen herunter. Wir sehen links unterhalb eine Quelle und gehen zu dieser herunter, an dem Schilfgras vorbei und daraufhin sofort scharf rechts auf der Schotterpiste bergauf. 250 m hinter einer rechts von uns liegenden großen freien Fläche, wir befinden uns jetzt mitten im Wald, gehen wir auf dem steil ansteigenden linken Abzweiger bergauf. Der Waldweg macht eine scharfe Linkskurve, vorbei geht es an Terrassenfeldern, 100 m entfernt von uns links liegt ein verlassenes Haus, bis sich der Weg zu einer Anhöhe hochschraubt. In der Ferne sehen wir den Berg Profitis Ilias – zu erkennen an seinen Sendemasten. Anschließend gehen wir geradeaus und sofort links auf dem bergab führenden Weg ent-

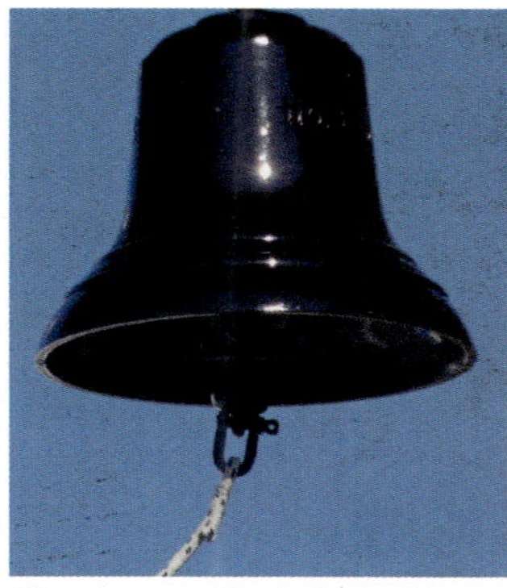

Die schwarze Glocke in der blau bemalten Kapelle

lang der Weinstöcke. Vorbei führt der Weg an einer kleinen Kapelle mit Quelle. In der Talsohle angekommen, führt der Weg entlang von Weinstöcken, wir überqueren die Verbindungsstraße von Mandriko nach Kamiros Skala und gehen nun gerade herunter zu der 05 **Küste von Kamiros** (1 m). Dort angekommen, folgen wir dem Küstenweg zurück bis zum Ausgangspunkt.

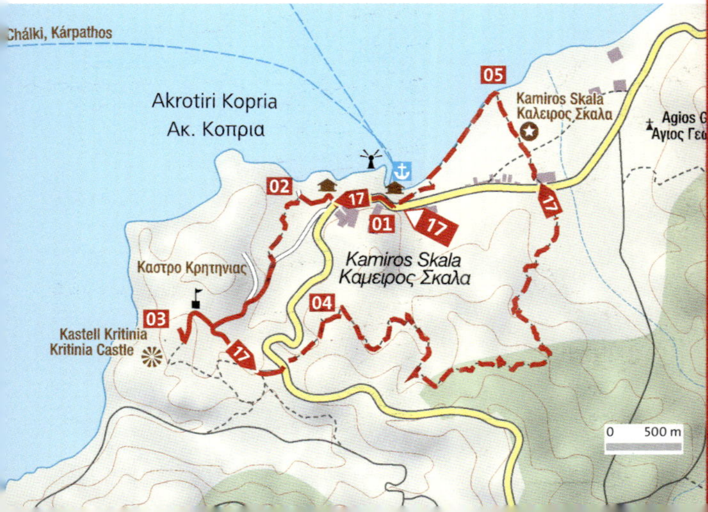

KLOSTER AGIOS SAINT NEKTARIOS – MESOVOUNO • 457 m

Die unverwechselbaren Lautäußerungen von Pfauen sind unsere stetigen Begleiter

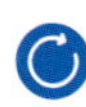
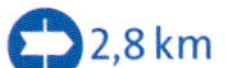

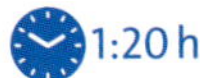

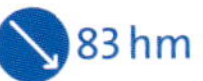

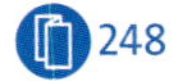

START | Buslinie KTEL: Busverbindung Richtung Elousa. Entfernung Rhodosstadt: 30 km. Anfahrt Pkw: Auf der südwestlichen Küstenstraße Richtung Lindos biegen wir bei Kolympia rechts Richtung Epta Piges (7 Quellen) und erreichen nach 7 km das auf der linken Seite liegende Kloster, mit vielen Parkmöglichkeiten. Geokoordinaten: [GPS: N36° 15,923 O28° 4,605].
CHARAKTER | Die blauen Varianten sind einfache Wanderungen auf gut befestigten Wegen. Bei der roten Variante ist das Gelände sehr steil, der Untergrund rutschig und immer wieder müssen die Hände zu Hilfe genommen werden.

Die Wanderung mit drei Variationsmöglichkeiten startet bei der byzantinischen Kirche des Heiligen Saint Nektarios mit seiner uralten Plantage, deren Stamm komplett ausgehöhlt. Beim Brunnen kann noch einmal frisches Quellwasser gebunkert werden. Je nach Variante ergeben sich fantastische Ausblicke über die grünen endlosen Waldwellen des Umlandes. Der Weg ist gesäumt von alten Salbeisträuchern und Oregano. Eine Besonderheit sind die von Ende März bis Anfang April blühenden Orchideen. Dort innehalten, wo die Natur verzaubert.

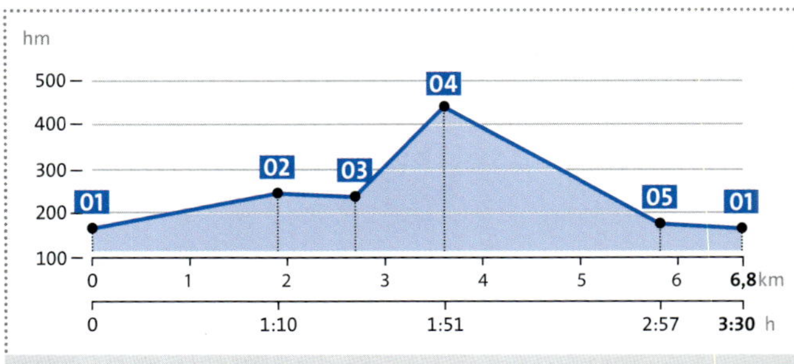

01 Start und Ziel 153 m; 02 Variante eins 227 m; 03 Variante zwei 216 m; 04 Mesovouno 457 m; 05 Variante drei 166 m

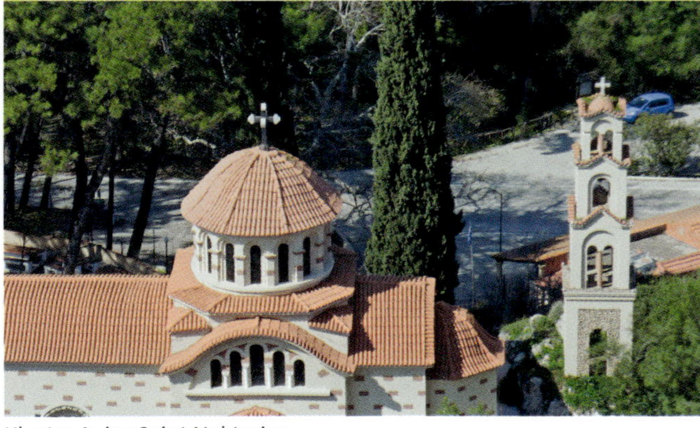

Kloster Agios Saint Nektarios

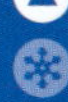

▶ Vom **01** **Start und Ziel** (153 m) am Klosterparkplatz gehen wir neben der Informationstafel den Treppenweg zum Fluss herunter. Dort angekommen gehen wir rechts über eine große Freifläche und bei der folgenden Weggabelung rechts bergauf. Wir erreichen die Straße nach Kolympia, gehen diese 40 m links entlang, um sie dann zu queren und auf der Schotterpiste bergauf zu gehen. Den Abzweiger nach rechts unterhalb eines 4–5 m hohen Felsens lassen wir liegen und gehen geradeaus weiter. Der Wald lichtet sich und gibt den Blick bis zum Meer frei, links steigt steil die Felswand des Berges Mesovouno auf. Wir sind nun 370 m im freien Gelände gegangen, es liegen zwei große Felsabbrüche am Wegesrand und in 10 m Entfernung steht ein Steinmännchen. Bei dieser **02** **Variante eins** (227 m) gehen wir 50 m, im rechten Winkel zur Schotterpiste, über die kleine Anhöhe, um dann den Verlauf des abfallenden Bergrückens halb rechts, weglos entlang an rechts liegenden tiefen Erosionsrissen, zu folgen. In der

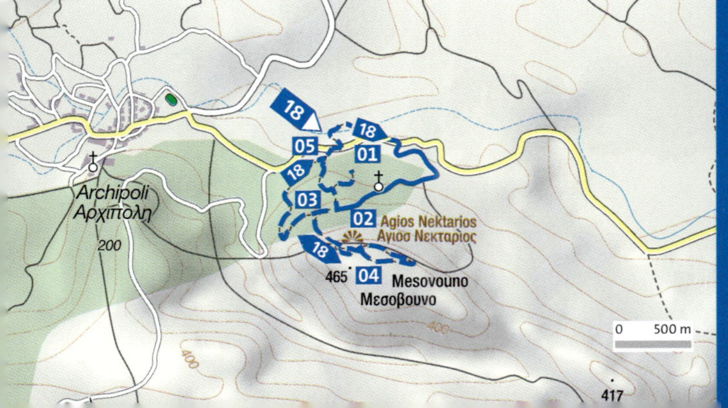

Ferne sehen wir bereits eine Holzbrücke, nur kurz später treffen wir auf einen gepflasterten Weg und können bis zum Aussichtspunkt vorgehen. Wir gehen bis zur Holzbrücke zurück. Folgen wir dem gepflasterten Weg, gelangen wir direkt zum Kloster. Wir gehen bis zu dem Steinmännchen an der Schotterpiste zurück, folgen dieser rechts weitere 80 m und erreichen den Aufstieg zur 03 **Variante zwei** (216 m). Am westlichen Ausläufer des Berges sehen wir ein breites Schotterfeld. Auf diesem steigen wir am linken Rand auf und gelangen so auf dem Bergrücken Richtung eines Vorgipfels. Unterhalb des felsigen Bergrückens steigen wir stetig auf, bis wir uns Richtung eines in der Ferne stehenden Fahnenmasts neu orientieren. Von dort lässt sich der hintere Gipfel ausmachen und wir gehen weglos bis zur Bergspitze des 04 **Mesovouno** (457 m). Es ergibt sich ein perfekter 360°-Rundblick. Wir gehen auf derselben Strecke bis zum Wegpunkt 3 zurück und auf der Schotterpiste links talwärts. Es folgt eine lange Gerade, eine Rechtskehre und abermals eine lange Gerade. In der folgenden scharfen Linkskehre verlassen wir den Hauptweg nach rechts. Kurz vor der Asphaltstraße gehen wir bei der Weggabelung halb rechts auf den Waldweg, dieser mündet in einen weiteren. Wir halten uns links, sofort wieder rechts und vor einer weit entfernt stehenden Felswand links. Kurz vor dem Klosterzaun treffen wir auf den bergauf führenden Weg zum Aussichtspunkt, wie unter Wegpunkt 2 erwähnt. Der Aufstieg der 05 **Variante drei** (166 m) ist einfach, es gibt nur eine Stelle, an der sich der Weg unter einer großen Kiefer gabelt, links geht es in felsiges Gelände, geradeaus geht es zum Aussichtspunkt.

Blaue Variante eins

Nur der Aufstieg zum Aussichtspunkt ist 1,4 km lang und hat 65 Höhenmeter. Blaue Variante zwei: Die Strecke ist 2,8 km lang und hat 83 Höhenmeter. Dunkelrote Variante drei ist 5,24 km lang und hat 304 Höhenmeter.

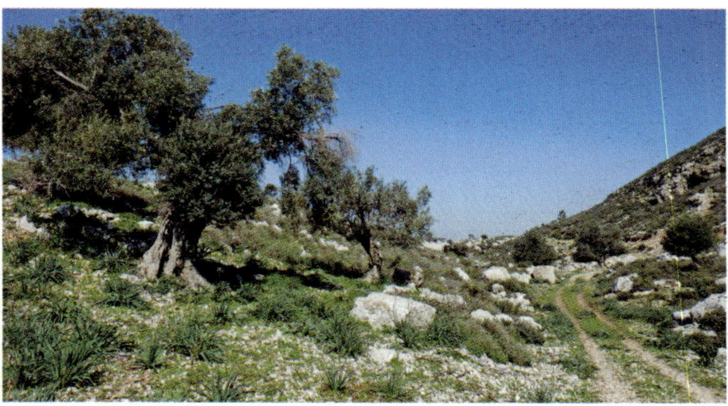

Piste am Wegpunkt 2

ARCHANGELOS – EPTA PIGES

Wo kommt denn hier Wasser her?

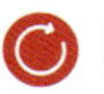 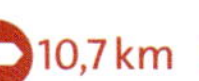 10,7 km 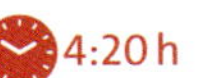 4:20 h 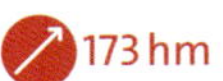 173 hm  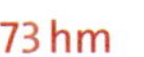 173 hm 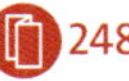 248

START | Buslinie KTEL: mit elf täglichen Verbindungen RHODES – ARHANGELOS: Entfernung Rhodosstadt: 29 km. Anfahrt Pkw: Auf der südwestlichen Küstenstraße Richtung Lindos, 580 m hinter der Abfahrt Richtung Archangelos befindet sich auf der rechten Seite ein mit Spiegelglas verkleidetes Gebäude und eine freie Fläche, wo man bequem parken kann.
Geokoordinaten: [GPS: N36° 13,282 O28° 7,041].
CHARAKTER | Mittelschwere Wanderung. An einigen Passagen ist etwas Orientierungssinn gefordert.

Die Wanderung startet in Archangelos, immerhin das größte Dorf der Insel und benannt dem Erzengel Michael, Schutzpatron des Ortes. Durch die unendlichen Weiten der Olivenhaine erreichen wir einen kleinen Stausee, von dessen Staumauer das Wasser durch Wasserleitungen nach Kolymbia geleitet wird. Diese stammt aus der Zeit der italienischen Besetzung. Dann wartet eine Mutprobe auf uns, wer möchte, kann durch einen engen, Wasser führenden Tunnel gehen, bis wir die Epta Piges, was „Sieben Quellen" heißt, erreichen. Wie von Geisterhand ergießt sich kristallklares Quellwasser zutage, sammelt sich zu einem Bächlein, ein Tunnel tut sich auf und schluckt das Wasser wieder. Nach einem Abstecher zu einem Wasserfall geht es auf Bewirtschaftungswegen zurück.

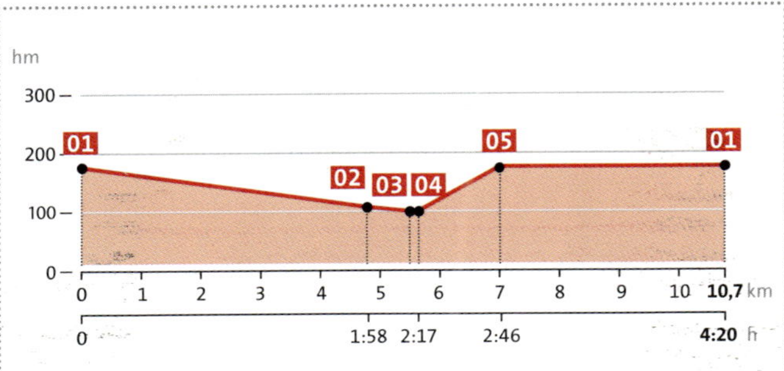

01 Start und Ziel 172 m; 02 Wasserleitung 94 m; 03 Stausee 87 m; 04 Tunnel 88 m; 05 Schlüsselstelle 169 m

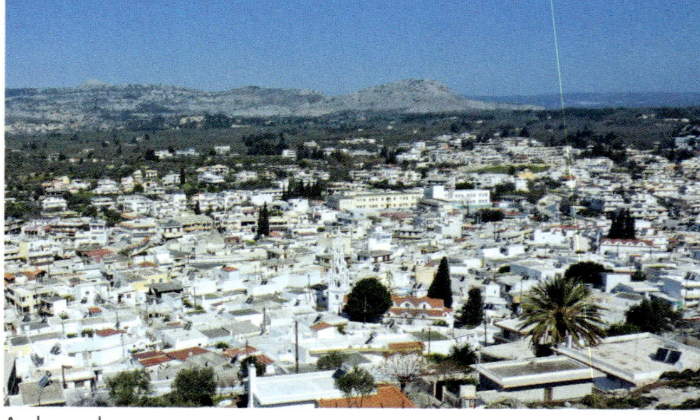
Archangelos

▶ Vom 01 **Start und Ziel** (172 m) oberhalb von Archangelos laufen wir auf der Hauptstraße 500 m Richtung Rhodosstadt und biegen unterhalb der Kirche links ab. Leicht bergan geht es auf der Asphaltstraße. Wir sind jetzt gut 900 m gegangen, haben die letzten Häuser hinter uns gelassen und treffen auf einen kleinen Betonpfeiler, der am Wegesrand steht. Hier gehen wir halb links auf die leicht bergab führende Schotterpiste. Bei der folgenden Weggabelung gehen wir halb links und nicht halb rechts bergauf. Im weiteren Verlauf ignorieren wir alle Abzweiger, bis wir auf ein einzelstehendes Haus treffen. Der Hauptweg läuft rechts um das Haus herum, während wir gerade aus an einer Ruine vorbei gehen – der Weg ist kurzfristig etwas schwerer auszumachen. Dieser Weg führt leicht bergab in eine Senke, bei der nachfolgenden

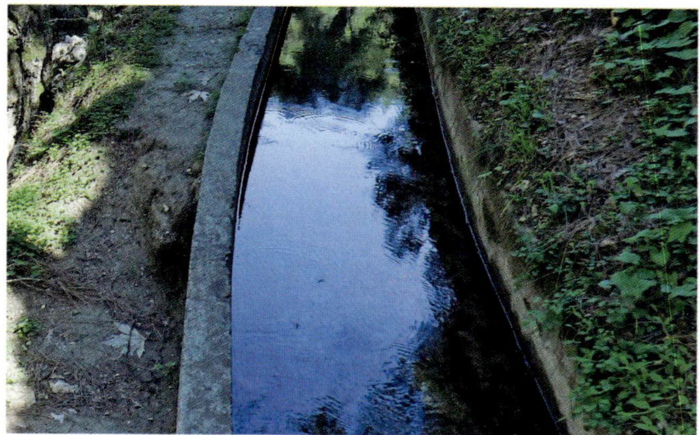
Wasserkanal von den sieben Quellen

Weggabelung gehen wir links herunter in den Wald. Vorbei geht es an einer offenen **02 Wasserleitung** (94 m), bis wir 160 m links auf der Verbindungsstraße Eleousa nach Kolymbia gehen. Hier, am Ende einer Betonmauer, steigen wir in das schmale Bachbett herunter und gehen rechts oder links, nun talaufwärts. Aufgrund von heftigen Niederschlägen verändert sich der Verlauf des Pfades ständig. Kurz vor einem Wasserfall steigen wir links die Böschung hoch, gelangen nun abermals an die offene Wasserleitung und gehen nun oberhalb des Bachlaufes direkt auf einen wunderschönen Wasserfall zu. Auf Treppen neben der Staumauer gelangt man zu einem im Wald verborgenen **03 Stausee** (87 m), indem Schildkröten gemütlich dahindümpeln. Nach 100 m treffen wir auf den Eingang zu einem 170 m langen, 40–50 cm breiten und nur 1,70 m hohen Tunnel, durch den man hindurch nur barfuß laufen kann. Auch sollte man vorher in den Tunnel hören, ob sich bereits Personen in ihm befinden, denn nur in der Mitte des Tunnels gibt es die Möglichkeit, aneinander vorbeizukommen. Natürlich kann man auch durch das selbst im Hochsommer angenehme kühle Tal, mit seiner üppigen Vegetation, zum anderen Ende des **04 Tunnels** (88 m) wandern. Gehen wir halb rechts an der Taverne vorbei und über die Brücke, so erreichen wir die 7 Quellen, akribisch num-

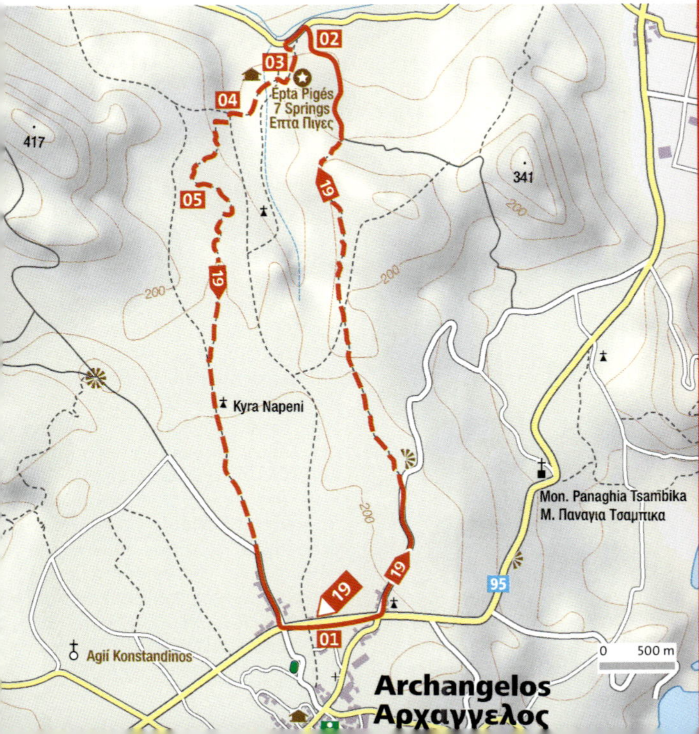

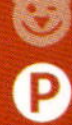
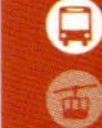
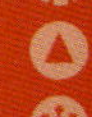
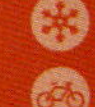

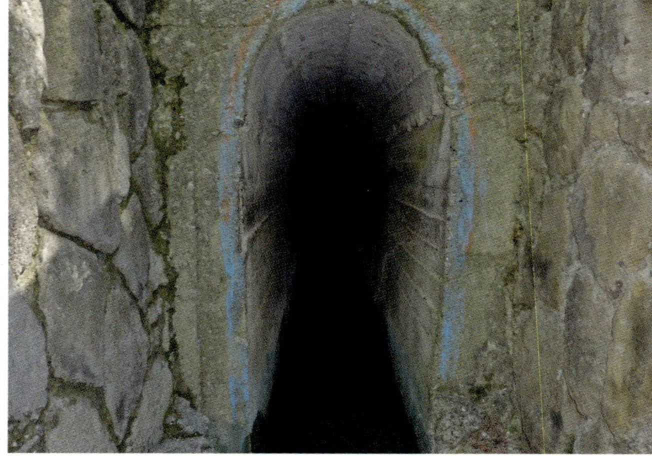

Verbindungstunnel zu den sieben Quellen

meriert und markiert zur Erläuterung, wo die Quellen aus dem Nichts hervortreten. Weiter geht es rechts vom Bachlauf auf einem Pfad, bei einem großen Felsen ignorieren wir den rechts bergauf führenden Pfad und erreichen einen ca. 9 m hohen Wasserfall. Wir gehen ein kurzes Stück zurück und wählen einen der vielen Pfade hoch zu einem Olivenhain. Dort sofort links, um nach weiteren 100 m durch eine Linkskehre in den Wald hineinzugelangen und dann bei Felsen rechts bergauf zu steigen – sieht ein bisschen aus wie eine Müllhalde der Aufstieg –. Wir erreichen einen weiteren Olivenhain und gehen am Zaun und dem Gebäude bis zur Schotterpiste vor, um an dieser links zu gehen. Bei der folgenden Weggabelung gehen wir rechts, nun in einer Linkskehre um einen links von uns liegenden Hügel und wir erreichen, nachdem wir einen rechten Abzweiger haben liegen lassen, die **05 Schlüsselstelle** (169 m). Ein Weg führt geradeaus weiter über den Olivenhain, wir nehmen aber den Pfad halb links bergauf, markiert mit einem Steinmännchen. Im weiteren Verlauf geht es in südliche Richtung, vorbei an einer Kapelle, gefolgt von einer Kirche, bis wir auf die ersten Häuser treffen, von dort ist es nicht mehr weit bis zur Hauptstraße, an der wir nun links zum Startpunkt vorgehen.

Seichte Hügelketten prägen das Lanschaftsbild

KRITINIA – TRAUMBUCHT – TEMPEL

Kiefernwälder, Olivenhaine und mysteriöse Heiligtümer

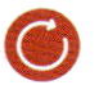  9,7 km 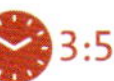 3:50 h  266 hm 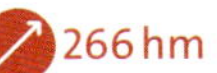 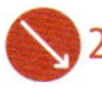 266 hm 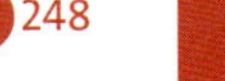 248

START | Buslinie RODA: RHODES – KRITINIA – KAMIROS SKALA. Die einzig sinnvolle Verbindung ist: 7:30 Uhr hin und 14:45 Uhr zurück und das nur wochentags. Entfernung Rhodosstadt: 49 km. Mit dem Pkw: Auf der nordwestlichen Küstenstraße fahren wir Richtung Kritinia, folgen der Ausschilderung Supermarkt und fahren bei der ersten Weggabelung halb rechts, vorbei am Dorfplatz mit der Taverne, bis wir bei der Kapelle Agios Ioannis Prodromos parken. Geokoordinaten: [GPS: N36° 15,010 O27° 49,628].
CHARAKTER | Mittelschwere Wanderung und an einigen Passagen ist der Orientierungssinn gefordert.

Diese naturnahe Wanderung führt durch lichte und intensiv riechende Kiefernwälder, Weinanbaugebiete und Olivenhaine. Beim Abstieg ergeben sich andauernde fantastische Ausblicke auf die Küste und die vorgelagerten Inseln, bevor wir bei einem Kieselstrand auf ein mysteriöses Heiligtum treffen. Der Rückweg führt durch eine spektakuläre Schlucht über eine landwirtschaftlich genutzte Hochebene mit Kartoffeln, Orangen- und Mandarinplantagen, zurück zum Ausgangspunkt.

▶ Von der 01 **Kapelle** (251 m) gehen wir auf der weiterführenden Straße, lassen das einzeln stehende Haus rechts liegen und biegen danach sofort halb rechts auf die Schotterpiste ab. Es geht

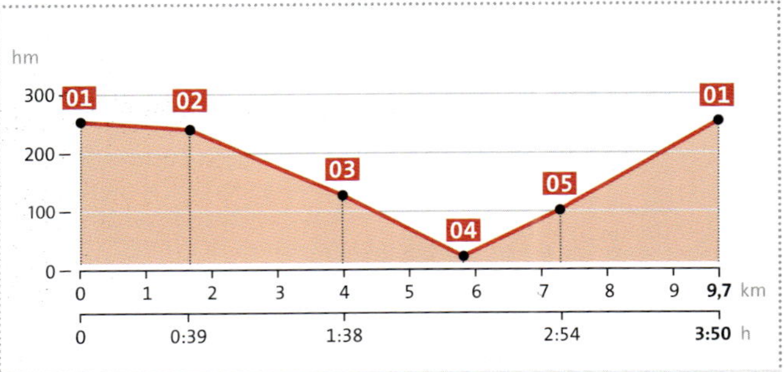

01 Kapelle 251 m; 02 Abzweiger rechts 240 m; 03 Abzweiger links 108 m; 04 Heiligtum 4 m; 05 Abzweiger rechts 101 m

steil bergab auf der Schotterpiste bis zu einer 5-Wege-Kreuzung, die wir gerade herüber überqueren. Schon bald gehen wir im lichten Wald, überqueren einen Bachlauf, bis wir bei Weinreben wieder ins Freie treten. Die Abzweiger zum weißen Haus und den folgenden rechts ignorieren wir, bis der Weg endet. Hier gehen wir rechts, nach weiteren 90 m bei dem 02 **Abzweiger abermals rechts** (240 m). Vor einem Waldstück macht die Schotterpiste eine scharfe Rechtskurve, nach weiteren 70 m gehen wir links und nach 200 m bei der Weggabelung halb links. Hier befindet sich eine blaue Kennzeichnung am Baum. Einen weiteren Abzweiger nach links ignorieren wir, das Landschaftsbild ändert sich, wir haben die Olivenhaine hinter uns gelassen und laufen wieder durch den lichten Kiefernwald. In der dritten aufeinanderfolgenden Kehre queren wir ein Trockenbachbett und bei dem darauf folgenden 03 **Abzweiger** halten wir uns links (108 m). Es geht nun ständig bergab und es ergeben sich fantastische Ausblicke auf die Ägäis und die vorgelagerten Inseln. Inzwischen befinden wir uns fast auf Meereshöhe, passieren verlassene Tomatenplantagen und queren auf einer von Stürmen heimgesuchten Piste einen Felsvorsprung in eine 200 m breite Kieselsteinbucht. Am Ende der Bucht erreichen wir ein mysteriöses 04 **Heiligtum** (4 m) oder Tempel,– Säulen- und Mauerreste wurden über die Jahrhunderte zum größten Teil vom Meer geschluckt.

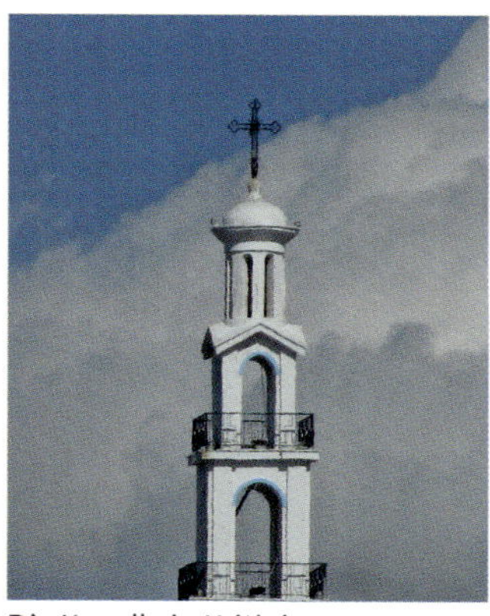
Die Kapelle in Kritinia

Variante

Beim Wegpunkt 5 kann man einen Abzweiger zur Johanniterburg Kritinia machen - die besterhaltene Festung dieser Art auf Rhodos.

Direkt dahinter beginnt ein Pfad, er schlängelt sich an einem teils niedergetretenen und rostigen Maschendrahtzaun entlang und durch einen sich immer mehr verzweigenden Stachelbuschparkours. Kurzfristig ist der Weg schwerer auszumachen, wir orientieren uns Richtung der schmalsten Stelle der Schlucht und hinter ein paar kleinen Tannen ist der Pfad wieder eindeutig auszumachen. Es folgt eine astreine Durchwanderung einer spektakulären Schlucht, bis wir auf die ersten Terrassenfelder stoßen und dem bergauf führenden Wirtschaftsweg folgen. Hinter der Ruine am Wegesrand und Zitrusplantagen endet der Weg, wir gehen dort links und bei der nächsten Möglichkeit nehmen wir den 05 **Abzweiger rechts** (101 m), nun direkt zwischen den Gewächshäusern hindurch. Bereits ein gutes Stück hinter einem alleinstehenden Haus gabelt sich der

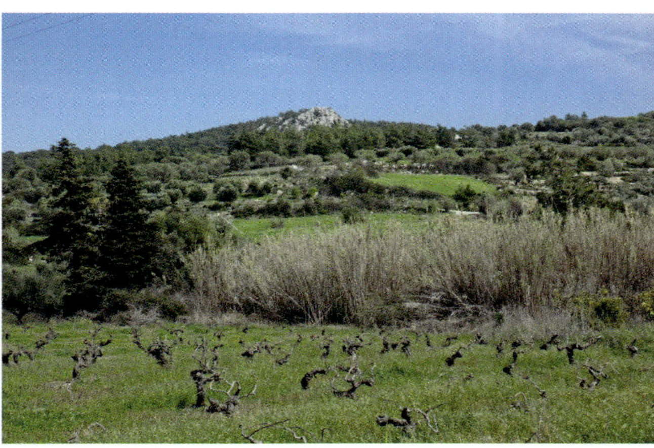

Weinreben in hügeliger Landschaft

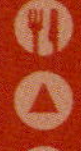

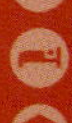
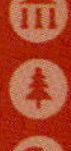

Weg, mittig steht Schilfgras, hier gehen wir halb links, bis wir das Bachbett bei einer weiteren Weggabelung nach rechts queren. Bis zur 5-Wege-Kreuzung ignorieren wir zwei linke Abzweiger, einen rechten Abzweiger und zwei linke Abzweiger.

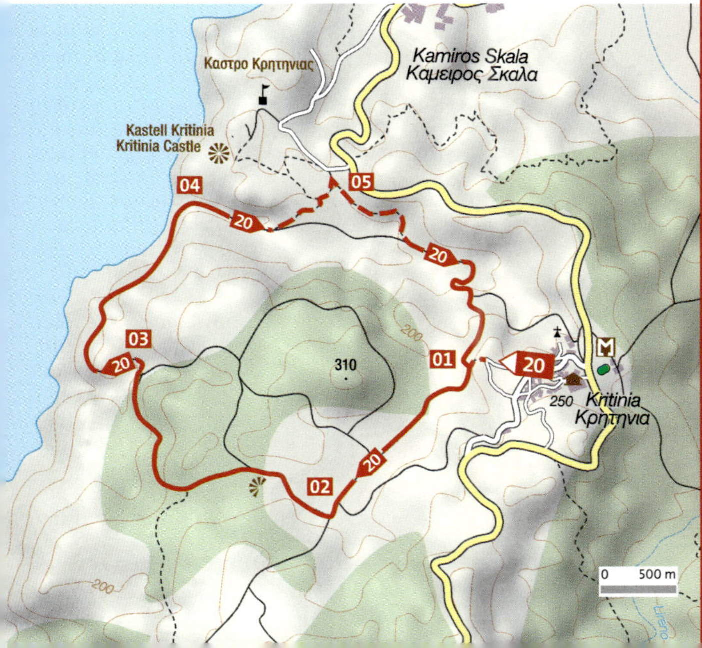

STRAND VON TSAMBIKA – TSAMBIKA KAPELLE – KOLYMBIA

Wanderung für Familien mit Kinderwunsch

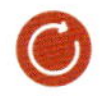 6,9 km  3:30 h 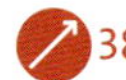 388 hm ↘ 388 hm 

START | Buslinie KTEL: RHODES – TSAMBIKA BEACH, mehrmals täglich in den Sommermonaten. Entfernung Rhodosstadt: 27 km. Mit dem Pkw: Anfahrt über die südwestliche Küstenstraße Richtung Lindos und kurz hinter Kolymbia der Ausschilderung zum Strand von Tsambika folgen.
Geokoordinaten: [GPS: N36° 13,854 O28° 8,975].
CHARAKTER | Die mittelschwere Wanderung erfordert Schwindelfreiheit und Orientierungssinn.

Eine Legende besagt, dass Fischer Ende des 19. Jahrhunderts eine Ikone am Strand von Tsambika fanden. Man beschloss auf dem naheliegenden, 325 m hohen Berg, eine Kapelle für die Ikone zu errichten. Es mussten alle Bewohner der Gegend, auch die kinderlosen Frauen, mithelfen. Als die Kapelle fertig war, wurden diese Frauen wie durch ein Wunder schwanger. Noch heute wallfahren Frauen zur Kirche der Heiligen Jungfrau, mit der Bitte, um Fruchtbarkeit. Auf der gesamten Wanderung ergeben sich immer wieder faszinierende Ausblicke über die komplette Nordwestküste von Rhodos. Und dann noch der Tsambika Strand, er gehört mit zu den schönsten Stränden auf Rhodos. Malerisch liegt der 800 m lange, feine goldene Sandstrand zwischen 2 Hügelketten.

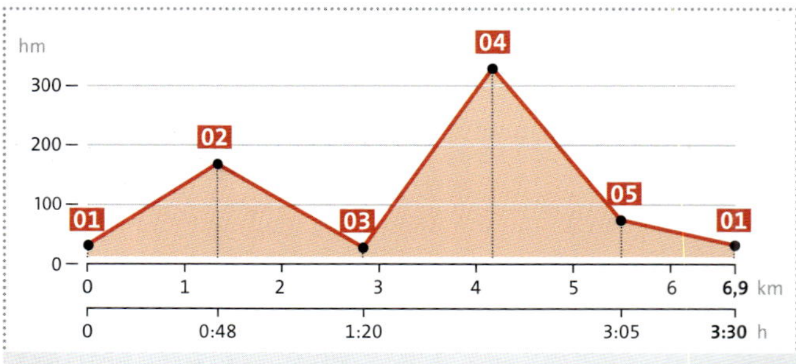

01 Start und Ziel 1 m; 02 Variante eins 164 m; 03 Kolymbia 4 m; 04 Tsambika Kapelle 325 m; 05 Variante zwei 66 m

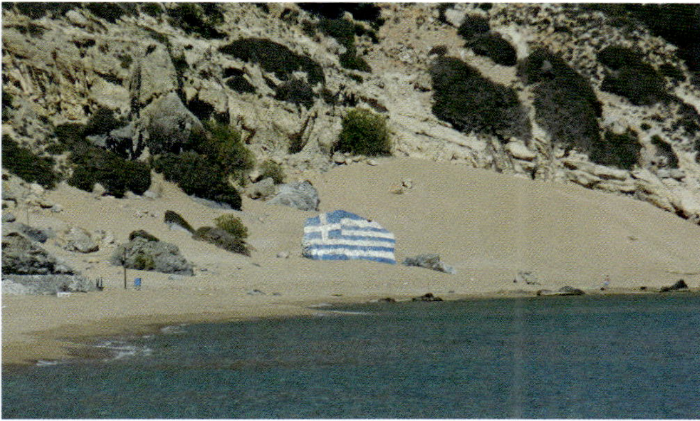

Tsambika Strand

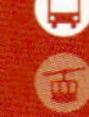
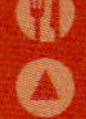
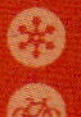

▶ Wir gehen am **01 Strand von Tsambika** (2 m) Richtung des großen Steins, bemalt mit der griechischen Flagge. Der folgende Aufstieg stellt die schwierigste Passage der Wanderung dar. Zunächst steigen wir über die dahinter liegenden Dünen zu einem Oleanderbusch auf, der auf einem Hügel steht. Direkt dahinter steigen wir mit Zuhilfenahme der Hände in einer Erosionsrinne auf, bis wir auf einen im Hang quer verlaufenden Pfad treffen. Viele Pfade erschweren die Orientierung. Wir halten uns Richtung des Kaps, bis wir links oberhalb eine Höhle ausmachen können. Bei einem Steinmännchen unterhalb der Felsen machen wir eine 180°-Kehrtwendung, klettern abermals unter Zuhilfenahme der Hände durch eine kleine Rinne und treffen auf den Wanderpfad. Immer den Steinmännchen folgend, steigen wir nun zu einer Einsattelung auf.

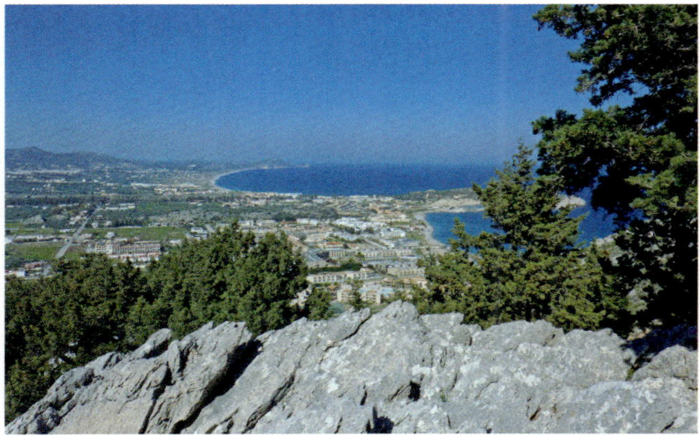

Variante eins

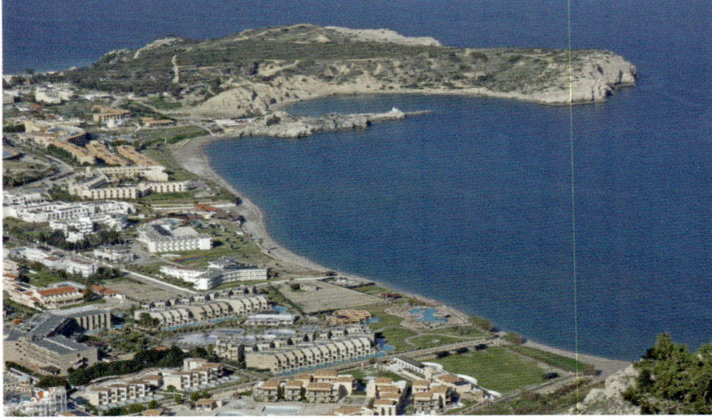

Kolymbia Strand

Wir haben den Wegpunkt der **02** **Variante eins** (164 m) erreicht. Gehen wir direkt auf dem links von uns liegenden und markierten Felsen zu und beginnen dahinter den Hang zu queren, so gelangen wir automatisch auf den ansteigenden Pfad von Kolymbia. Ist der Ausgangspunkt der Wanderung Kolymbia, so gehen wir gerade auf dem Pfad bergab, halten uns so dicht wie möglich an den links liegenden Felsen. Im weiteren Verlauf überqueren wir halb links liegende Bergrücken und folgen dem Pfad bis ins Tal nach Kolymbia. Starten wir die Wanderung von **03** **Kolymbia** (4m), so gehen wir durch die Villen hindurch, durch das Ziegengatter und beginnen den Aufstieg auf dem gut auszumachenden Pfad. Nur an einer Stelle, wo wir über stark erodierte Flächen gehen, gabelt sich der Weg, hier halten wir uns halb rechts. Wir haben inzwischen den Waldrand erreicht und weiß getünch-

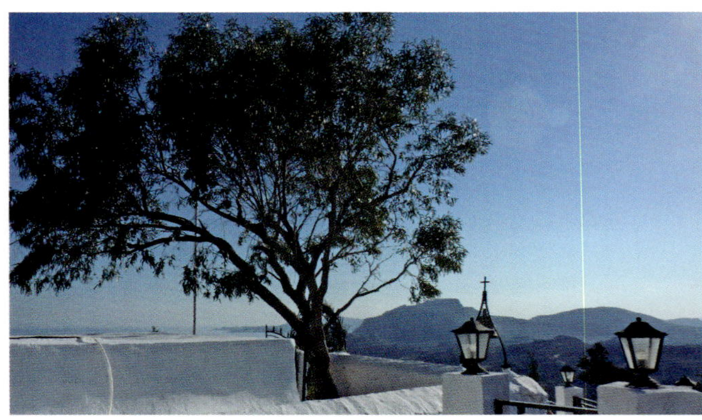

Bei der Tsambika Kapelle

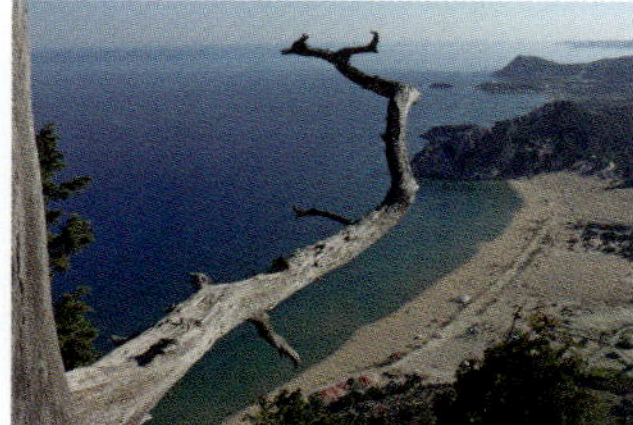
Varinate zwei Tsambika Strand

Variante

Man kann die Wanderung vom Tsambika Strand sowohl als auch von Kolymbia beginnen. Beschrieben ist die Wanderung vom Tsambika Strand beginnend.

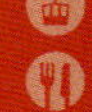
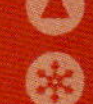

te Steine markieren den Weg. Wir erreichen die Taverne Panoramic View und den großen Parkplatz unterhalb der Kapelle. Von nun an gehen wir auf dem angelegten Weg bis zur **04 Tsambika Kapelle** (325 m), dort angekommen, ergeben sich atemberaubende Ausblicke. Wir gehen zunächst wieder bis zum Parkplatz herunter. Dort gehen wir scharf links, über den oberen der beiden Parkplätze, auf dem zunächst ebenerdigen Pfad. Wir treffen auf die Überreste einer Ruine, gehen rechts an dieser vorbei – Steinmännchen helfen bei der Orientierung –, um dann ein kurzes Stück über einen Bergrücken abzusteigen. In einer großen Linkskehre queren wir durch eine Felswand – hier ist ein kurzes Stück ausgesetzt –, um dann unterhalb dieser Felswand in Kehren abzusteigen. Unser Pfad mündet in einen weiteren Pfad, wir gehen halb links durch hohes Gestrüpp, über eine Ebene, bis wir rotes Gestein erreichen. Wir sehen auch die roten Dächer der Tavernen sowie die Bushaltestelle direkt unterhalb von uns. Hier bei der **05 Variante zwei** (66 m) gabelt sich der Weg. Ist man von Kolymbia gestartet, so geht man halb links auf dem Höhenweg weiter und erreicht automatisch den Wegpunkt 2. Sind wir vom Tsambika Strand gestartet, so beginnen wir hier rechts herunter den Abstieg. Kein leichter Abstieg, da er sehr rutschig und geröllig ist.

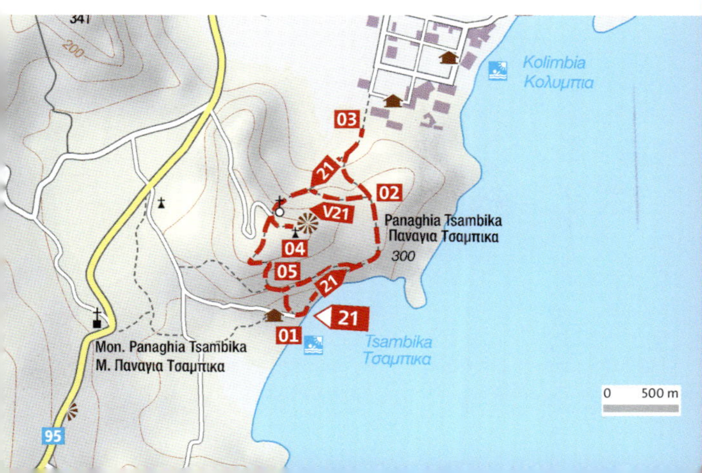

KAPELLE DER JUNGFRAU ELEIMONITRIA – TROPFSTEINHÖHLE KAPI

Das Tor ins Erdinnere, beeindruckende Momente in einer kleinen Tropfsteinhöhle

 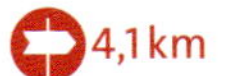 4,1 km  2:00 h 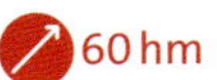 60 hm 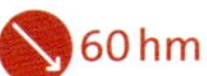 60 hm  248

START | Buslinie KTEL: RHODES – LINDOS bis Kreisverkehr bei Archangelos und dann sind es noch 1,93 km einfach zum Start. Entfernung Rhodosstadt: 32 km. Anfahrt Pkw: Wir fahren auf der südwestlichen Küstenstraße Richtung Lindos und im Kreisverkehr bei Archangelos Richtung Malonas rechts abbiegen. Nach der folgenden Höhe, dem Brunnen auf der linken Seite, biegen wir scharf rechts ab, fahren an einem kleinen Gebetshaus vorbei, bis der Weg sich gabelt und wir rechts auf einem kleinen Feld parken. Geokoordinaten: [GPS: N36° 13,318 O28° 5,413].
CHARAKTER | Einfache Wanderung ohne große Höhenunterschiede. Etwas Orientierungssinn ist nötig, um den Eingang der Höhle zu finden.

Nur wenige Einheimische wissen, dass es oberhalb der Plantagen von Malonas eine beeindruckende Tropfsteinhöhle gibt, die für jedermann zugänglich ist und das ohne Eintritt.Versteckt liegt die Naturschönheit direkt im Bachbett unterhalb eines mächtigen Felsens. Unzählige Stalagmiten wachsen von unten nach oben, noch mehr

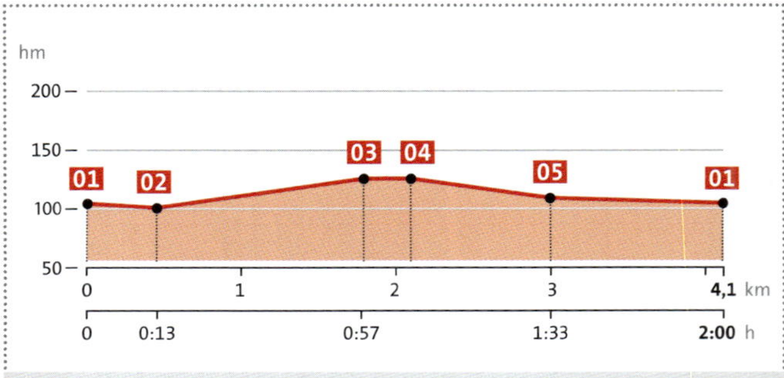

01 Start und Ziel 96 m; 02 Kapelle der Jungfrau Eleimonitria 98 m; 03 Tropfsteinhöhle 123 m; 04 Wasserleitung 123 m; 05 Abzweiger rechts 121 m

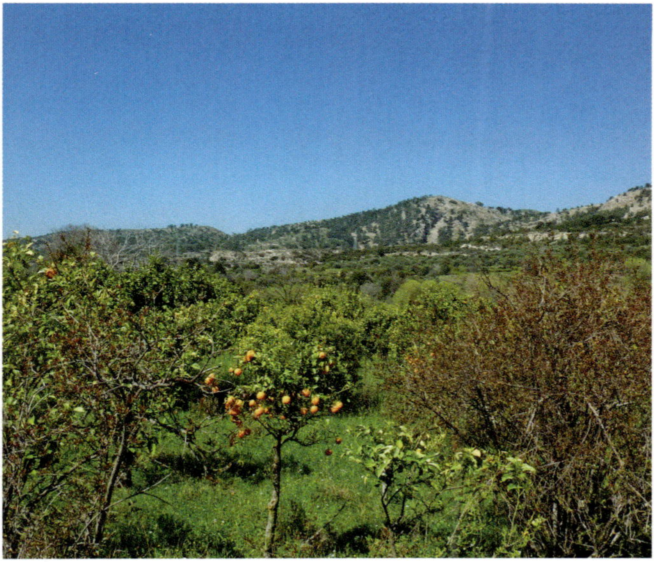

Plantage mit Zitrusfrüchten

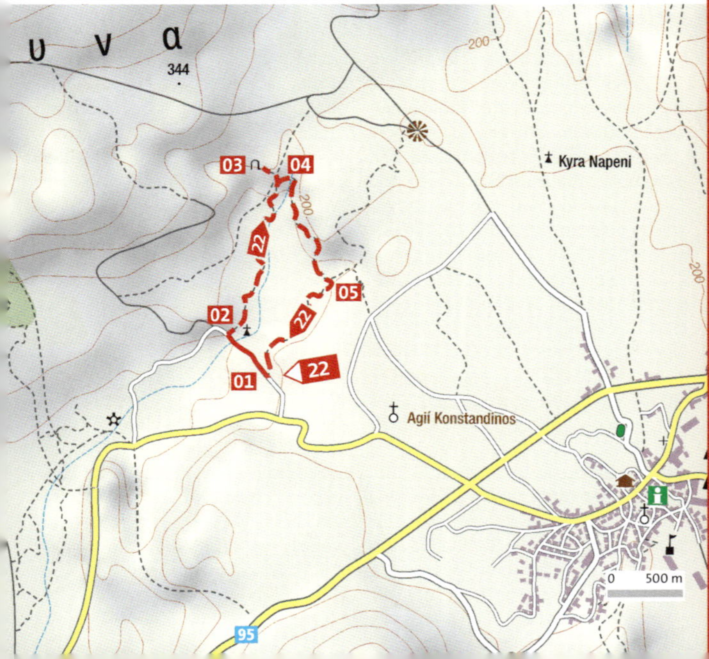

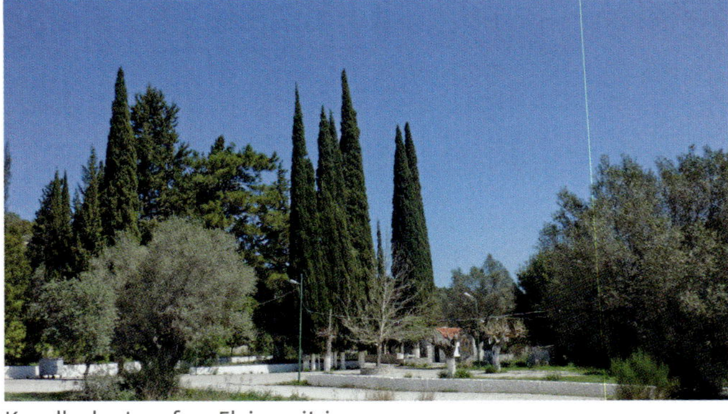

Kapelle der Jungfrau Eleimonitria

Stalaktiten hängen von der Decke. Der Hin- und Rückweg zur Höhle führt durch ein fruchtbares Tal mit seinen Zitrusfrüchten. Ein besonderes Sinneserlebnis ist der zart blumige Geruch der Blüten im April.

Achtung!

Vom Einstieg in die Höhle ist abzuraten, da Absturzgefahr besteht auf dem rutschigen und abgeschliffenen Felsen.

▶ Beim 01 **Start und Ziel** (96 m) mit der Gabelung des Weges beginnen wir unsere Wanderung auf der links führenden Asphaltstraße entlang von Zitrusfruchtplantagen. Bei mächtigen Zypressen erreichen wir die 02 **Kapelle der Jungfrau Eleimonitria** (98 m). Diese lassen wir rechts liegen und wandern bergauf auf der betonierten Piste. Es geht vorbei an einem Viadukt und weiteren Plantagen, tiefer in den sich verengenden Talkessel. An einer 180°-Kehre der Piste befindet sich am Wegesrand eine Metallstange. An dieser Stelle verlassen wir die Piste und gehen halb links auf dem Pfad in kleinen Kehren bergab, entlang an Bewässerungsleitungen und Plantagen. Wir überqueren den Bachlauf und gehen auf dem Trampelpfad oberhalb des Bachlaufs, bis wir auf eine große Gumpe treffen. An dieser Stelle klettern wir im Bachbett bergab, bis wir auf der linken Seite die 03 **Tropfsteinhöhle** (123 m) sehen. Nach Regenphasen sind die Felsen extrem rutschig. Nach dem beeindruckenden Blick ins Erdinnere gehen wir zunächst auf dem gleichen Weg zurück, aber queren nicht das Bachbett. Wir erreichen eine Schotterpiste, die nur kurz später vom Bachbett weggespült wurde. Mit etwas Kletterei kann man die Stelle überwinden. Der schwindelfrei und trittsichere Wanderer kann über die rechts liegende 04 **Wasserleitung** (123 m) bequem die andere Seite erreichen. Es geht auf der Schotterpiste talauswärts und hinter zwei mächtigen Zypressen gehen wir am 05 **Abzweiger rechts** (121 m) und folgen im weiteren Verlauf dem Hauptweg durch das Schilfgras bis zum Ausgangspunkt der Wanderung.

EMBONAS – ATTAVIROS • 1215 m

Der höchste Berg der griechischen Insel Rhodos

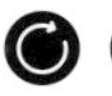 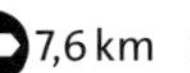 7,6 km 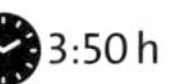 3:50 h 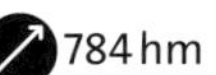 784 hm  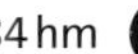 784 hm 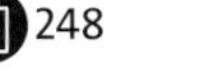 248

START | Buslinie: RODA, leider fährt nur ein Bus um 4:45 Uhr und um 15:45 Uhr, so ist eine An- und Abfahrt am gleichen Tag nicht möglich. Entfernung: 51 km von Rhodosstadt. Mit dem Pkw: Auf der nordwestlichen Küstenstraße bis nach Kalavarda und von dort über Salakos bis nach Empona. Am Ortsausgang, Richtung Siana, kann man beim Hotel Attaviros parken.
Geokoordinaten: [GPS: N36° 13,458 O27° 51,346].
CHARAKTER | Schwere Bergwanderung, die guten Orientierungssinn erfordert.

Die Besteigung des höchsten Bergs der Insel, den 1216 m hohen Attaviros, gehört mit zu den schwersten Wanderungen auf Rhodos. Dabei gibt es verschiedene Varianten ihn zu besteigen. Die schwerste und steilste Besteigung erfolgt von Embonas. Führt der Weg anfänglich durch ein kleines Weinanbaugebiet, so wird der Aufstieg schnell sehr steil auf geröllligen Untergrund. Auf dem Dach von Rhodos haben sie einen traumhaften Blick über die Ägäis und bei sehr guter Sicht die nur 38 km entfernte Türkische Ägäisküste mit den bis Ende April Schneebedecken Bergen Ak Daglar 2824 m und Uyluk Tepe 2988 m. Bei besonders klarem Wetter ist Richtung Südwesten die ca. 300 km entfernte Insel Kreta mit ihrem

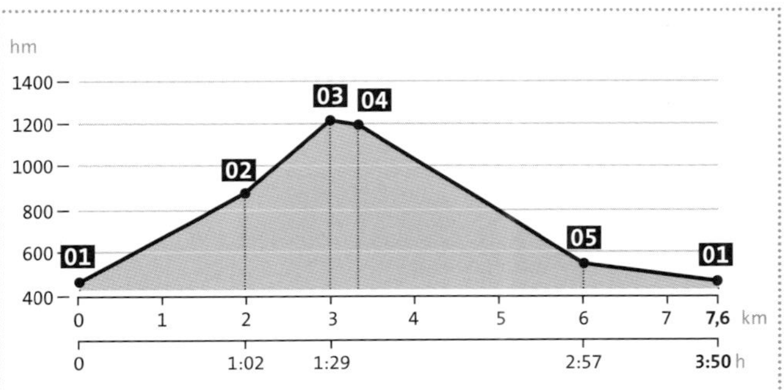

01 Hotel Attaviros 437 m; **02** Schotterfeld Gabelung 888 m; **03** Attaviros 1207 m; **04** Heiligtum von Althaimenes 1196 m; **05** Schlüsselstelle 580 m

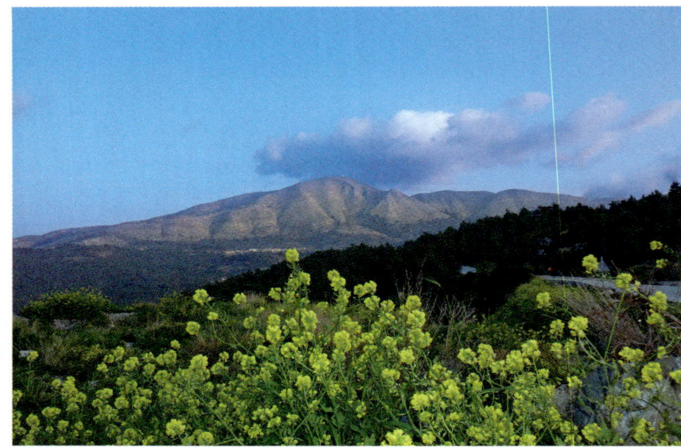
Attaviros von Nordwesten

Berg Ida zu erkennen. Ein ganz besonderes Abenteuer wartet!

▶ Vom **01 Hotel Attaviros** (438 m) gehen wir auf der ortsauswärtsführenden Hauptstraße Richtung Siana. 100 m hinter der Kurve gehen wir links über die freie Fläche und wir beginnen den Aufstieg auf der weiterführenden Schotterpiste. Mitten durch die Weinreben queren wir den kompletten Hang bis an den Waldrand. Dort gabelt sich der Weg und wir gehen halb links bergauf. Nach zwei Kehren geht die Piste in einen Pfad über, wir gehen in einem Halbbogen durch die Weinreben, um dann wieder am Waldrand entlangzugehen. Nur kurz

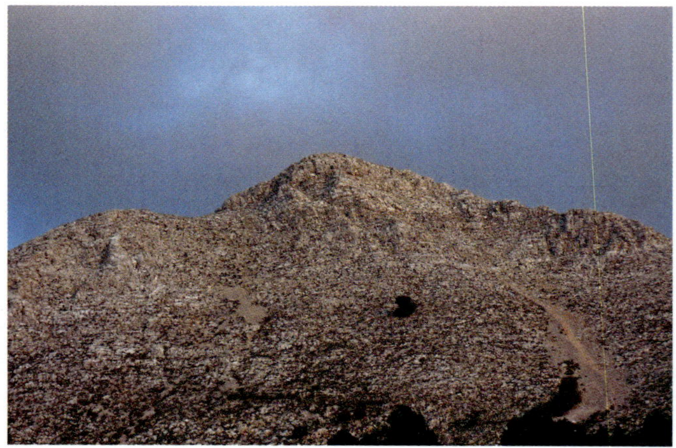
Attaviros

später übersteigen wir einen Ziegenzaun. Es geht nun gerade und steil bergauf und wir gehen direkt auf ein breites Schotterfeld zu. Dazu gehen wir parallel zu einem trockenen Flussbett, was im oberen Bereich zu einer Erosionsrinne wird. Vorbei kommen wir an einzelnen kleinen Bäumen, bis wir endgültig direkt durch das Schotterfeld gehen. Wir erreichen eine **02 Schotterfeld Gabelung** (890 m) und folgen dem halb rechts ansteigenden Schotterfeld, es ist ca. 5–7 m breit. Hier gehen wir nun pfadlos rechts neben dem Schotterfeld, vereinzelt aufgestellte Steinmännchen helfen bei der Orientierung. Das Gelände wird zunehmend steiler, Felsen blockieren das Weiterkommen, wir gehen nun auf dem halb rechts liegenden felsigen Bergrücken, bis es auch hier kein Weiterkommen gibt. Unterhalb von 5–7 m hohen Felsen queren wir weiter rechts den Hang, halb rechts sehen wir die Windräder, bis wir schlussendlich einen sehr breiten Bergrücken erreicht haben und Richtung eines einzelstehenden Baums aufsteigen. Und dann taucht bald die Radarkugel auf dem **03 Attaviros** (1215 m) auf. Südlich vom Hauptgipfel befindet sich das minoische **04 Heiligtum von Althaimenes** (1200 m). In der griechischen Mythologie soll Althaimenes auf

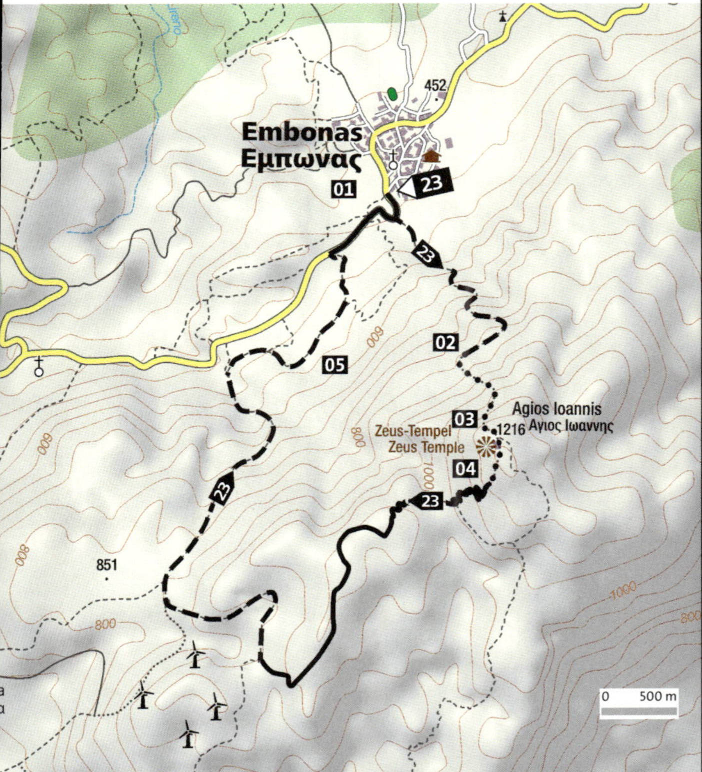

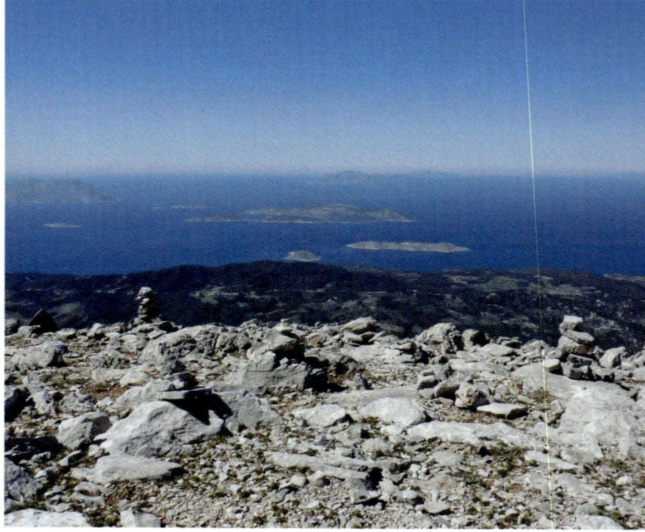

Attaviros 1215 m Blickrichtung Norden

dem Gipfel Zeus ein Heiligtum errichtet haben, um dem Schicksal, seinen Vater töten zu müssen, entgehen zu können. Reste dieses Heiligtums sind bis heute erhalten. Der Abstieg erfolgt über den Nordost ausgerichteten Bergrücken. Lange nicht so steil wie der Aufstieg und auch gut gekennzeichnet mit Steinmännchen. Versucht man sich immer mittig auf dem Bergrücken zu halten, so ist die Orientierung einfach. Inzwischen haben wir einige Felsstufen hinter uns gelassen und sind vorbeigekommen an rechts stehenden Bäumen. Bei einer Einsattelung treffen wir auf rotes Gestein und eine Ruine. An dem folgenden felsigen Bergrücken gehen wir links vorbei. Es folgt ein weiterer Abstieg, inzwischen erschweren Büsche das Weiterkommen und wir erreichen eine wichtige **05 Schlüsselstelle** (584 m). Hier befindet sich ein großes Steinmännchen und wir gehen nun links auf einem gut auszumachen Ziegenpfad. Halb rechts unterhalb von uns befindet sich ein einzelstehendes Haus. Bei einem sehr lichten Waldstück überqueren wir einen endenden Ziegenzaun, im weiteren Verlauf die Olivenhaine und gehen an der Schotterpiste links. Wir lassen den ersten Abzweiger links liegen, queren die Kreuzung, bis der Weg endet, gehen dort links, lassen den Abzweiger rechts liegen und gehen nun direkt auf ein Haus zu, an dem rechts vorbei und sofort links auf der Asphaltstraße. Der Weg schlängelt sich durch den oberen Ortsteil von Embona und wir erreichen das Hotel Attaviros.

Tipp

Oft wehen auf dem Gipfel extrem starke Nordwestwinde.

ARCHANGELOS – RED SANDBEECH – KAPELLE AGIA AGATHI

Abenteuerliche Wanderung zu versteckt liegenden Traumstränden

 11,4 km  4:35 h 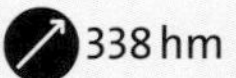 338 hm  338 hm  248

START | Buslinie KTEL: RHODES – ARCHANGELOS, 12 Verbindungen wochentags. Entfernung Rhodosstadt: 29 km. Mit dem Pkw: Wir fahren auf der südwestlichen Küstenstraße Richtung Lindos und folgen der Ausschilderung Richtung Ortszentrum Archangelos, noch vor der Brücke über den Fluss, auf dem Platz links der Straße parken.
Geokoordinaten: [GPS: N36° 12,952 O28° 7,075].
CHARAKTER | Diese schwere Wanderung erfordert einen guten Orientierungssinn.

Die Wanderung beginnt in Archangelos, immerhin das größte Dorf der Insel. Es liegt strategisch gut bedacht an der Rückseite eines Felsmassives und ist so vom Meer vor den Blicken von Seeräubern verborgen. Am Fuß des Berges Profitis Ilias erreichen wir einen der schönsten Buchten an der Südküste von Rhodos. Durch den hohen Eisengehalt der sehr kleinen Kieselsteine entsteht die rote Farbe des Strandes und stellt somit einen tollen Kontrast gegenüber dem Meer dar. Er ist so gut wie gar nicht besucht, 130 m lang,

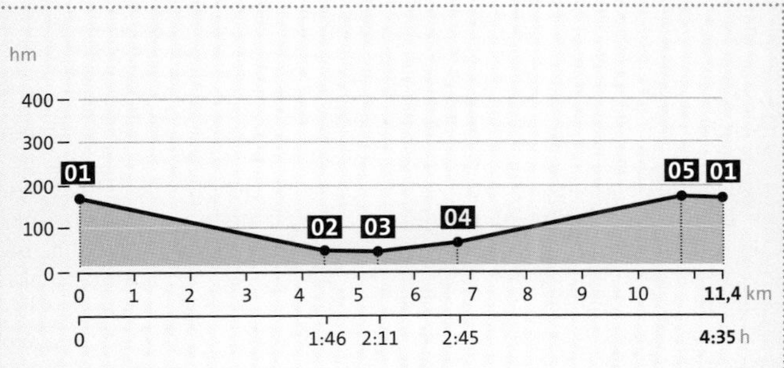

01 Start und Ziel 158 m; **02** Red Sand Beach 1 m;
03 atemberaubendes Felsentor 23 m; **04** Kapelle Agia Agathi 46 m;
05 rechts auf der Hauptstraße 178 m

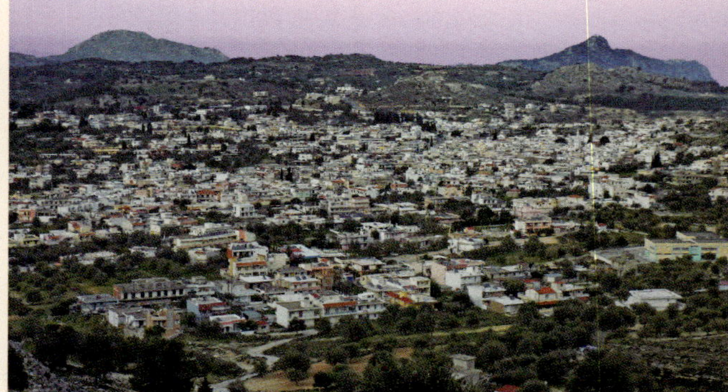

Archangelos

20 m breit und lädt zum erholsamen Verweilen ein. Dabei sollte man nicht aus dem Auge verlieren, dass noch 7 km abenteuerliche Wanderung vor uns liegen.

▶ Vom **01 Start und Ziel** (158 m) queren wir die Brücke Richtung Ortszentrum und gehen sofort links – folgen zunächst der Ausschilderung Richtung Akropolis. Bei dem dritten Hinweisschild Richtung Akropolis – wir befinden uns in einem Wohngebiet – gehen wir aber nicht rechts, sondern links, Richtung des neu gebauten Gebäudes mit dem Chrome-Geländer. Vorbei geht es an einer großen freien Fläche, bis wir dann nach dem letzten Haus durch Olivenhaine bis zu einer kleinen Kapelle laufen. Schon bald treffen wir auf eine kleine Kirche und nach weiteren 400 m bergab endet der Weg. Wir laufen 220 m rechts – hier biegen wir halb links auf die beginnende Schotterpiste. Auf einer brachial in die Natur ge-

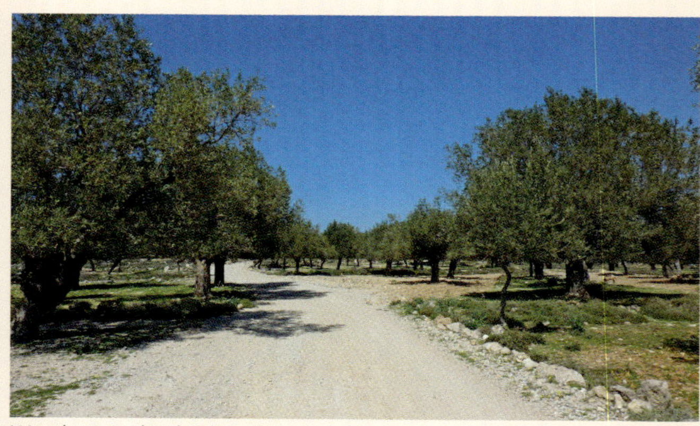

Wanderweg durch Olivenhaine

fräßten Piste gehen wir in Kehren bergab, bis zu riesigen Felsbrocken am Wegesrand, hier gehen wir scharf links, noch an einem links liegenden Grundstück vorbei, bis ein Olivenbaum mitten im Weg steht. Hier beginnt ein Pfad durch die Steilklippen herunter zum 02 **Red Sand Beach** (1 m). Nach einer Badepause gehen wir bis zum anderen Ende der Bucht vor, um da unterhalb der Steilküste, in unwegsamem Gelände, ohne einen erkennbaren Weg und extrem scharfem Gestein, bis in die nächste Bucht zu gelangen, ein weiterer Traumstrand. Auch diese Bucht queren wir und steigen schräg über den Hang, bis unter die zunächst unüberwindbare Steilküste. Hier gehen wir ca. 180 m, bis es durch die Wand der Steilküste einen bequemen Aufstieg gibt und wir dort dem Wanderweg Richtung Westen folgen. Das nachfolgende Wegstück ist durch rote Punkte und Steinhäufchen markiert. Nach ca. 500 m hinter dem zweitwer Traumstrand, hier treffen wir auf Überreste von Terrassenfeldern, hier bitte einmal eine 180°-Kehrtwendung machen und wir sehen ein 03 **atemberaubendes Felsentor** (23 m). Bitte

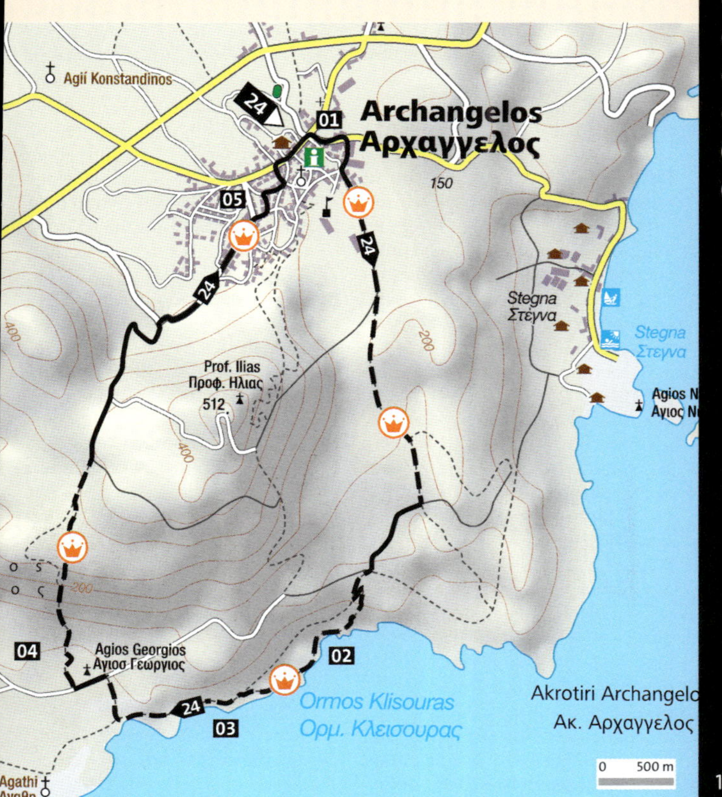

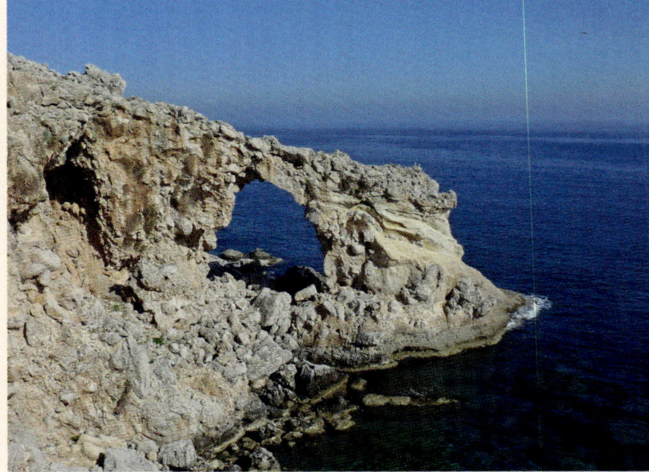

Atemberaubendes Felsentor

nicht verpassen! Nach weiteren 600 m auf diesem Küstenpfad führt der Weg Richtung Landesinnere – rote Punkte helfen bei der Orientierung –, bei Olivenbäumen beginnt eine schwer auszumachende Piste, die wir bis zu einer breiten Schotterpiste vorgehen. Dort gehen wir 250 m links, um bei dem Abzweiger rechts Richtung der **04 Kapelle Agia Agathi** (46 m) vorzugehen und noch ein kleines Stück weiter bis zu einer gemauerten Quelle. Das folgende Stück ist pfadlos und schwer auszumachen, wir orientieren uns nur anhand von Landschaftsmerkmalen. Schauen wir nun Richtung Norden, so sehen wir zwei bergauf führende Rinnen und dazwischen befindet sich ein felsiger Bergrücken – der Felsen hat ein Loch in der Mitte. Wir gehen nun direkt auf das Loch im Felsen zu und steigen rechts von dem Bergrücken durch unwegsames Gelände auf. Der Felsrücken endet, einzelne Steinmännchen helfen bei der Orientierung, außerdem entfernen wir uns nie mehr als 50 m von der links hoch aufragenden Felswand. Wir erreichen verlassene Terrassenfelder und Prachtexemplare von Kerbeichen, bis wir der Länge nach über eine Ebene mit rotem Sand wandern und schlussendlich auf eine Schotterpiste gelangen. Wir erreichen die Einsattelung, rechts führt die betonierte Straße zum Berg Profitis Ilias, wir gehen geradeaus bergab. Bei der rechts von uns liegenden Ziegenhaltung verlassen wir die Asphaltpiste und gehen rechts auf der Schotterpiste weiter bergab. Wir erreichen das Ortszentrum und gehen **05 rechts auf der Hauptstraße** (178 m) Richtung Start.

Tipp

Proviant für einen wunderschönen Strandtag.

ARCHANGELOS – KASTELL MEDIEVAL – PROFITIS ILIAS • 516 m

Die Ersteigung des neuthöchsten Berges von Rhodos

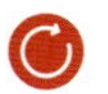  8,3 km 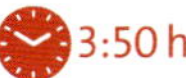 3:50 h 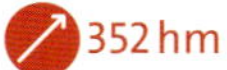 352 hm  352 hm  248

START | Buslinie KTEL: RHODES – ARHANGELOS, 12 Verbindungen wochentags. Entfernung Rhodosstadt: 29 km. Mit dem Pkw: Wir fahren auf der südwestlichen Küstenstraße Richtung Lindos und folgen der Ausschilderung Richtung Ortszentrum Archangelos, noch vor der Brücke über den Fluss, auf dem Platz links der Straße parken.
Geokoordinaten: [GPS: N36° 12,952 O28° 7,075].
CHARAKTER | Auf der mittelschweren Wanderung wird nur beim Gipfelabstieg der Orientierungssinn gefordert.

Ausgangspunkt unserer Wanderung ist das leicht arabisch anmutende Dorf Archangelos, mit seiner quirligen Hauptstraße. Der Ort wurde ganz unarabisch nach dem Erzengel Michael, dem Schutzpatron des Ortes, benannt. Kultureller Höhepunkt ist die Besichtigung der Burg von Medieval. Sportlicher Höhepunkt ist die Besteigung des 9. höchsten Berges der Insel. Und der emotionale Höhepunkt die atemberaubende Aussicht vom Gipfel des Profitis Illias. Nur wenige Kilometer sind es mit dem Pkw nach Stegna, wo man am Strand ein erfrischendes Bad nehmen kann.

▶ Vor dem Dorfkern in **01 Archangelos** (163 m) überqueren wir

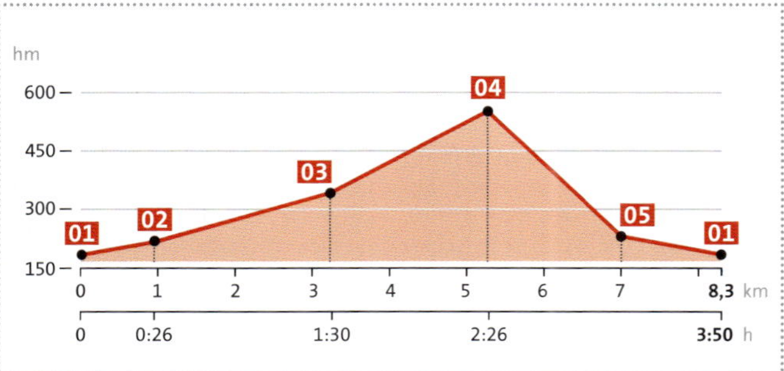

01 Archangelos 163 m; **02** Burg von Medieval 218 m; **03** Abzweiger zum Profitis Ilias 312 m; **04** Profitis Ilias 516 m; **05** Nordwand des Profitis Ilias 203 m

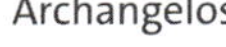

Archangelos

die Brücke, gehen hinter dieser sofort links, folgen der Straße Richtung Stegna und der Ausschilderung Richtung Akropolis. Wir treffen auf die Ruinen der ehemaligen 02 **Burg von Medieval** (218 m), des im 15. Jahrhundert von den Johannitern erbauten, unter Leitung des Großmeisters Orsini fertiggestellten Kastells Medieval. Im Eingangsbereich findet man an der Mauer mehrere Wappen, darunter das Orsiniwappen mit der Zahl 1467 – der Vollendung des Bauwerks. Wir gehen wieder zur Asphaltstraße herunter, dort links und bei der Weggabelung mit dem Wellblechdach halb rechts. Nach 170 m, wir haben gerade eine große, weiße Wand passiert, hier gehen wir rechts, um dort, wo die Straße endet, links zu gehen. Die Straße geht in einen Pfad über und führt durch einen schmalen Mauerdurchlass zu einer weiteren Asphaltstraße. Diese gehen wir bis zum Ende, um dann links, an der Schule vorbei, bis zu einer Ziegenhaltung aufzusteigen, wo die Piste endet. Auf der Asphaltstraße gehen wir links bergauf bis zur Einsattelung und auf dem linken 03 **Abzweiger zum Profitis Ilias** (312 m). In langen Kehren führt die Betonpiste unterhalb der schroffen Felswand des Gipfelmassivs direkt bis auf das Plateau des 04 **Profitis Ilias** (516 m). Auf einem Pfad, an der Kapelle vorbei, erreicht man Ruinen, von dort hat man den besten Ausblick über die weite Ägäis Richtung Osten, den 1260 m hohen Attaviros und den gleichnamigen 798 m hohen Profitis Illias im Westen. Wir gehen am Haupteingang der Kapelle vorbei und folgen der künstlerisch gestalteten Stromleitung – auf Metallstangen – Richtung Norden. In der Ferne können wir auf einem markanten Hügel die Tsambika-Kapelle ausmachen. 140 m nach der Kapelle, kurz vor einem Kreuz – wo die Stromleitung hinführt –, macht der Pfad eine scharfe Rechtskurve, rote Punkte und Steinmännchen führen durch das Wirrwarr von Steinen. Wir erreichen eine kleine Talsohle unterhalb eines Felsbandes, inzwischen ist das Dorf Archangelos sehr gut zu erkennen. Bei einem Olivenhain und einzelstehendem Haus erreichen wir das Tal. Wir gehen auf die rechts liegenden Häuser zu und erreichen bei dem Wellblechdach den Hinweg. Schauen wir uns noch einmal die Abstiegsroute an, so wird der Blick geleitet über die 05 **Nordwand des Profitis Ilias** (203 m) bis auf seinen gut 300 m höheren Gipfel.

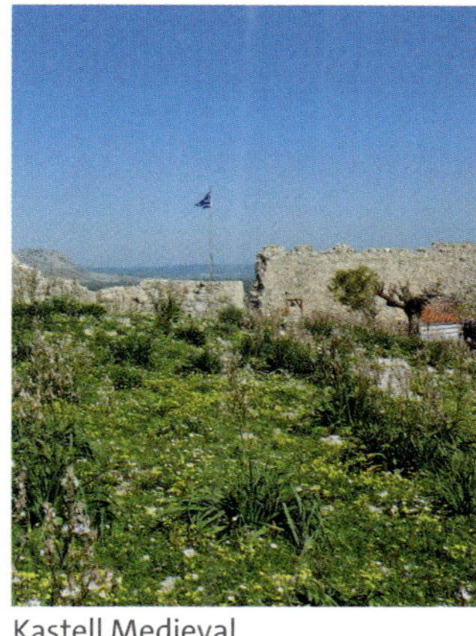
Kastell Medieval

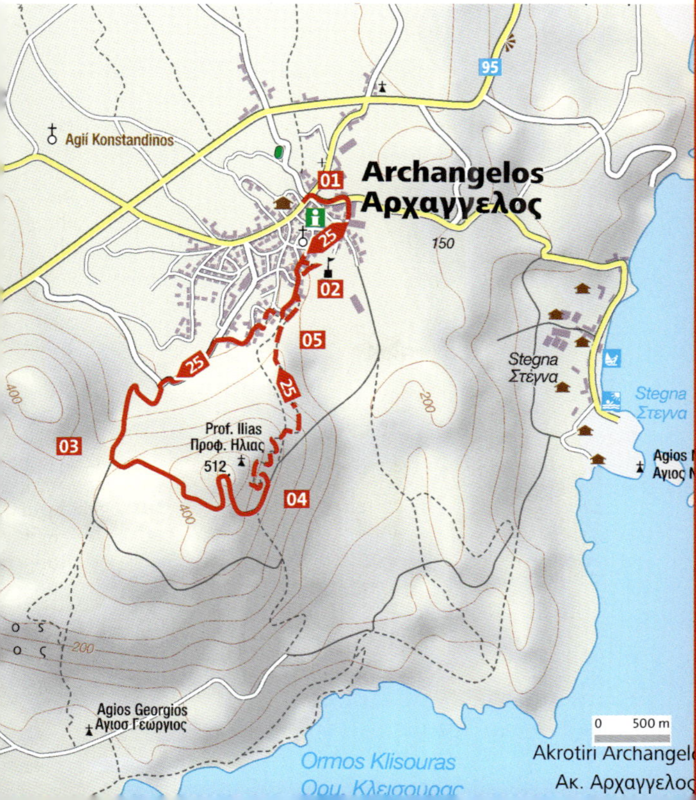

Agií Konstandinos
95
01
Archangelos
Αρχαγγελος
150
02
05
25
Stegna
Στεγνα
Stegna
Στεγνα
Prof. Ilias
Προφ. Ηλιας
512
03
04
400
200
Agios
Αγιος
Agios Georgios
Αγιοσ Γεωργιος
0 500 m
Ormos Klisouras
Ορμ. Κλεισουρας
Akrotiri Archangel
Ακ. Αρχαγγελος

STRAND VON PALEOCHORA – GROTTE VON AMARTHOS

Dort innehalten, wo die Natur verzaubert – Milch der Mutter Gottes

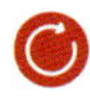 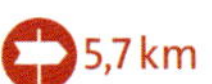  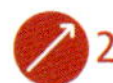  

START | Buslinie: keine Busanbindung. Mit dem Pkw: Von Rhodos-stadt sind es 54 km über die nordwestliche Küstenstraße bis zum Start. Nachdem wir Kritina passiert haben und die Abfahrt nach Embona hinter uns gelassen haben, treffen wir auf ein längliches Holzschild, 200 m lokale Produkte. Direkt danach biegen wir in die bergab führende Forststraße und fahren auf dieser bis zu einer Weggabelung – links herunter geht es Richtung Meer, rechts fahren wir – und folgen dem blauweißen Wegweiser zur Kapelle. Geokoordinaten: [GPS: N36° 13,531 O27° 48,199].
CHARAKTER | Leichte Wanderung auf gut befestigten Wegen.

Beim Abstieg über die fruchtbaren Felder staunen über die atemberaubenden Ausblicke auf die vorgelagerten Inseln und freuen uns auf ein erfrischendes Bad in der Ägäis. Nach so viel Natur folgt ein bisschen Kultur, wir erreichen die Grotte von Amarthos. Unter einem riesigen Felsblock befindet sich eine niedrige Höhle. Ein Teilbereich ist zugemauert und wurde zu einer Kapelle umgestaltet. Das außergewöhnliche: In dieser extrem trockenen Region tropft

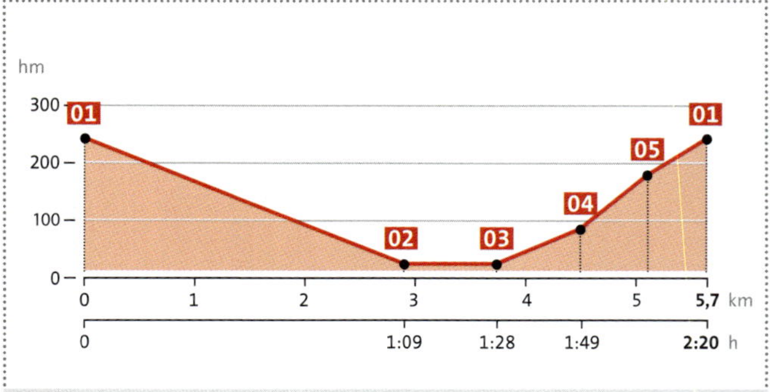

01 Start und Ziel 247 m; 02 Steilküste endet 23 m; 03 Strand von Paleochora 0 m; 04 Grotte von Amarthos 99 m; 05 Hauptweg verlassen 177 m

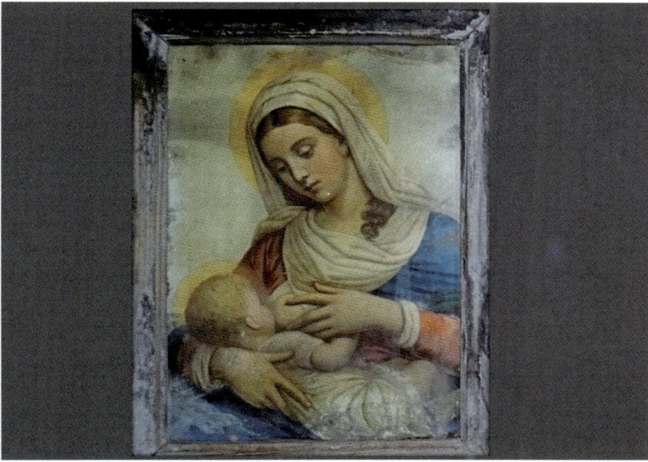

Milch der Mutter Gottes

es von der Decke in Blechwannen. Unweigerlich fragt man sich, wo kommt das Wasser her? Es haben sich Tropfsteine gebildet, wovon einer tatsächlich, mit viel Einbildung, wie eine Frauenbrust aussieht. Damit hat es nun eine besondere Bedeutung und ein Ikonenbildchen zeigt das auch. Da hat die Mutter Maria ihr Kleid geöffnet und gibt dem Jesuskind eine Brust zum Trinken. Das ist nun kein gewöhnliches Wasser, das da von der Decke tropft, sondern „Milch der Mutter Gottes".

▶ Vom 01 **Start und Ziel** (247 m) gehen wir auf der Anfangsstraße zurück in das Hochtal mit seinen Weinreben und Olivenbäumen. Vorbei geht es an einem Steinhaus, bis wir nach einem kleinen

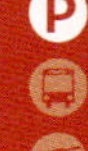

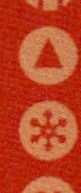

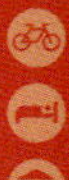

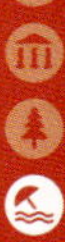

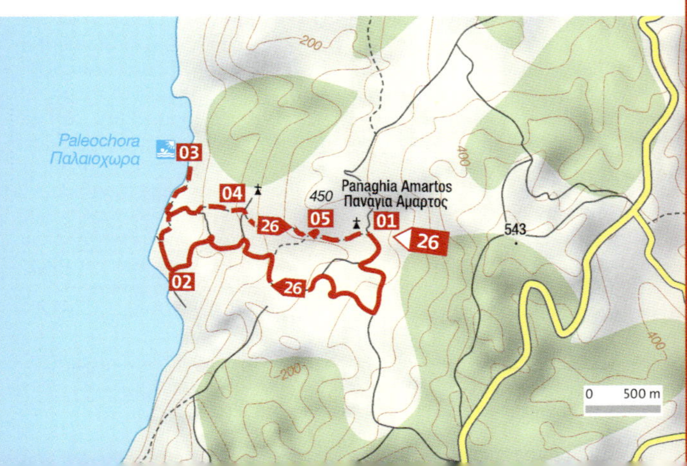

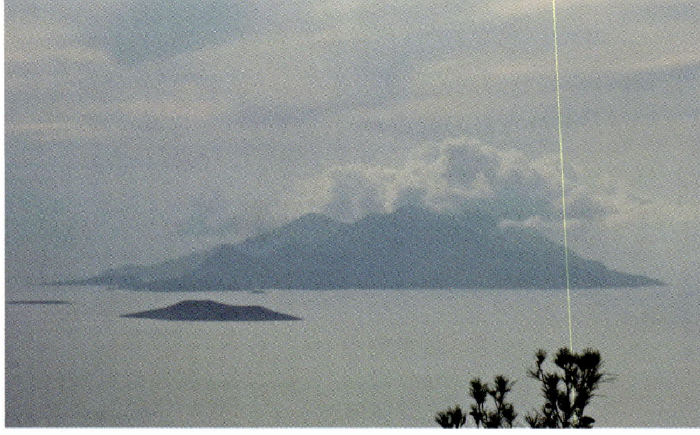

Blick auf die Insel Alima

Anstieg an der Weggabelung rechts bergab Richtung Meer gehen, abzweigende Wirtschaftswege ignorieren wir. Bei einem kleinen Trockenflussbett gabelt sich der Weg, rechts führen Hinweisschilder zur Grotte, wir gehen links bis zum Meer herunter, wo der Weg oberhalb der 02 **Steilküste endet** (23 m). Wir wandern zunächst ein Stück auf dem Hinweg zurück, bis wir einen Abzweiger nach links nehmen, markiert durch einen roten Pfeil auf einem Stein sowie einem Hinweisschild zur Grotte. Hier gehen wir rechts, durch die Streusiedlung, bis zu einem alleinstehenden Haus. Hinter diesem führt ein Pfad nur einige Meter halb links bergauf, um dann rechts auf der Schotterpiste weiter zu gehen. Diese endet bereits nach 50 m, wir gehen links herunter auf der anschließenden Schotterpiste bis zum 03 **Strand von Paleochora** (0 m). Der 100 m lange und 20 m breite Strandabschnitt besteht aus Kieselsteinen mit sandigen Stellen. Das Wasser ist kristallklar man kann bequem baden gehen. Nach 250 m und ziemlich vielen Stufen erreichen wir die 04 **Grotte von Amarthos** (99 m). Für den weiteren Weg gehen wir zehn Stufen herunter, links an der Glocke vorbei und auf dem beginnenden Pfad unterhalb der Felsen. Zwischenzeitlich ist der Pfad in einen breiteren Waldweg übergegangen, bis wir rechts von uns ein alleinstehendes Haus sehen. Wir gehen nun durch die vor uns liegende Mulde rechts an dem Haus vorbei. Nach bereits 40 m gehen wir nicht rechts in den Wald herunter, sondern wir verlassen hier den 05 **Hauptweg** (177 m) und gehen links bergauf durch den Olivenhain. Schon bald sehen wir Mauerreste einer Ruine und die Kirche, den Ausgangspunkt unserer Wanderung.

Variante

Wer nicht mit dem Auto die Schotterpiste herunterfahren möchte, kann die Wanderung von der Hauptstraße aus starten. Das wären dann 6 km und ca. 200 hm mehr.

TSAMOLI • 554 m

Panoramawanderung und Kurzbesteigung des fünfthöchsten Berges der Insel

 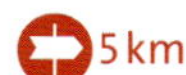 5 km 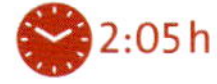 2:05 h  157 hm  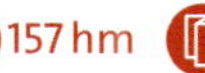 157 hm  248

START | Buslinie: keine Busanbindung. Entfernung Rhodosstadt: 67 km. Anfahrt mit dem Pkw: Wir fahren auf der südwestlichen Küstenstraße bis nach Lardos und weiter nach Laerma. Nach einer kurvenreichen und steilen Anfahrt, gefolgt von einer langen Geraden, erreichen wir eine Anhöhe. Rechts befindet sich eine Leitplanke, links verlässt eine Schotterpiste die Asphaltstraße und das exakt 7,5 km hinter dem Dorf Lardos. Hier am Ausgangspunkt der Wanderung kann man bequem auf dem Seitenstreifen parken. Geokoordinaten: [GPS: N36° 10,466 O27° 53,335].
CHARAKTER | Nur beim Anstieg zum Gipfel ist etwas Orientierungssinn nötig auf dieser sonst einfachen Wanderung.

Im mittleren Westen von Rhodos ist die Attaviros Gebirgskette landschaftsprägend. Auf seiner Ostseite befinden sich endlose Waldwellen und kleine Hügel, vergleichbar mit dem Alpenvorland, der Ausgangspunkt unserer Panoramawanderung. Diese ist geprägt von beeindruckenden Ausblicken auf den höchsten Berg der Insel, dem 1216 m hohen Attaviros mit 1216 und den eher unbekannten, aber immerhin 1071 m hohen Voskotopi. Das malerische Bergdorf Agios Isodoris liegt am Fuße der Gebirgskette. Am schönsten

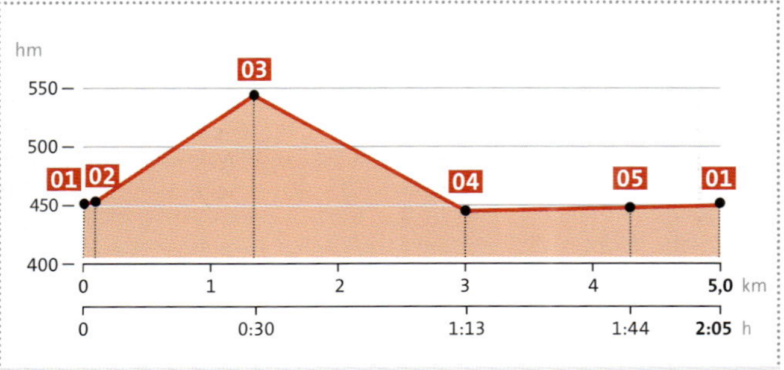

01 Start und Ziel 458 m; 02 Steinmännchen 453 m; 03 Tsamoli 554 m; 04 paar Felsen 441 m; 05 Schlüsselstelle 448 m

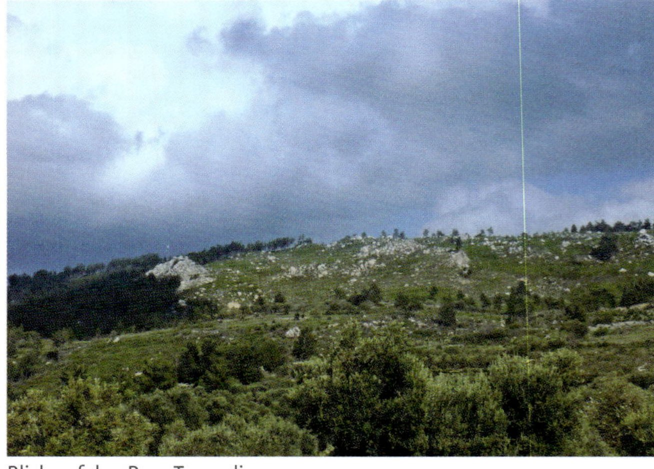

Blick auf den Berg Tsamoli

ist die Wanderung in den frühen Morgenstunden, mit dem Licht im Rücken ergeben schöne Fotoerinnerungen.

▶ Vom 01 **Start und Ziel** (458 m) gehen wir 90 m auf der Schotterpiste, um bei dem Steinmännchen rechts und weglos bergauf zu steigen. Bei dem 02 **Steinmännchen** (453 m) verlassen wir die Piste, beginnen den Aufstieg, indem wir rechts bergauf wandern und bald ein zweite Steinmännchen ausmachen. Inzwischen lässt sich der vor uns liegende Bergrücken gut ausmachen und wir laufen nun mittig auf diesem. Immer wieder müssen auf dem pfadlosen Stück Sträucher und Bäume umlaufen werden. In der Ferne sehen wir einen Funkmast, unser nächster Orientierungspunkt. Der ohnehin lichte Wald gibt den Blick frei, rechts das Attaviros-Gebirgsmassiv und links den großen Gadoura-Staudamm. Weiter geht es auf einer Schotterpiste und wir erreichen zwei kleine felsige Hügel rechts und links des Weges. Diese sind aber 1 m und 2 m niedriger als der links folgende höchste Punkt, markiert durch einen Betonpfeiler, der 03 **Tsamoli** (564 m). An der Westseite des Tsamoli wüteten 2009 Waldbrände und zerstörten den alten Baumbestand, der nur spärlich nachwächst. Von links mündet eine Piste in unseren Hauptweg, nach 260 m, bei Strommasten, gabelt sich der Weg, während wir halb rechts bergab wandern und direkt auf die Windräder im Attaviros-Gebirgsmassiv zu. Den folgenden linken Abzweiger ignorieren wir und bei der folgenden Weggabelung gehen wir durch eine 180°-Kehre. Der Wegverlauf führt nun direkt auf dem bestiegenen Gipfel zu. Links befinden sich ein 04 **paar Felsen** (441 m) und auch links beginnt eine Piste, die schnell zu einem Pfad wird. Es geht durch einen Olivenhain hindurch, nur kurz ist der Weg schwerer auszumachen und dann treffen wir wieder auf den Hauptweg.

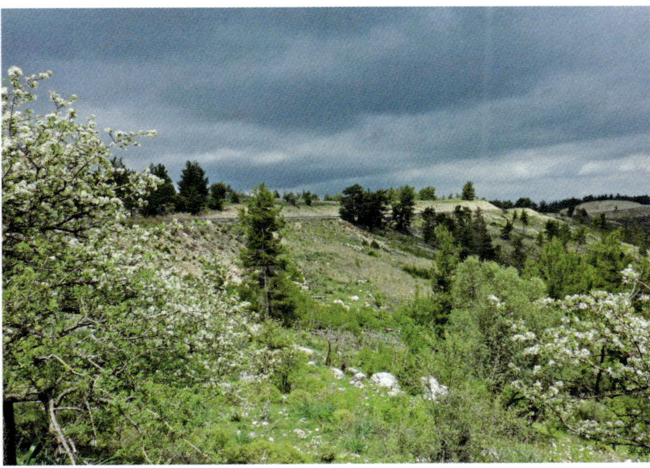

Blick bei Aufstieg Richtung Norden

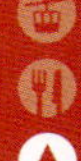

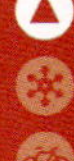

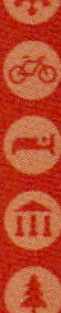

Angekommen an der Hauptstraße nach Agios Isodoros gehen wir zunächst rechts, verlassen diese nach der ersten Linkskurve nach rechts, auf einem nur kurz betonierten Stück. Leicht bergauf geht es durch eine lange Rechtskehre, gefolgt von einer Linkskehre. An dieser 05 **Schlüsselstelle** (448 m) gehen wir abermals durch eine Linkskehre, auf ein Steinmännchen zu, treffen wieder auf eine Piste, erreichen die Hauptstraße und gehen rechts bis zum Pkw vor.

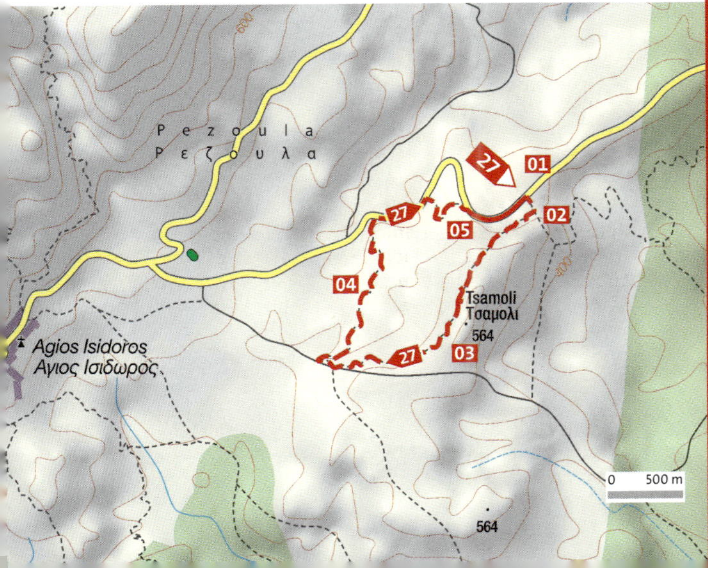

MALONA – OBSTPLANTAGEN

Genusswanderung durch Obstplantagen

 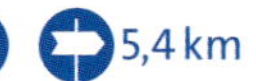 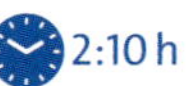 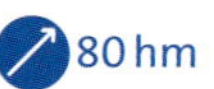 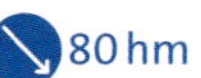 

5,4 km | 2:10 h | 80 hm | 80 hm | 248

START | Buslinie KTEL: RHODES – MALONA MASSARI, viertägliche Verbindungen. Entfernung Rhodosstadt: 35 km. Mit dem Pkw fahren wir auf der südwestlichen Küstenstraße Richtung Lindos und biegen beim Kreisverkehr nördlich von Archangelos rechts Richtung Malona ab. Am Ortseingang parken wir im näheren Umfeld der Kirche.
Geokoordinaten: [GPS: N36° 12,058 O28° 4,363].
CHARAKTER | Einfache Wanderung bei stets eindeutiger Wegführung.

Malona ist bekannt für seinen Obstanbau und seine wohlschmeckenden Orangen – ein wichtiger Vitamin C Lieferant. Orangen werden prinzipielle das ganze Jahr hindurch geerntet, Haupterntezeit ist jedoch zwischen Oktober und März. Reife Orangen können bis zu 14 Monate am Baum bleiben. Wie wir auf dieser erlebnisreichen Wanderung sehen werden, Orangen wachsen meist an bis zu 3 Meter hohen und frostempfindlichen Bäumen. Der ursprünglich aus China stammende Orangenbaum hat immergrüne, elliptisch zugespitzte Blätter und treibt weiße, einzeln oder in Gruppen stehende Blüten aus. Orangenbäume entwickeln – wie viele andere Zitrusfrüchte – auch ohne Fremdbefruchtung Früchte. In Rhodos blüht er von Ende März bis April, ein besonderes Sinneser-

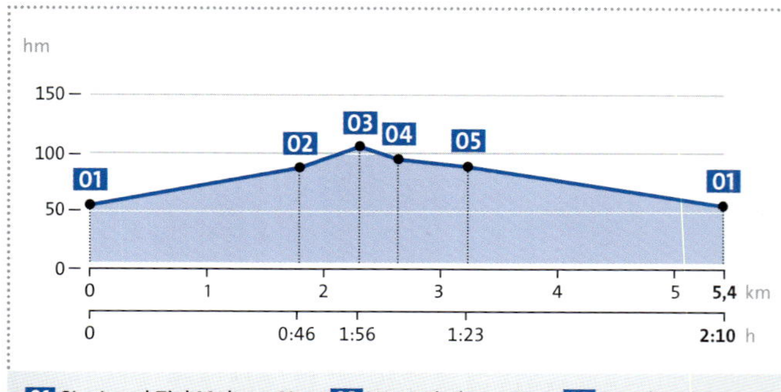

01 Start und Ziel Malona 61 m; 02 Weggabelung 77 m; 03 Kapelle 97 m; 04 Schlüsselstelle 90 m; 05 Asphaltstraße 81 m

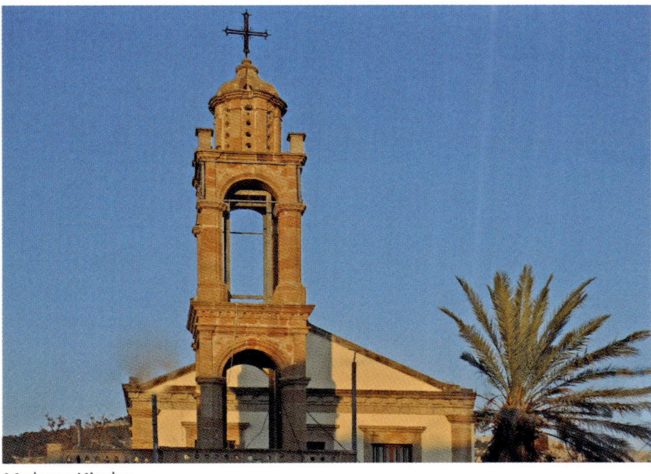
Malona Kirche

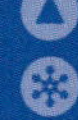

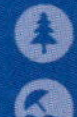

lebnis ist der zart blumige Geruch der Blüten.

▶ Vom **01** **Start und Ziel im Dorf Malona** (61 m) beginnt gegenüber der Kirche eine schmale Gasse, vorbei an einem alten Haus mit grünen Fenstern und Türläden und der Hausnummer 814. Bei dem türkisen Haus gabelt sich der Weg, wir gehen rechts und nach einigen weiteren Metern erreichen wir bereits die Orangenplantagen. Wir bleiben auf dem Hauptweg, ignorieren zunächst abzweigende Wirtschaftswege und gehen direkt auf die in der Ferne stehenden Windräder zu. Nach einer kurz hintereinander folgenden Rechtskehre und Linkskehre bleiben wir auf dem Hauptweg, ab hier bestimmen Olivenbäume

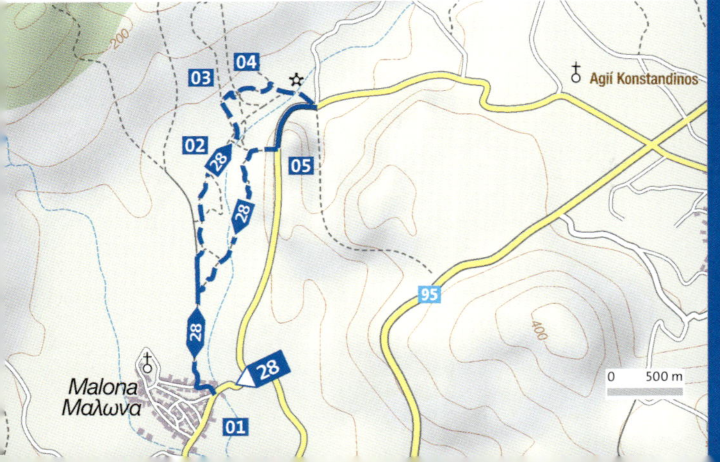

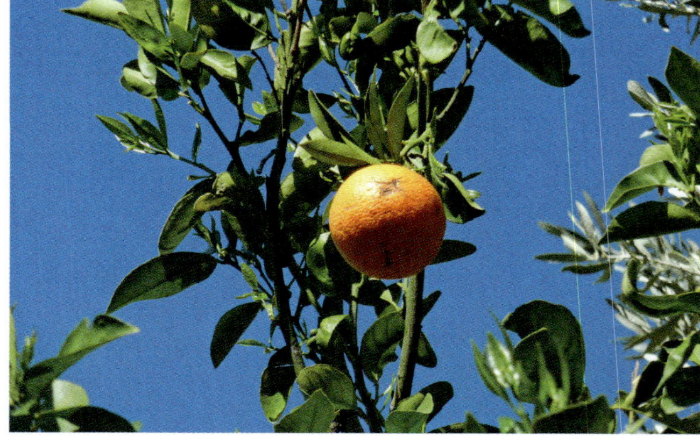

In den Obstplantagen von Malonas

das Landschaftsbild. Nach weiteren 550 m werden wieder Zitrusfrüchte angepflanzt. Wir erreichen eine 02 **3-Wege Gabelung** (77 m) und lassen den linken und rechten – entlang einer betonierten Wasserleitung – Arm liegen, gehen geradeaus und bergan auf die Kiefern zu. Unterhalb der Kiefer gabelt sich der Weg abermals, wir gehen durch die Linkskehre bergauf und erreichen nach 270 m eine 3-Wege-Gabelung, hier gehen wir rechts zur 03 **Kapelle** (97 m), mit dem himmelblauen Dach. In südlicher Richtung verlässt eine kleine Piste das Gelände, auf dem die Kapelle steht. Im weiteren Verlauf überqueren wir ein kurzes betoniertes Stück und gehen nun entlang einer Wasserleitung. Bei der Ruine erreichen wir eine 04 **Schlüsselstelle** (90 m). Hier gehen wir noch vor der Ruine und dem vertrockneten Baum links auf einen Pfad, erreichen nach 80 m eine betonierte Straße und folgen dieser rechts herunter. Vorbei an Schilfgras überqueren wir den Bach, gehen durch ein kleines Waldstück und auf der 05 **Asphaltstraße** (81 m)

Sehenswert

Am nördlichen Ortsrand die 1840 gebaute Kirche Agios Georgios.

350 m rechts. Dort, bei auffallend hohen Zypressen und einem Straßenschild – Achtung Kühe –, biegen wir rechts in die Schotterpiste. Direkt hinter dem Bachbett gabelt sich der Weg, wir gehen links, ein kurzes Stück entlang eines Bewässerungskanals und weiteren Plantagen, um dann dem Weg durch eine Rechtskehre zu folgen und die hohen Zypressen links liegen zu lassen. Es folgt eine Kreuzung, links befindet sich ein Stück betonierter Weg zu einer Quelle, wir gehen geradeaus weiter. Wir treffen auf die Überreste einer Mauer und einen Links-Abzweiger, wir gehen noch 10 m geradeaus und dann rechts auf dem Pfad entlang des Stacheldrahtzauns. Der Pfad mündet in den Hinweg. Wir gehen das restliche Stück des Rückwegs auf dem bekannten Hinweg.

CANYON VON PLOUMA

Abenteurer- und Entdeckertour durch eine der beiden schönsten Schluchten von Rhodos

 5,9 km 3:55 h 234 hm 234 hm 248 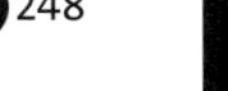

START | Buslinie: keine. Entfernung Rhodosstadt: 58 km. Mit dem Pkw fährt man auf der nordwestlichen Küstenstraße noch vorbei an dem Ort Kritina, nach dem rechten Abzweiger Richtung Glifada beach folgt eine scharfe Links- und Rechtskehre. In der Rechtskehre befindet sich der Eingang des Canyons und nach weiteren 140 m kann man rechts am Straßenrand parken.
Geokoordinaten: [GPS: N36° 11,510 O27° 48,216].
CHARAKTER | Auf dieser schweren Wanderung wird definitiv benötigt: erste Klettererfahrung, sehr guter Orientierungssinn, Trittsicherheit und Schwindelfreiheit.

Das landschaftsprägende Attaviros Gebirgsmassiv, im mittleren Westen von Rhodos, hat 2 mächtige Schluchtausläufe. Vom Hauptgipfel dem Attaviros endet der längste Schluchtauslauf, Richtung Osten, unterhalb des Dorfes Agios Isodoros. Richtung Westen zwischen dem Attaviros Hauptgipfel und dem Nebengipfel Voskotopi, schlängelt sich der Canyon Plouma Richtung Meer, unser heutiges Projekt. Aber diese Durchwanderung des Canyons, wobei man eigentlich mehr am Klettern als am Wandern ist, fordert unsere vollste Aufmerksamkeit und ist sehr schweißtreibend. Auf der-

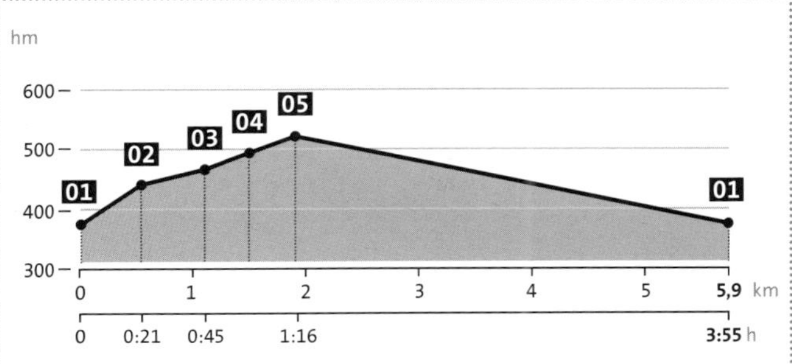

01 Start und Ziel 365 m; **02** zweiter Canyon 415 m; **03** Stelle umlaufen 453 m; **04** Steinmännchen 487 m; **05** Ausstieg 508 m

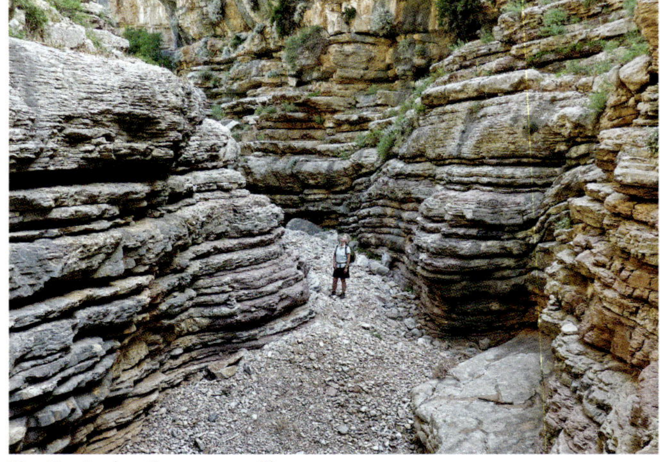

Einstieg in den Canyon von Plouma

Wanderung erzählt die Natur die schönsten Geschichten: Eine eindrucksvolle Schlucht mit bis zu 200 m senkrecht aufsteigenden Felswänden, den stufenförmigen geschichteten Gesteinsschichten und ein nur 3 m enges Nadelöhr.

Achtung!

Nach starken Regenfällen oder bei zu erwartenden Regenfällen ist diese Wanderung lebensgefährlich.

▶ Vom **01** **Start und Ziel** (365 m) laufen wir auf der Asphaltstraße Richtung Kritina bis in die Linkskurve und steigen, hier rechts hinter der Leitplanke, in die Schlucht hinein. Es folgt der erste Höhepunkt, die Schlucht verengt sich und wir steigen über stufenförmig geschichtete Gesteinsschichten und erreichen eine erste Gumpe. Nach der zweiten Gumpe wird der **02** **Canyon** wieder breiter (415 m) und es lässt sich bequem laufen. Steil ragen die Felswände links und rechts bergauf, bis es auf diesem Weg kein Weiterkommen gibt. Ein roter Punkt an der Felswand markiert den Aufstieg für die Umgehung. Wieder im Bachbett angekommen, geht es in der Schlucht weiter bergauf. Immer wieder müssen unter Zuhilfenahme der Hände kleine **03** **Stellen umlaufen** (453 m) werden. Der Weg ist eindeutig vorgegeben, denn es gibt kein Entrinnen aus der tiefen Schlucht. Wir passieren ein größeres **04** **Steinmännchen** (487 m) – nach heftigeren Regenfällen kann es auch weggeschwemmt worden sein. Nach weiteren 350 m gabelt sich der Weg. Der Canyon ist inzwischen zu einem zahmen Bachlauf geworden, rechts führt der Bachlauf unterhalb von Felsen durch eine Rechtskehre, von links mündet ein kleinerer Bachlauf in den Hauptstrom. Hier befindet sich der **05** **Ausstieg** (508 m). Wir klettern zu dem links einmündenden

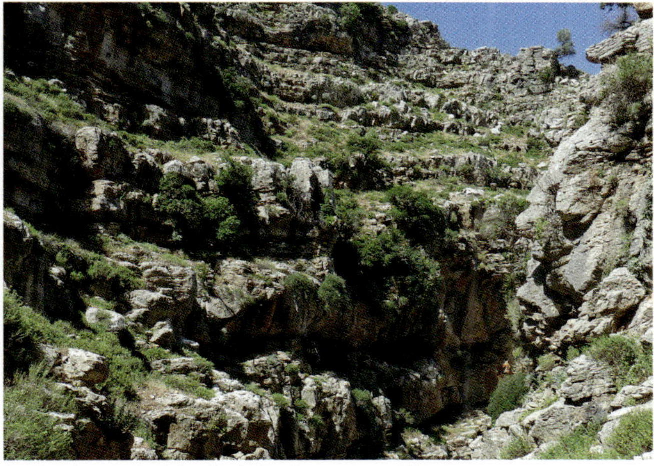

Steil aufragende Felswände im Canyon von Plouma

Bachlauf auf und folgen wie Detektive seinem Lauf, der durch den dichten Kiefernwald führt. Inzwischen schwer auszumachen gabelt sich der Bachlauf, hier folgen wir ihm durch die Linkskurve, um dann nach nur 100 m rechts bergauf zu gehen und nach weiteren 150 m die Asphaltstraße zu erreichen. Auf dieser gehen wir links vor, bis wir freien Blick auf die Ägäis haben und bis die Straße eine Rechtskehre macht. Links von uns befindet sich ein Hang, hier gehen wir pfadlos herunter, Büsche und Sträucher erschweren das Vorankommen, bis wir auf einer 5–7 m hohen, unüberwindbaren Klippe oberhalb der Straße ankommen. Wir gehen links an dieser Klippe entlang und im folgenden Waldstück gibt es eine Abstiegsmöglichkeit zur Straße. Auf der Straße gehen wir links bis zum geparkten Pkw zurück.

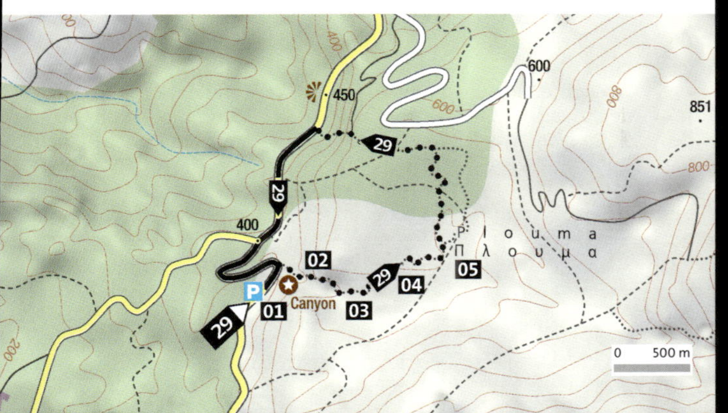

30

MICHALIS • 571 m

Aufregende Besteigung der sechsthöchsten Erhebung von Rhodos

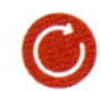  8 km  3:10 h 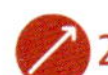 266 hm 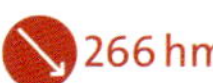 266 hm  248

START | Buslinie RODA: Es gibt keine geeignete Busverbindung für eine Tagestour. Entfernung: 65 km von Rhodosstadt. Mit dem Pkw fahren wir auf der nordwestlichen Küstenstraße über Kalavarda, Salakos, um dann kurz vor Empona links bis Agios Isodoros zu fahren. Dort fahren wir komplett durch den Ort durch, biegen links Richtung Istrios ab und parken das Auto nach 330 m links an der beginnenden Schotterpiste.
Geokoordinaten: [GPS: N36° 9,660 O27° 50,970].
CHARAKTER | Bei dieser mittelschweren Wanderung wird nur an einer Schlüsselstelle Orientierungssinn bei der Pfadfindung benötigt.

Der Berg Michalis sieht ein bisschen aus wie ein gerupftes Huhn, den nach den Waldbränden von 2009 sind nur vereinzelt Bäume am Gipfelgrat stehen geblieben. Darum gibt es auch eine uneingeschränkte atemberaubende Panoramaaussicht auf die 3 höchsten Berge von Rhodos. Da wir durch die nahezu unberührte Wildnis von Rhodos wandern, besteht eine hohe Wahrscheinlichkeit den Damhirsch oder das Reh (Dama dama), auch bekannt als Platoni,

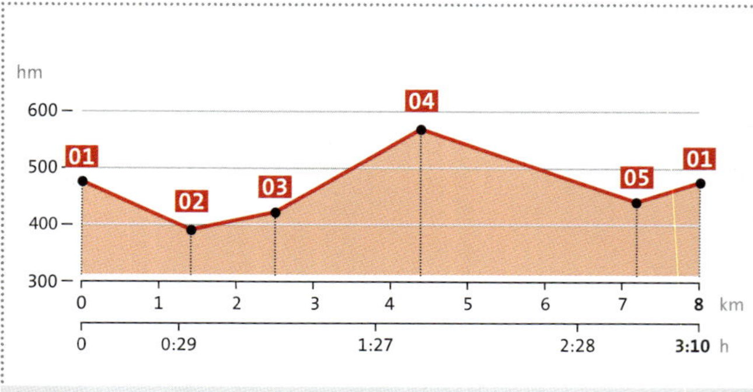

01 Start und Ziel 482 m; 02 rechts bergauf 388 m; 03 Schlüsselstelle 412 m; 04 Michalis 587 m; 05 geradeaus 454 m

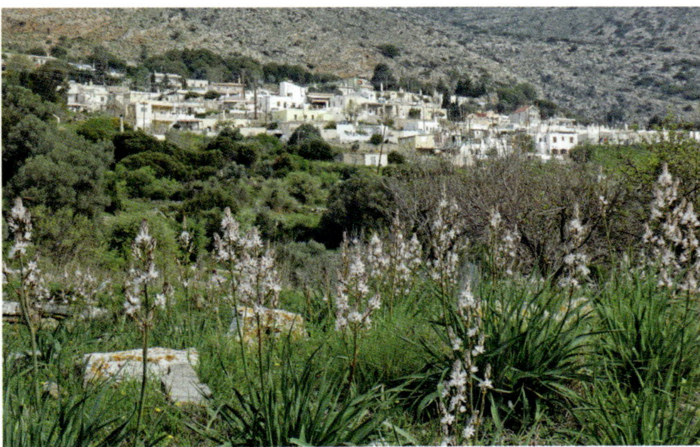

Blick auf das Dorf Agios Isodoros

beobachten zu können. Inzwischen ist die Population auf 4000 Exemplare angewachsen.

▶ Vom 01 **Start und Ziel** (482 m) an der Rechtskehre der Hauptstraße zweigen zwei Schotterpisten ab. Die linke lassen wir liegen, die halb rechts, gekennzeichnet durch ein Sackgassenschild, ist unser Wanderweg. Nach 80 m gehen wir rechts und nach weiteren 60 m verlassen wir den rechten Abzweiger – unser Rückweg. Unterhalb des Dorfes Agios Isodoris gehen wir nun in Kehren bergab in ein kleines Seitental. Nach einer 180°-Linkskurve erreichen wir sofort eine Weggabelung bei einem großen Felsen, wir nehmen nicht links die betonierte Piste herunter zum Bachlauf, sondern zu-

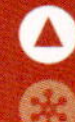
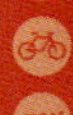
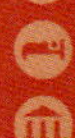
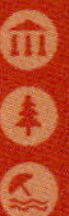

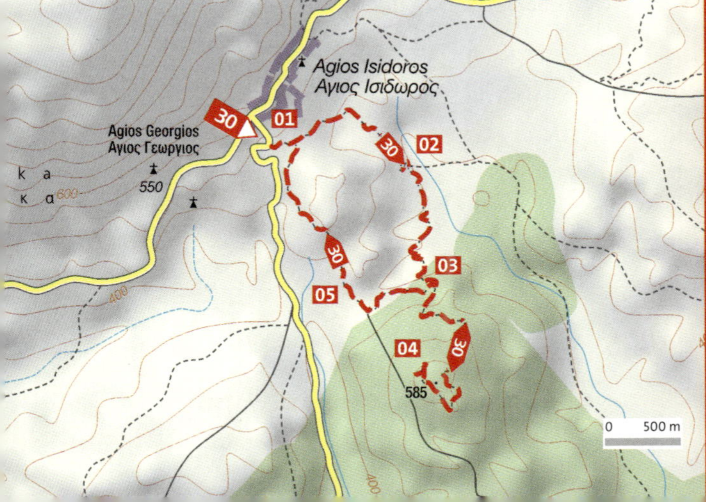

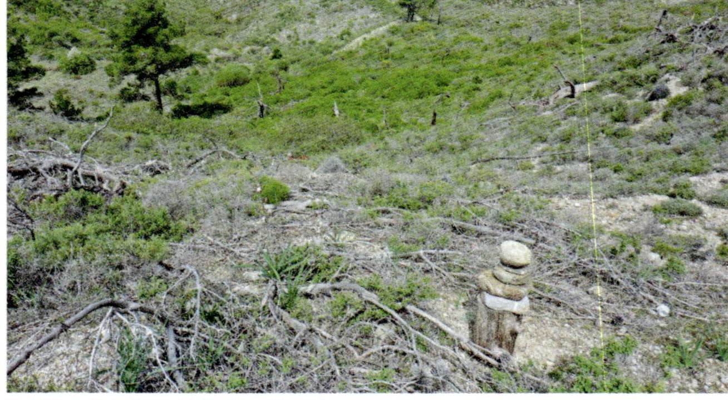

Schlüsselstelle mit Steinmännchen

nächst **02 rechts bergauf** (388 m) und nach 80 m halb links. Auf der weiterführenden Piste geht es zunächst leicht bergab, um dann bei einem links stehenden Olivenhain wieder bergauf zu gehen. Wir queren einen Bachlauf, gelangen in ein kleines Seitental. Hier verlassen wir in der Linkskehre die Hauptpiste. Rechts bergauf geht es weiter auf einer zunehmend schlechter werdenden Piste, bis diese bei Weinreben endet. An dieser **03 Schlüsselstelle** (412 m) gehen wir links bergauf, mittig längs entlang der Weinreben, bis zu einem Steinmännchen. Wir stehen jetzt vor einer Wand und gehen halb links auf die einzelstehenden Kiefern zu. Wir erreichen dichtes Buschwerk, orientieren uns nun mittig in dem steilen Hang mit dichtem Buschwerk, treffen auf einen rostigen Behälter und sehen oberhalb ein Steinmännchen – zu dem wir nun aufsteigen. Dort angekommen, gehen wir nur einige Meter rechts, um dann auf der Schotterpiste links bergauf Richtung Gipfel zu gehen. Nachdem wir durch einen lichten Kiefernwald gewandert sind, führt rechts eine Piste bis auf den Gipfel des **04 Michalis** (587 m) mit einer etwas eigentümlichen gelben Hütte. Dem Blick nach Westen gerichtet, sehen wir die drei höchsten Berge von Rhodos: halb links den Akramities 823 m, dann den 1071 m hohen Voskotopi, die Windräder und rechts davon den 1216 m hohen Attaviros – zu erkennen mit der weißen Kugel. Wir gehen auf dem Hinweg zurück, lassen das Steinmännchen rechts liegen und bleiben weiter auf der Schotterpiste. Wir ignorieren Abzweiger, bis wir eine 3-Wege-Kreuzung erreichen, wir laufen **05 geradeaus** (454 m) weiter, bis unser Weg in den Hinweg mündet. Nun sind es nur noch einige Meter links bis zum Ausgangspunkt.

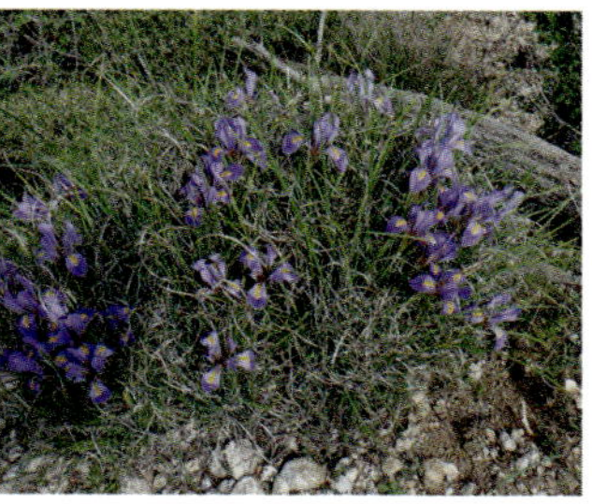

Blühende Lilien am Wegesrand

EMBONA UND SEINE HISTORISCHEN WEGE

Aufregende Wanderung auf den Spuren der Vergangenheit – vorbei an den Naturschönheiten von Embona

   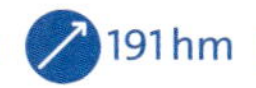 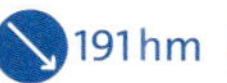 

6 km | 2:30 h | 191 hm | 191 hm | 248

START | Buslinie: RODA, leider fährt nur ein Bus um 4:45 Uhr und um 15:45 Uhr, so ist eine An- und Abfahrt am gleichen Tag nicht möglich. Entfernung: 51 km von Rhodosstadt. Mit dem Pkw: Auf der nordwestlichen Küstenstraße bis nach Kalavarda und von dort über Salakos bis nach Empona. Am Ortsausgang, Richtung Siana, kann man beim Hotel Attaviros parken.
Geokoordinaten: [GPS: N36° 13,458 O27° 51,346].
CHARAKTER | Einfacher Spaziergang ohne großen Höhenunterschied. Kennzeichnung: rote Punkte.

Vater und Sohn Kiriakos, die Besitzer des familiengeführten Hotels Attaviros, haben in Zusammenarbeit mit dem Autor diese historische Wanderung ausgearbeitet. Sie beruht auf Erinnerungen des Seniors Kiriakos, der schon als Kind die Wege nutzte, um Schafe und Ziegen auf die Felder zu bringen. Mit großer Freude hat er eine Unmenge von Detailinformationen vermittelt, war aber auch sehr stolz und berührt, seinem Sohn – der diesen Weg noch nie gegangen

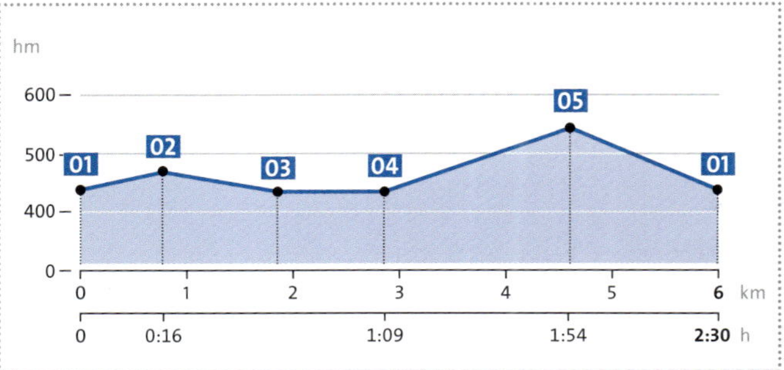

01 Start und Ziel Hotel Attaviros 433 m; 02 alter Weg zu den Feldern 478 m; 03 Blick in den Canyon 439 m; 04 alte Kapelle 435 m; 05 Quelle 537 m

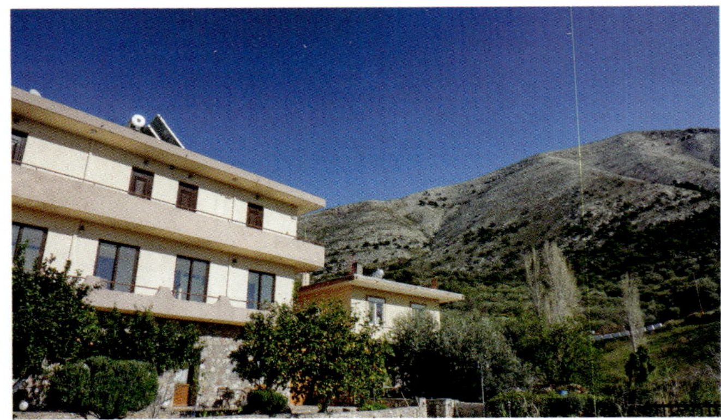

Attaviros Hotel

war – zu zeigen. Eine 1. Begehung endete im Sammeln von Kräutern und Salat, die dann nach der Wanderung zu einem köstlichen Mahl mit Suma zubereitet wurden. Zur weiteren Recherche wurde auch Kartenmaterial von 1929, aus der Besatzungszeit der Italiener, zur Bestimmung der Pfade und Wege herangezogen. Das Produkt: Vom wunderschönen Bergdorf Embona – der Weinhauptstadt von Rhodos – führt nun die Wanderung entlang der nördlichen Hänge des höchsten Berges der Insel entlang der Naturschönheiten von Embona. Durch die Höhenlage der Wanderung findet man in den heißen Sommermonaten ein sehr gemäßigtes Klima vor.

▶ Vom **01** **Start und Ziel** beim Hotel Attaviros (433 m) gehen wir direkt neben dem Verkehrsspiegel, halb rechts auf der betonierten Piste, bergab und verlassen diese in der folgenden Rechtskurve geradeaus – dabei gehen wir rechts an einer kleinen Ruine vorbei. Mauern rechts und links des Weges begrenzen teilweise den alten Weg vom Dorf zu den Feldern. Schon bald sehen wir vom leicht ansteigenden Pfad links oberhalb einen Souvenirladen. Wir treffen bei einem Hundezwinger auf eine Schotterpiste, dieser folgen wir scharf links, um nach 120 m rechts auf dem ansteigenden Bergrücken, weitere 70 m über eine Freifläche anzusteigen. Drehen wir uns um, ergeben sich traumhafte Blicke über das Dorf Embona, dem dahinter liegenden Berg Profitis Ilias – zu erkennen an den Funkmasten – und halb rechts von uns der höchste Berg der Insel, der 1216 m hohe Attaviros. Links von uns befindet sich die Hauptstraße, aber nur 5 m entfernt die Überreste einer Steinmauer, die Begrenzung eines über 100 Jahre alten, in mühsamer Handarbeit erstellten **02** **alten Wegs zu den Feldern** (478 m). Für die folgenden 850 m nehmen wir die Steinmauer als Orientierungspunkt. Da der alte Weg stark verwachsen ist, müssen immer wieder größere Büsche und Bäume umgangen werden. Nachdem wir ein kurzes Stück auf felsigem Untergrund gewandert sind, überqueren wir Mauerreste und gehen nun halb rechts über den Bergrücken bis zu einem Aussichtspunkt vor, es ergibt sich ein atemberaubender 03 **Blick in den Canyon** (439 m). Halb rechts sehen wir das Meer, wir hören aber auch das Plätschern des gut 150 m tiefer liegenden Flusses. Früher sind die Kinder des Dorfes dort heruntergeklettert, um in den Gumpen – die Einheimischen nennen die Gumpen schwarze Löcher – zu baden. Wir gehen zunächst ein kleines Stück zurück, queren die Steinmauer 10 m unterhalb des Weges, kommen vorbei an verlassenen Terrassenfeldern und gehen entlang eines rechts von uns liegenden, schmalen Flusslaufes. Wir treffen auf eine Schotterpiste, folgen dieser rechts, um bei der nächsten Möglichkeit – wir sehen vor uns Weinreben – rechts der Schotterpiste zu folgen. Nun befinden wir uns auf der alten Verbindungsstraße von Embona nach Siana. An einer Stelle, wo sie verschüttet ist, steigen wir halb links auf den beginnenden Pfad, der aber schon bald bei einem Flussbett endet – hier wurde der Pfad nach starken Niederschlägen abgetragen. Wir gehen 20 m talwärts durch das Flussbett, um dann halb links dieses wieder zu verlassen. Wir treffen auf eine Schotterpiste, auf der wir rechts entlangwandern, schon bald treffen wir auf die Ruinen einer 04 **alten Kapelle** (435 m) von 1850. Der Pfad endet, hier gehen wir halb links und weglos in Kehren bis zur Hauptstraße vor. Wir gehen Richtung Embona, biegen aber bei einem Gebetsstock rechts in die Schotterpiste. Nach einer langen Linkskehre erreichen wir den weißen in den Felsen gelassenen Gebetsstock Santa Maria. Direkt dahinter befindet sich ein eigenhändig vom Senior freigelegter Pfad! Es geht durch ein kleines Waldstück und wir passieren einen Olivenhain, bis wir auf der folgen-

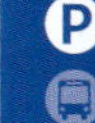

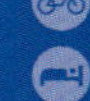

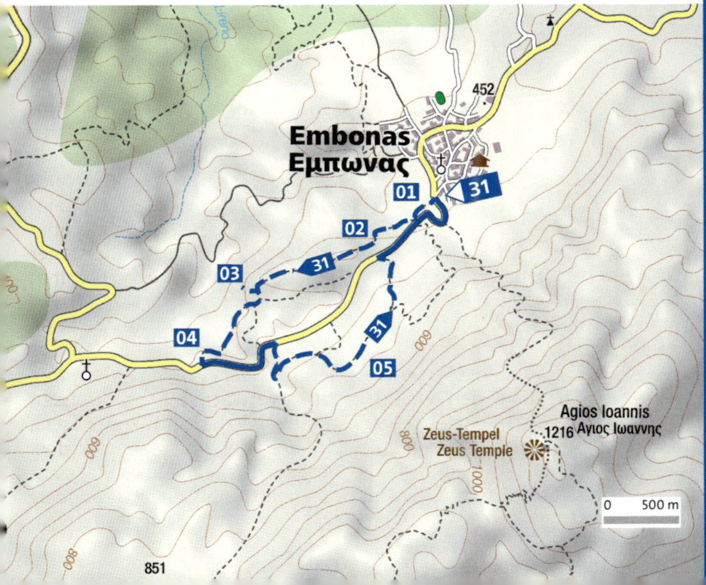

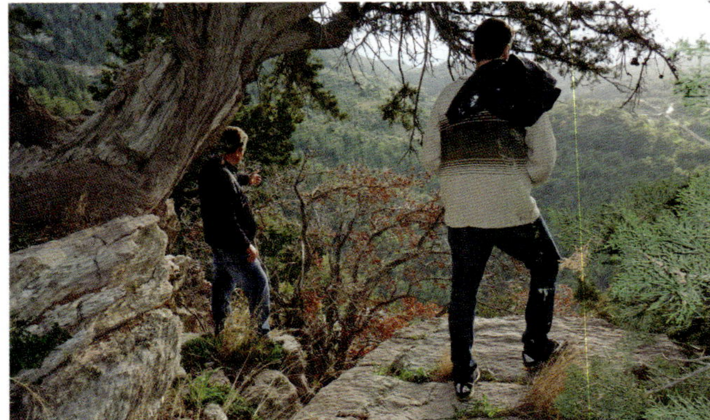
Blick auf Embona und Profities Ilias

den Schotterpiste links laufen. Die Schotterpiste endet und wir halten uns rechts, durch Felsen, bis wir einen Ziegenzaun passieren und abermals an der Schotterpiste links gehen. Wir erreichen eine 3-Wege-Gabelung und nehmen den mittleren der Wege, um nach nur 40 m ein defektes Wasserauffangbecken sowie eine 05 **Quelle** (537 m) zu erreichen. Die Quelle hat Trinkwasserqualität! Zurück geht es bis zur 3-Wege-Gabelung. Von nun an folgen wir dem Rechten der 3 Wege, bis zur Asphaltstraße herunter, der wir bis zum Ausgangspunkt folgen.

Tipp

Aufgrund der Höhenlage kann man diese Wanderung besonders an heißen Tagen durchführen.

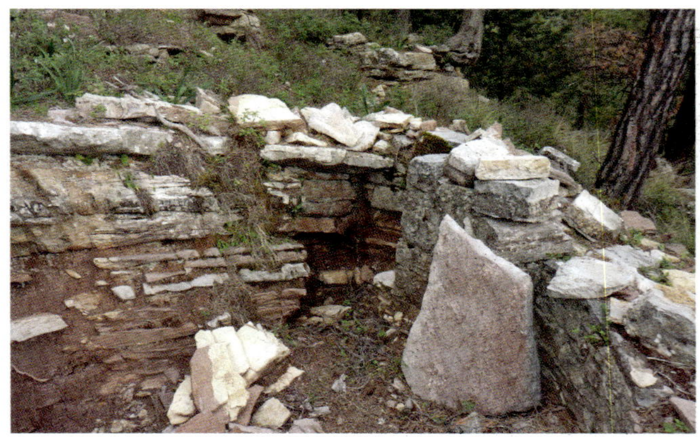
Ruinen einer Kapelle

SKOUTOULJARIS SCHLUCHT – KLOSTER MONI KAMIRI

Die Wanderung durch eine der schönsten Schluchten von Rhodos ist ein bleibendes Erlebnis

  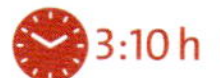 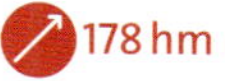 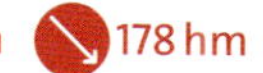 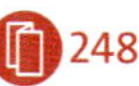

START | Buslinie: keine Busanbindung. Entfernung Rhodosstadt: 40 km. Mit dem Pkw fahren wir auf der südwestlichen Küstenstraße Richtung Lindos, um 950 m hinter dem Kreisverkehr Richtung Masari halb rechts, auf die alte Nationalstraße abzubiegen. Kurz später queren wir über eine Brücke das Flussbett, hier befindet sich eine kleine Kapelle mit einem hellblauen Dach. Hier fahren wir nun rechts parallel entlang des Flussbetts. Kurz bevor die Straße abermals das Flussbett nach rechts quert, parken wir das Auto am Straßenrand.
Geokoordinaten: [GPS: N36° 10,519 O28° 2,652].
CHARAKTER | Es erwartet uns eine mittelschwere Wanderung und es gibt immer wieder leichte Kletterstellen.

Gleich zum Auftakt der Wanderung geht es durch einen schmalen Felsdurchbruch, rechts und links ragen spektakulär die bizarren Felswände in die Höhe. Im weiteren Verlauf fließt Fluß Skoutouljaris durch eine traumhafte Kulisse. Im Bachbett blühen wild romantisch Oleanderbüsche. Gumpen bieten einen idealen

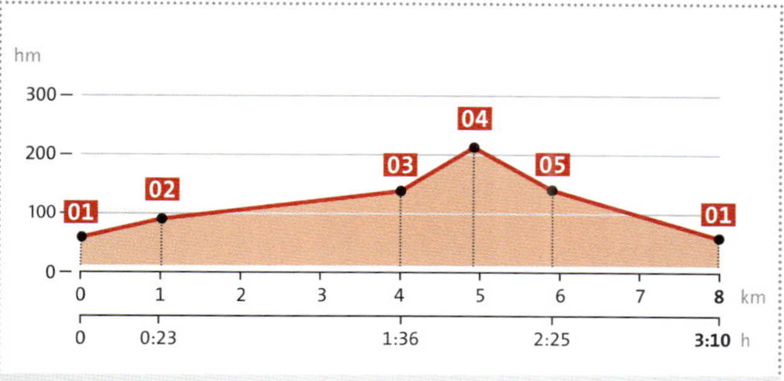

01 Start und Ziel 47 m; 02 Felsbrocken 112 m; 03 Flussbett 130 m; 04 Ruine 204 m; 05 Moni Kamiri 141 m

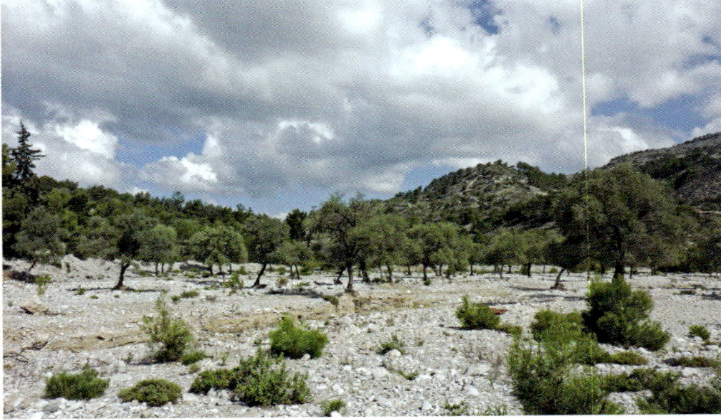

Spülfeld

Lebensraum für Vögel, Frösche und Schildkröten. Vorbei an einen Staudamm, Ruinen und Olivenhainen erreichen wir das malerische Kloster Moni Kamiri. Ein vielfältiges sehr lohnenswertes Wandererlebnis.

Achtung!

Nach starken Regenfällen oder zu erwartenden Regenfällen sollte die Tour auf keinen Fall durchgeführt werden.

▶ Wir gehen vom **01 Start und Ziel** (47 m) über das Spülfeld – auf dem vereinzelt Olivenbäume stehen – Richtung eines künstlich aufgeschütteten Kiessteinwall, überqueren diesen und beginnen links im Flussbett zu gehen. Durch eine 20 m breite Felsöffnung gelangen wir in den Canyon. Das Flussbett verengt sich und wir müssen **02 Felsbrocken** (112 m) herumklettern. Nach starken Regenfällen kann es sein, dass man

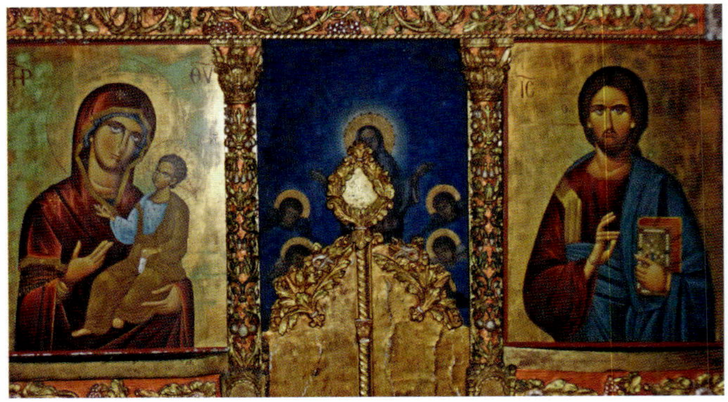

In der Kirche von Moni Kamiri

an diesen Kletterstellen nicht trockenen Fußes vorbeikommt. Nach einer langen Rechtskehre mündet von rechts eine Schotterpiste in das Bachbett, die Felswände werden niedriger und die Schlucht wird wieder weiter. Dieser folgen wir 270 m, bis diese endet – vor uns sehen wir eine Ruine –, wir gehen rechts und erreichen eine weitere **04** **Ruine** (204 m). Hier gehen wir links in den lichten Kiefernwald gemischt mit Olivenbäumen. Die Piste wird zu einem schönen Waldweg und endet bei terrassenförmig angelegten Olivenbäumen. Über die Terrassen führen mehrere Pfade in das unbewohnte Kloster **05** **Moni Kamiri** (141 m). Ist die Tür abgeschlossen, befindet sich der Schlüssel meist an einem Haken am Eingang. Sind sonst keine Besucher da, schließen wir die Tür nach dem Besuch wieder und hängen den Schlüssel

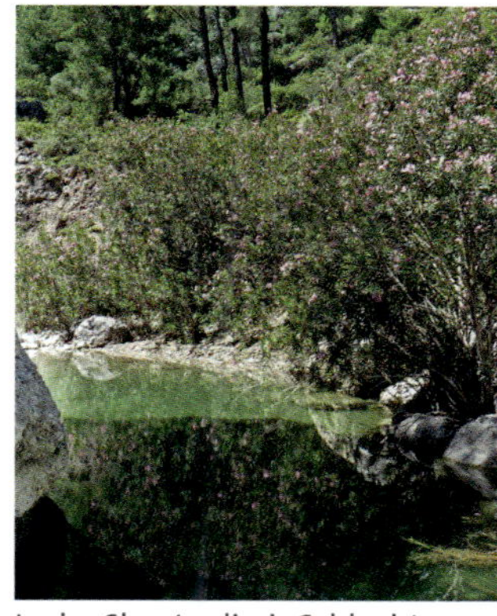
In der Skoutouljaris Schlucht

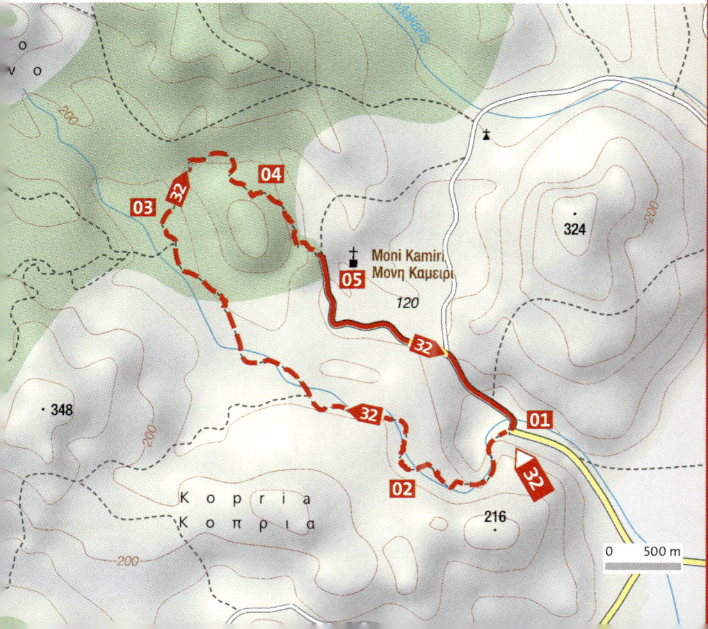

an den Haken. Die Klosteranlage wird von einem alten Ehepaar gepflegt und bietet einen schönen Innenhof mit Kieselmosaiken und vielen Blumen und Sträuchern. Bergab folgen wir der Asphaltstraße bis zum geparkten Pkw.

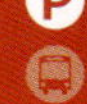
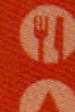

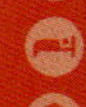
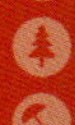

33

VOSKOTOPI • 1071 m

Abenteuerliche Besteigung eines unbekannten Gipfels im Attaviros-Gebirge

  8,9 km  4:40 h 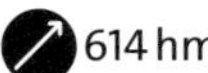 614 hm  614 hm  248

START | Buslinie: keine Busanbindung. Entfernung Rhodosstadt: 62 km. Mit dem Pkw fahren wir auf der nordwestlichen Küstenstraße Richtung Siana. Am Ende des links liegenden Attaviros-Gebirges erreichen wir ein Weinanbaugebiet, die Straße gabelt sich rechts Richtung Siana und links Richtung Agios Isodoris, an dieser Weggabelung parken wir.
Geokoordinaten: [GPS: N36° 10,252 O27° 47,797].
CHARAKTER | Schwere Bergwanderung. Orientierung nur am Landschaftsverlauf. Quälend sind die stacheligen Bodendecker.

Das inselprägende Attaviros Gebirgsmassiv besteht aus dem Hauptgipfel, dem Attaviros 1216 m und dem Nebengipfel, dem Voskotopi 1071 m. Der Hauptgipfel ist eine beliebte und oft begangene Wanderung, der Nebengipfel ist unbekannt und wird bisher in keinem Wanderführer erwähnt. Durch ein Trockenflussbett bergauf und über einen mächtigen Bergrücken bergab, so könnte man die Wanderung auf den zweithöchsten Berg zusammenfassen. Aber da ist noch weitaus mehr: Ein äußerst beeindruckendes Waldstück, es liegt geschützt in einer Mulde und die Bäume haben lange Bärte – Moosflechten die herunterhängenden. Man findet

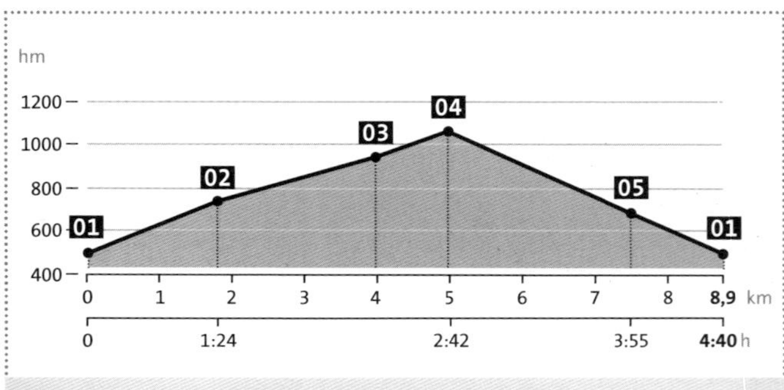

01 Start und Ziel 474 m; 02 Hochebene 755 m; 03 kleiner Wald 950 m; 04 Voskotopi 1071 m; 05 stachelige Bodendecker 648 m

keinerlei touristische Infrastruktur und wandert durch die komplett unberührte Naturlandschaft. Und die unvergessliche Aussicht vom Berggipfel. Diese Wanderung ist ein echtes Outdoor Erlebnis.

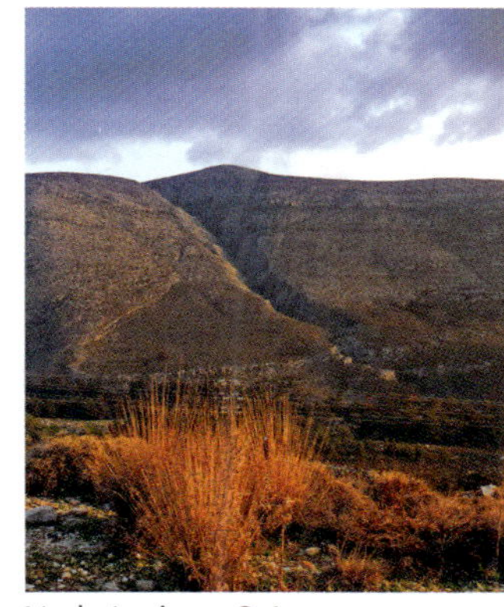

Voskotopi von Osten

▶ Vom **01** **Start und Ziel** (474 m) gehen wir ab dem linken Abzweiger Richtung Embona weitere 80 m auf der Straße Richtung Agios Isodoris und biegen links in die Schotterpiste entlang der Weinreben. Bei dem alleinstehenden Haus gehen wir auf dem weiterführenden Weg durch das Bachbett. Bei der folgenden Weggabelung bleiben wir auf dem geradeaus führenden Weg und erreichen die Zäune einer Ziegenhaltung. Wir queren das links liegende Bachbett und gehen nun etwas erhöht, immer parallel, zu diesem. Vorbei kommen wir an Ruinen. Wir erreichen eine Bachbettgabelung, der rechte Arm führt steil hinauf in die Felsen, wir bleiben auf dem eingeschlagenen Weg. Kurz später überqueren wir den von links kommenden Arm eines kleineren Bachbetts. Vor einer Hochebene gehen wir bei der Gabelung nicht links – dort befinden sich kleine Bäume –, sondern rechts weiter bergauf, bis wir eine **02** **Hochebene** (755 m) erreichen. Wir wandern ein kurzes Stück entlang der Überreste einer Steinmauer – links auf der Hochebene befinden sich noch zwei weitere Ruinen und ein einzelner Baum. Dann orientieren wir uns an dem rechts bergaufführenden Bachbett. Mit zunehmender Höhe

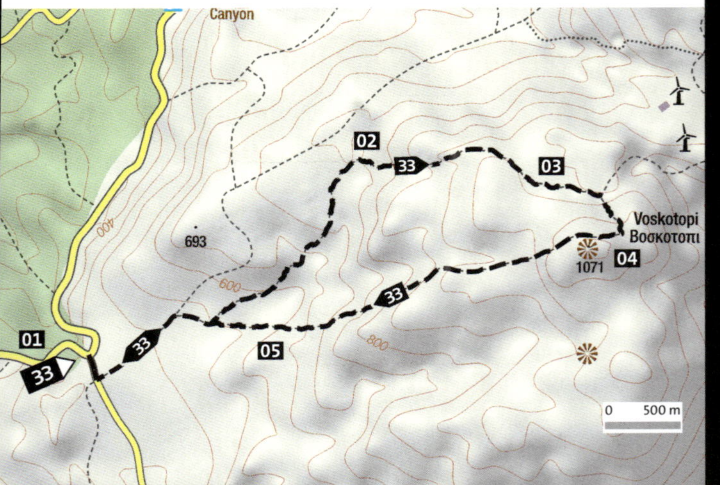

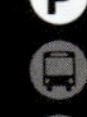
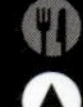

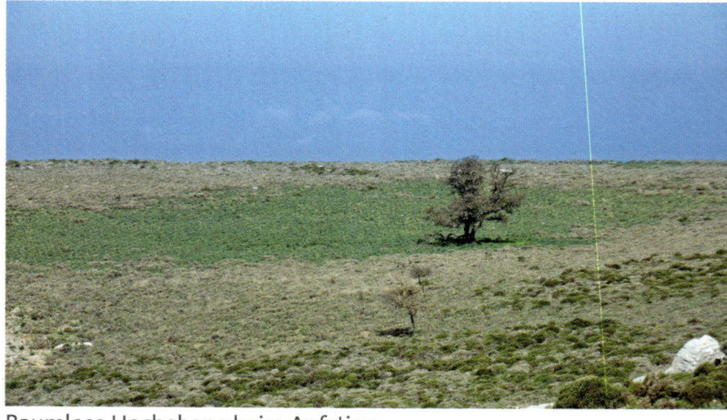

Baumlose Hochebene beim Aufstieg

werden die stacheligen Quälgeister – die halbhohen Sträucher – weniger. Schlussendlich verliert sich das Bachbett, wir gehen noch Richtung einzeln stehender Bäume und übersteigen den vor uns liegenden Bergrücken. Nach einem kurzen Abstieg erreichen wir eine Hochebene, in deren Mulde sich ein **03 kleiner Wald** (950 m) befindet. In östliche Richtung folgen wir einen Ziegenpfad und erreichen eine weitere kleinere Hochebene. Wenn das Wetter es erlaubt, ein idealer Picknickplatz. Am Ende dieser Hochebene, bei einem Steinmännchen, steigen wir nun auf den vor uns liegenden Bergrücken und folgen diesem halb rechts bis zum Gipfel des **04 Voskotopi** (1071 m), die Aussichtsplattform über die gesamte südliche Inselspitze. In den Wintermonaten kann man bei klarer Sicht sogar das 300 km entfernte Kreta ausmachen. Vom Gipfel folgen wir den westlich verlaufenden Felsenbändern bergab – nicht herunter zu den Bäumen! –, direkt auf den unterhalb liegenden Bergrücken, der sich links neben einem mächtigen Canyon befindet. Nach einer kleinen Senke steigt der Weg noch einmal an. Auf dem Felsgestein lässt sich sehr gut laufen, schon bald können wir ins Tal, bis zum geparkten Auto schauen. Wir sehen einen einzelnen Baum, der gesamte Hang neigt sich nun nach links und großer Steinmann hilft bei der Orientierung. Denkt man sich eine imaginäre Verbindungslinie zwischen dem Steinmann und dem Einzelstehenden weißen Haus, so beschreibt diese unseren weiteren Weg. Bei einem Baum melden sich wieder **05 die stacheligen Bodendecker** (684). Wir erreichen die uns schon bekannte Ziegenhaltung vom Hinweg, der restliche Rückweg ist der bereits bekannte Hinweg.

Achtung!

Bei aufkommendem Nebel oder Wolken ist die Navigation nur mittels eines heruntergeladenen GPS-Tracks möglich. Hinweis! In den Sommermonaten kann es sehr windig sein. Es gibt keine schattigen Stellen.

ATTAVIROS • 1215 m – CANYON

Vom höchsten Berg der Insel durch einen sich unendlich windenden Schluchtauslauf gegen das Tal

 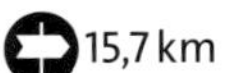 15,7 km  7:50 h 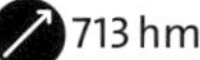 713 hm  713 hm 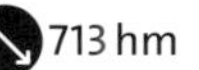 248 

START | Buslinie: keine Busanbindung. Mit dem Pkw: Von Rhodosstadt fährt man über die EO95 – die südwestliche Küstenstraße –, um hinter Kalathos rechts abzubiegen und über Laerma nach 73 km den Startpunkt Agios Isidoros zu erreichen. Vor den ersten Gebäuden des Dorfes kann man links auf dem Seitenstreifen parken. Geokoordinaten: [GPS: N36° 10,091 O27° 51,092].
CHARAKTER | Eine anstrengende und lange Bergwanderung. Beim Abstieg in den Canyon und im Canyon müssen die Hände zu Hilfe genommen werden. Die Wegführung bis zum Gipfel ist eindeutig. Für den Einstieg in den Canyon benötigt man guten Orientierungssinn. Mal im Canyon, ist die Orientierung einfach, denn der von der Natur geformte Canyon gibt den Weg vor.

Die Besteigung des höchsten Bergs der Insel, dem 1216 m hohen Attaviros und der Abstieg durch einen Canyon ist die aufregendste und anstrengendste Wanderung auf Rhodos. Dabei fängt es so harmlos an, der Aufstieg durch eine Schlucht und über Bergrücken, vorbei an Windrädern und in Serpentinen bergauf, bis zum aussichtsreichen Gipfel. Hier kann man sich noch entscheiden, ob man auf dem Hinweg zurückwandert oder durch das Flussbett

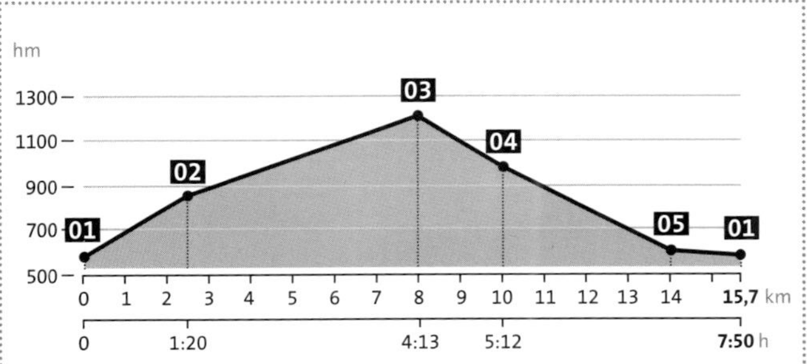

01 Start und Ziel Agios Isidoros 525 m; 02 Windrad 872 m; 03 Attaviros 1216 m; 04 Blockgestein 941 m; 05 Ausstieg 530 m

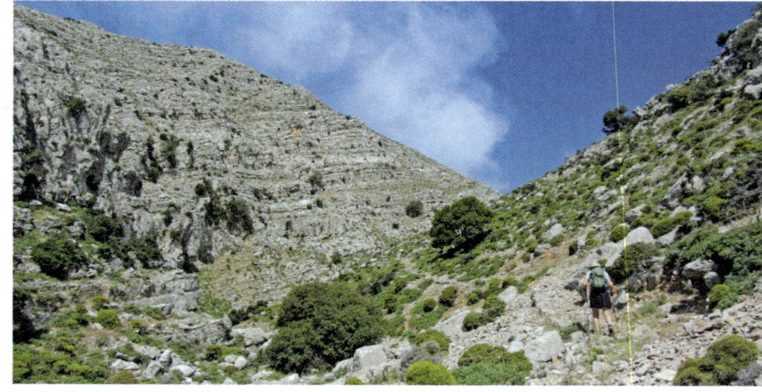
Aufstieg auf den Attaviros

des Canyons absteigt. Der Abstieg gestaltet sich chaotisch und anstrengend. Durch eine Steinwüste schlängelt sich dann der Canyon in endlichen Kehren gen Tal. Landschaftlich äußerst beeindruckend, rechts und links steigen imposant die Felswände auf, fordert das Vorhaben unsere Kondition – wahrhaftig keine Genusswanderung. Trotzdem bleibt positives Resümee: Die Natur in ihren schönsten Facetten.

▶ Vom **01 Start und Ziel Agios Isidoros** (525 m) gehen wir auf der ortsauswärtsführenden Straße Richtung Laerma, bis wir auf eine links bergauf führende Piste treffen, die wir in der ersten Linkskurve nach halb rechts auf einem beginnenden Pfad durch Ziegengatter verlassen. Nach 250 m durch eine Schlucht führt der Weg über einen Bergrücken weiter bergauf. Nach 2,8 km erreichen wir das erste **02 Windrad** (872 m), rechts unterhalb kann man schon mal einen Blick in den Canyon riskieren, der Rückweg, wenn man sich für die schwierige Variante entscheidet. Wir queren eine Hochfläche und gehen fortan auf der Piste bergauf. Wir sind nun ein

Variante

Nach der Besteigung des Gipfels kann man natürlich auf dem Hinweg wieder zurückgehen. Der Schwierigkeitsgrad reduziert sich auf eine dunkelrote Wanderung. Hinweis: Bei zu erwartenden Nebel oder Unwetter sollte diese Wanderung nicht durchgeführt werden. Achtung! Auf keinen Fall den Canyon betreten bei zu erwartenden oder nach großen Niederschlägen. Es besteht Lebensgefahr.

kurzes Stück auf der Piste bergab gegangen, befinden uns jetzt direkt unterhalb des Gipfels, bis wir die Piste nach links verlassen und auf einem Pfad in Serpentinen bis zum Gipfel des **03 Attaviros** (1216 m) aufsteigen. Auf dem Dach von Rhodos haben wir einen atemberaubenden Blick. Von nun an gehen wir weglos am Maschendrahtzaun entlang, lassen die Grundmauern des minoischen Heiligtums von Althaimenes links liegen. Wir überqueren noch die Piste und orientieren uns nun halb links, Richtung der Hochebene, mit den künstlerisch windgeformten Bäumen. Wir queren zunächst auf einem nahezu ebenen Stück halb rechts den Hang, bis wir dann kontinuierlich an Höhe verlieren. Der Untergrund wird steiniger, wir passieren ein Trockenflussbett. Hier beginnen wir mit unserem direkten Abstieg über **04 Blockgestein** (941 m), unter gelegentlicher Zuhilfenahme der Hände. Im Canyon angekommen, liegen 3,8 km Erlebnis vor uns. Nachdem er sich mit einem von rechts kommenden Flusslauf vereinigt, führt der Weg nun Richtung Süden. Wir erreichen das Ende vom Canyon, der **05 Ausstieg** (530 m) gestaltet sich schwer, denn geradeaus versperrt ein Zaun das Weiterkommen. Bei einer riesigen Wurzel im Flussbett führt halb rechts ein Ziegenpfad hoch zu einer rotbraunen Felswand. Der Weg quert noch etwas unterhalb der Felsen und wir erreichen ein Ziegengatter. Nach 120 m gehen wir auf der rechten Schotterpiste weiter und orientieren uns im weiteren Verlauf an dem rechts liegenden Ziegenzaun, bis wir zur Straße absteigen und auf der Straße bis zum geparkten Auto vorgehen.

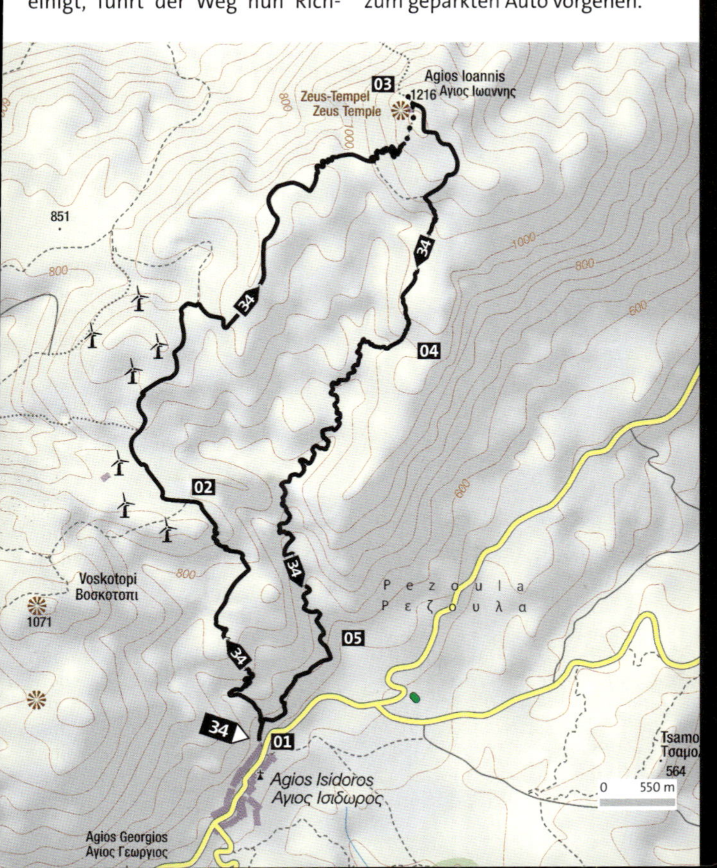

35

KLOSTER MONI THARI

Wanderung zum ältesten noch bewohnten Kloster der Insel

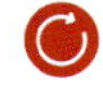  8 km  3:20 h  110 hm  110 hm  248

START | Buslinie: keine Busanbindung. Entfernung Rhodosstadt: 60 km. Mit dem Pkw fahren wir auf der südwestlichen Verbindungsstraße zunächst Richtung Lindos, halten uns aber rechts beim Kreisverkehr Richtung Lardos und im Ort rechts Richtung Laerma. In Laerma angekommen, führt links eine Stichstraße Richtung Moni Thari vorbei an der Kirche zu einem Parkplatz. Geokoordinaten: [GPS: N36° 9,229 O27° 56,137].
CHARAKTER | Einfache Wanderung und einfache Orientierung im Gelände.

Durch die unberührte Natur von Rhodos führt die Wanderung über einen Bachlauf, durch Wälder und Felder, zur idyllisch gelegene Elpida Ranch. Ponys, Pferde, ein Esel und ein kleiner Zoo warten darauf entdeckt zu werden. Weiter geht es zum Legenden umworbenen Kloster Moni Thari. Es wird erzählt von einer byzantinischen Prinzessin, die in der heilenden Natur von einer tödlichen Krankheit geheilt wurde. Als Dank gründete sie im 12. Jahrhundert das Kloster, welches ihren Namen trägt. Zurück geht es auf der wenig befahrenen Asphaltstraße durch Olivenhaine, Eukalyptusbäume, Feigenbäumen und an einer Kapelle vorbei.

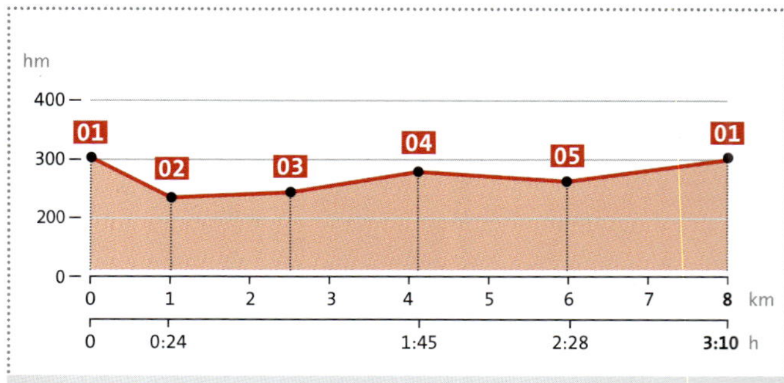

01 Start und Ziel Laerma 303 m; 02 Weg mündet 239 m; 03 Elpida Ranch 226 m; 04 Kloster Moni Thari 278 m; 05 Kapelle 261 m

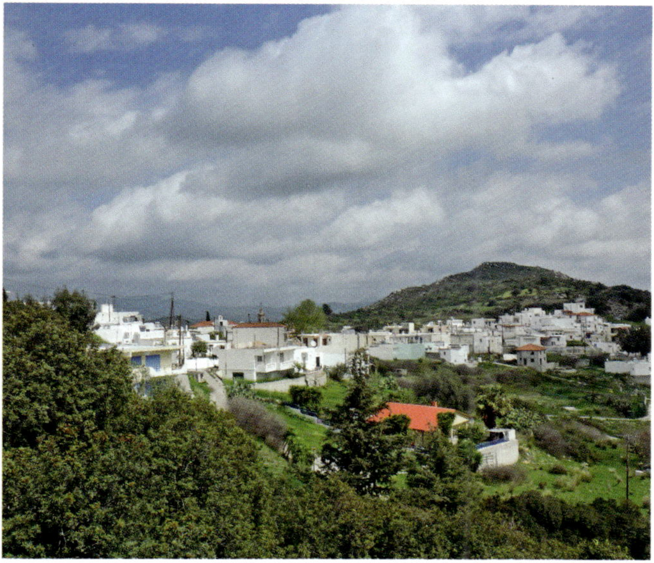

Blick auf Laerma

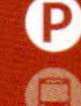
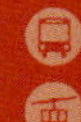
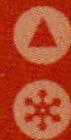
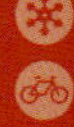

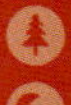

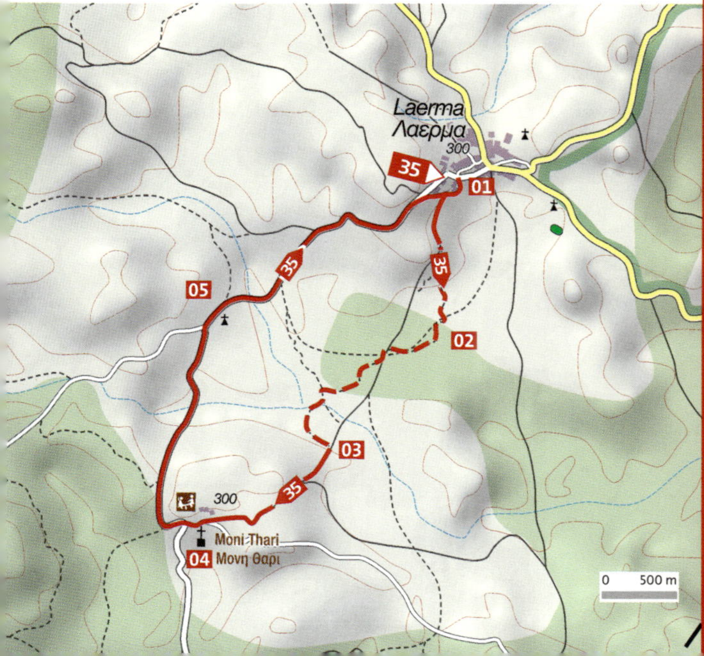

Laerma
Λαερμα
300
35
01
35
35
05
02
03
35
300
Moni Thari
04 Μονη Θαρι
0 500 m

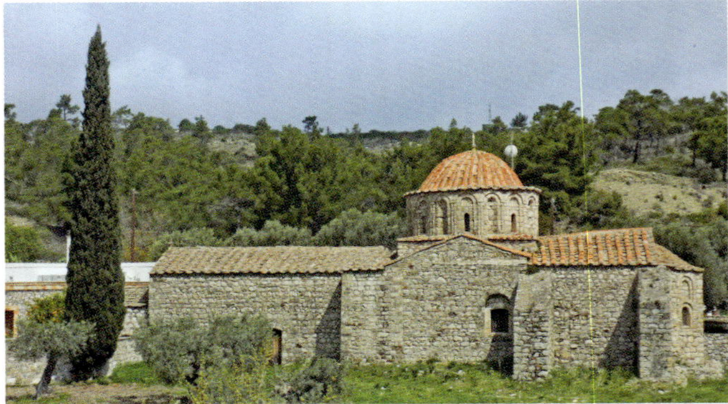
Kloster Moni Thari

▶ Vom **01 Start und Ziel** in Laerma (303 m) gehen wir vom Parkplatz auf der ortsauswärtsführenden Asphaltstraße. 70 m nach der ersten Rechtskehre verlassen wir die Asphaltstraße nach halb links auf die bergab führende Asphaltstraße, verlassen diese in der folgenden Linkskehre gerade aus auf die Schotterpiste. Die Piste gabelt sich, wir gehen halb rechts weiter bergab auf die einzeln stehenden Kiefern zu.

Der **02 Weg mündet** (239 m) in eine weitere Schotterpiste. 100 m hinter einem Schrottauto endet die Piste, während wir rechts weitergehen. Nach 300 m entlang des militärischen Sicherheitszaun endet auch diese Piste. Wir gehen links und nach 80 m sofort wieder rechts, überqueren das Flussbett und erreichen die Koppeln der **03 Elpida Ranch** (226 m).

Ab Sommer 2018 kann man auch dort Erfrischungen und Snacks kaufen. Auf der idyllisch in der Natur liegenden Ranch dreht sich alles um Reiten, Bogenschießen und organisierte Wanderungen. Wir gehen auf der weiterführenden, breit ausgebauten Schotterpiste durch einen lichten Wald und erreichen nach 2,5 km das **04 Kloster Moni Thari** (278 m) – das sich idyllisch gelegen in einem Kiefernwald befindet. Früher verlassen, wird das Kloster seit einigen Jahren wieder von einer Klostergemeinschaft betrieben. Vom großen Parkplatz verlassen wir das Kloster auf der halb rechts bergauf führenden Asphaltstraße, eine Allee mit Eukalyptusbäumen. Auf dem Rückweg geht es idyllisch durch Olivenhaine und vorbei an einer **05 Kapelle** (261 m). Kurz später überqueren wir ein Flussbett, der Weg steigt an und wir erreichen Laerma.

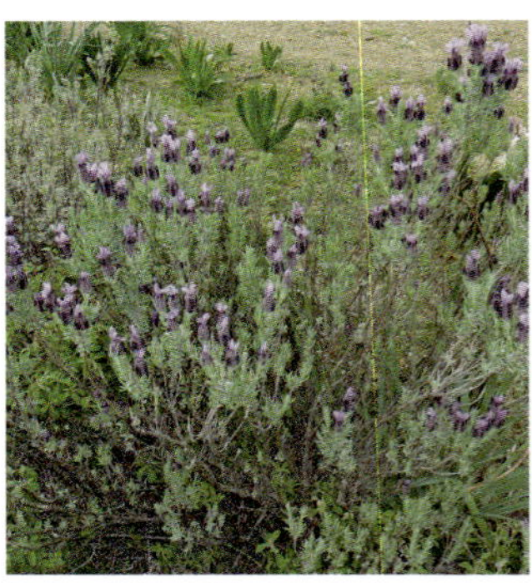
Lavendel am Wegesrand

AKRAMITIES • 823 m

Über versteckte Hochebenen wird der dritthöchste Gipfel der Insel bestiegen

  9,8 km 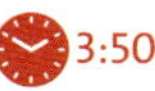 3:50 h 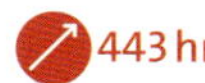 443 hm 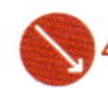 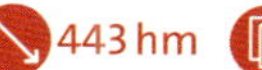 443 hm 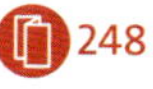 248

START | Isidoros – Siana fährt einmal wochentags um 13:30 und am darauffolgenden Tag um 6:20 zurück: Entfernung Rhodos-stadt: 66 km. Mit dem Pkw fahren wir auf der nordwestlichen Küstenstraße, um 1 km hinter dem Dorf Siana links am Friedhof zu parken. Geokoordinaten: 36.151150 27.767650.
Geokoordinaten: [GPS: N36° 9,028 O27° 46,039].
CHARAKTER | Auf der mittelschweren Wanderung ist etwas Orientierungssinn notwendig. Kennzeichnung: rote und blaue Punkte und Steinmännchen.

Im Südwesten der Insel Rhodos erhebt sich ein beeindruckendes Felsmassiv mit seinem 823 m hohen Gipfel dem Akramities, der dritthöchste Berg der Insel. Der Aufstieg schlängelt sich durch einen mystischen Zedernwald. Vom Gipfel ergeben sich dann atemberaubende Ausblicke herüber zu dem nördlich liegenden Attaviros Gebirge, der westlich liegenden Ägäis, den vorgelagerten Inseln sowie über die südwestliche Spitze von Rhodos. Der Rückweg geht entlang idyllisch gelegener Hochebenen, eingebettet zwischen Felsbändern. Die Summe der aufgestellten Steinmännchen zeugt von einer sehr oft begangenen Route, erlaubt aber auch eine einfache Navigation im Gelände.

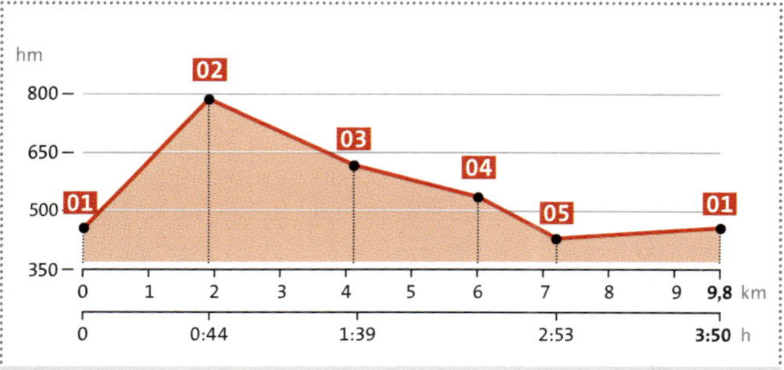

01 Start und Ziel 436 m; 02 Akramities 823 m; 03 Bergwiesen 614 m; 04 Aussichtspunkt 535 m; 05 Straße 377 m

Akramities bei Sonnenuntergang

▶ Vom 01 **Start und Ziel** (436 m) am Friedhof laufen wir auf der Straße 70 m Richtung Siana zurück, um dann links auf der Schotterpiste ein kurzes Stück bergauf zu gehen und dann längs entlang des Ziegenzauns durch das Ziegengatter auf den bergauf steigenden Pfad zu gelangen. Ein Wirrwarr von Ziegenpfaden macht die Orientierung nicht einfach, aber rote Punkte und Steinmännchen helfen bei der Navigation durch den mystischen Zedernwald. Kurzfristig lichtet sich der Wald und wir gehen im freien Gelände, bis wir dann in einem Mischwald aus Zedern und Pinien weiter bergauf wandern. Schon bald können wir rechts oberhalb am Gipfelgrat des Akramities die Ruine des Feuerwachthauses ausmachen.

Wir erreichen eine Einsattelung, links herunter führt der Abstieg, während wir halb rechts unterhalb des Gipfelgrats, vorbei an der Ruine, bis zur betonierten Säule am Gipfel des 02 **Akramities** (823 m) aufsteigen. Es ergibt sich ein fantastischer 360°-Rundblick. Besonders spektakulär ist der Blick Richtung Westen, hier fallen die steilen Felswände 500 m senkrecht zu unterhalb liegenden Feldern ab.

Wir gehen zunächst bis zur Einsattelung zurück, übersteigen diese bei dem Steinmännchen und folgen auf der Hochebene den südwestlich verlaufenden Pfad. Wir queren ein Schatten spendendes Waldstück und kommen vorbei an der Kapelle Agios Ioannis. Kurz nach einer mächtigen Linie gabelt sich der Pfad, wir entscheiden uns für den rechten Abzweiger – gekennzeichnet durch ein gelbes Schild und Steinmännchen. Nach einem kurzen Abstieg erreichen wir ein weiteres Hochtal, hier endet der Pfad und wir gehen links auf dem anschließenden. Im weiteren Verlauf kommen wir an einer Ruine und einer großen freien Fläche mit 03 **Bergwiesen** (614 m) vorbei. Bei einer Feuerstelle und einem Steinmann halten wir

uns auf dem Pfad geradeaus und gehen nicht links. Wir wandern durch dichten Wald – willkommener Schattenspender in heißen Sommermonaten. Der Pfad führt entlang einer Steinmauer und bei Ruinen erreichen wir abermals eine Lichtung.
Schlussendlich queren wir bei einem Durchbruch die Steinmauer und gehen halb links, nun leicht bergauf. Der Pfad steigt in kurzen Kehren an, wir überschreiten den Bergrücken und erreichen einen **04 Aussichtspunkt** (535 m). Weit schweift der Blick über den 18 km langen Strand an der Südwestküste von Rhodos.
Zugleich beginnen wir mit dem Abstieg. Auf einem alten Zugangspfad zu den fruchtbaren Hochebenen geht es gen Tal. Kurz vor der schon hörbaren **05 Straße** (377 m) mündet unser Abstieg in einen weiteren Pfad, wir gehen rechts bis zur Straße herunter und folgen dort der Asphaltstraße, links leicht bergauf, bis zum Ausgangspunkt.

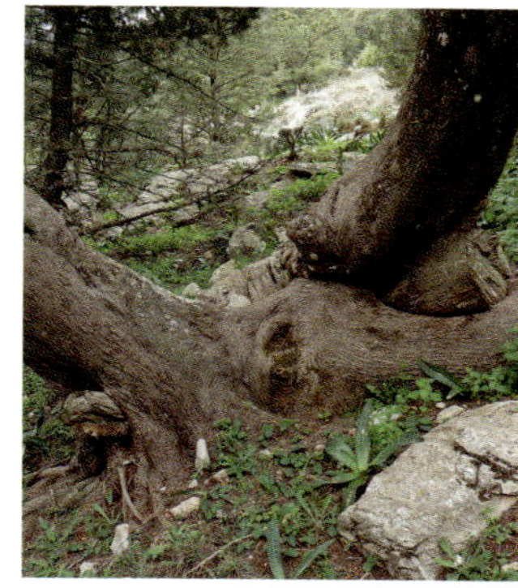
Mystische Zedernbäume

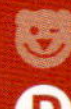
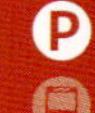
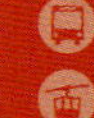

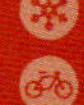
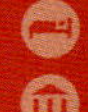
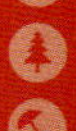

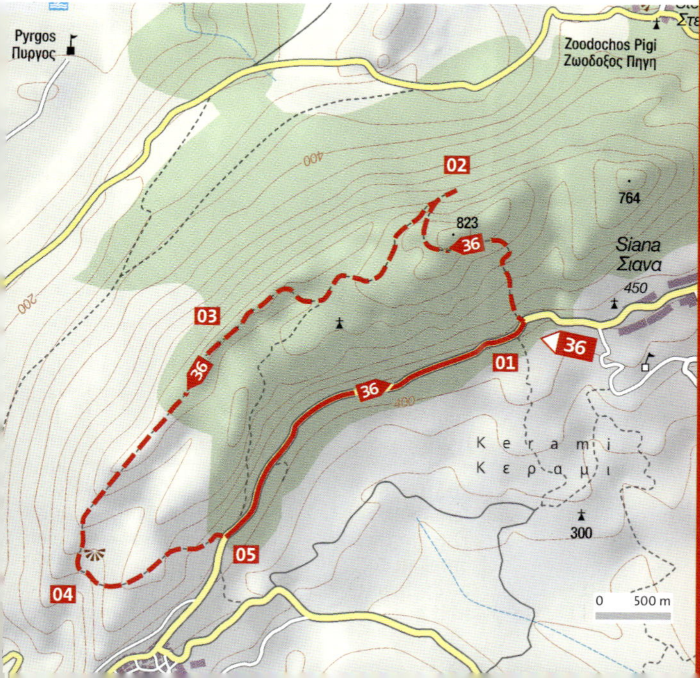

DIMILIA • 640 m

Ein unbekannter Gipfel, aber immerhin die fünfthöchste Erhebung der Insel

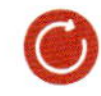 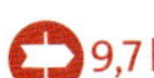 9,7 km  3:50 h  317 hm 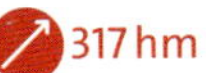 317 hm 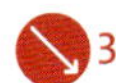 248 

START | Buslinie RODA: nur wochentags und samstags zweitägliche Verbindungen RHODES – APOLLONA – DIMILIA – ELEOUSA – PLATANIA. Entfernung Rhodosstadt: 42 km. Mit dem Pkw fahren wir auf der südwestlichen Küstenstraße Richtung Lindos, biegen aber bereits in Kolymbia Richtung Elousa und Appolona ab. 2,7 km nach einem Kreisverkehr im Nichts erreichen wir auf der rechten Seite eine Kapelle, auf dem Vorhof lässt sich gut parken. Geokoordinaten: [GPS: N36° 15,253 O27° 58,897].
CHARAKTER | Mittelschwere Wanderung und einfache Navigation.

Fernab jeglicher touristischer Infrastruktur wandern wir auf abgelegenen Wanderwegen. Die waldreiche Strecke führt vorbei an Quellen, alten Terrassenfeldern und Ruinen. Es ergeben sich imposante Ausblicke auf die nordwestliche Küste von Rhodos, den vierthöchsten Berg der Insel dem Profitis Illias und das Attaviros Gebirge mit dem zweitgrößten und höchsten Berg der Insel. In der sanft hügligen Landschaft rund um den Gipfel des Dimilia ist das Wandern, im Einklang mit der Natur, ein wahrer Genuss.

▶ Vom 01 **Start und Ziel an der Kapelle Saint Thomas** (328 m) wandern wir 1,3 km auf der Ver-

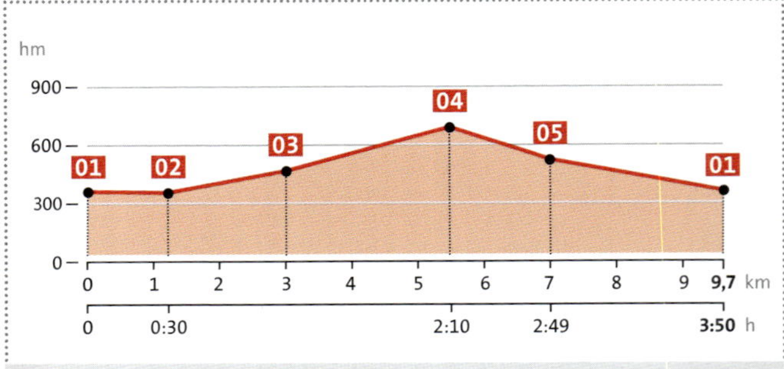

01 Start und Ziel Kapelle Saint Thomas 328 m; 02 Verbindungsstraße 322 m; 03 wegloser Aufstieg 447 m; 04 Dimilia 640 m; 05 Schotterpiste 516 m

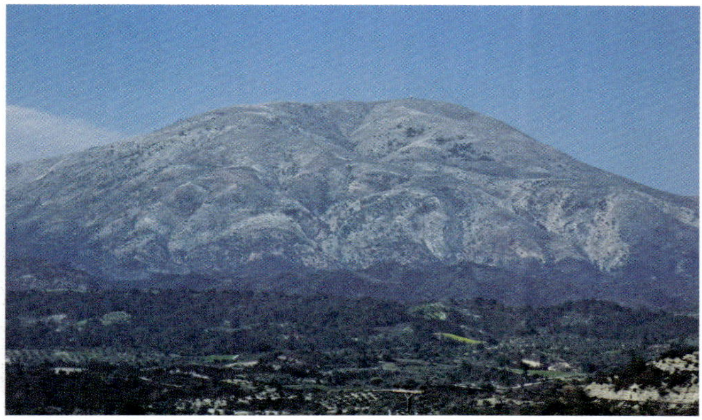

Blick auf den Attaviros

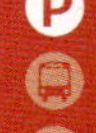

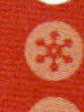

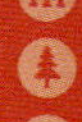

bindungsstraße von Appolona Richtung Eleousa. Dort treffen wir in einer Linkskehre auf ein Verkehrsschild – Achtung Rechtskurve –, hier gehen wir scharf links in die Schotterpiste, die ein Stoppschild zur Hauptstraße hat. Hier verlassen wir die **02 Verbindungsstraße** (322 m). Blickt man vom leicht ansteigenden Weg Richtung Südwesten, so hat man eine atemberaubende Sicht auf das Attaviros-Gebirge mit dem gleichnamigen höchsten Gipfel der Insel. Der Weg schraubt sich in Kehren bergauf, kurzfristig laufen wir parallel zu den Masten einer Stromleitung. Wir treffen auf eine Ruine, eine Quelle und kurz dahinter auf die Überreste von rechts im Hang an gelegten Terrassenfeldern. Hier beginnt unser **03 wegloser Aufstieg** (447 m) – auch markiert durch ein Steinmännchen – immer

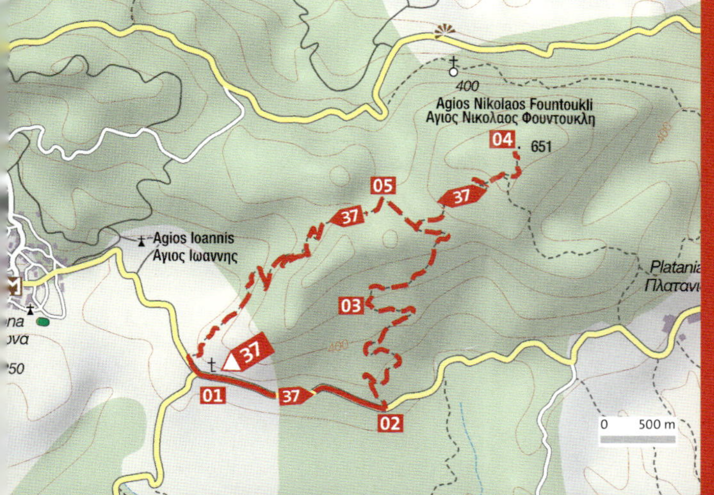

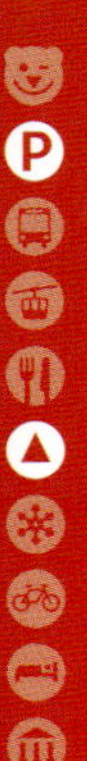

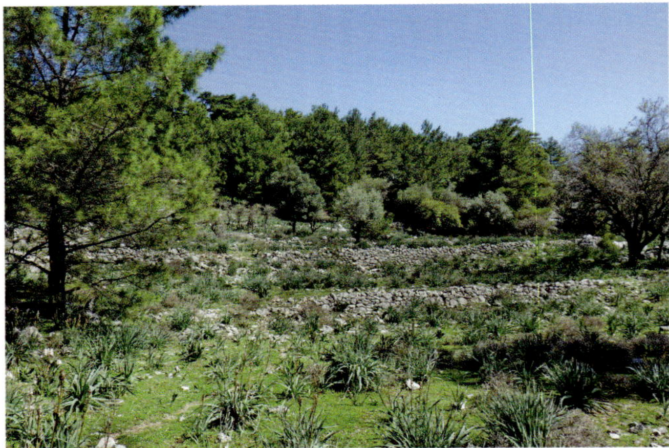

Aufstieg über Terrassenfelder

entlang an den Überresten einer Steinmauer, am linken Rand der Terrassen. Bei einem 3 × 4 m großen Felsen verliert sich die Steinmauer, wir gehen aber die eingeschlagene Wegrichtung weiter bergauf und erreichen eine Schotterpiste. Weiter geht es rechts bergauf, vorbei an einem alten Wasserauffangbecken, durch eine Felsöffnung und bei einem großen Wassertank endet die Schotterpiste. Als nächstes gehen wir rechts bergauf auf der Asphaltstraße, bis 50 m vor zwei Betonpfosten, hier gehen wir links in die Schotterpiste und entlang an den Überresten eines Maschendrahtzauns. Am Ende des Zauns ist rechts ein Durchlass bis zum Gipfel des **04 Dimilia** (640 m). Leider wird das Gipfelglück etwas durch die naturverschandelten Funkmasten gestört. Geht man jedoch zurück bis zum Durchlass am Zaun, so erreicht man rechts eine Ebene und einen sehr schönen Aussichtspunkt über die nordwestliche Küste von Rhodos.

Wir gehen auf der Asphaltstraße zurück, um 300 m hinter dem Wassertank, bei Bienenkörben, links auf der bergabführenden **05 Schotterpiste** (516 m) weiterzu wandern. Durch einen wildromantischen Wald geht es entlang eines Bachlaufes und vorbei an einem künstlerisch gestalteten Ziegenhaus. Unsere Piste mündet in eine weitere Forstpiste, während wir uns links halten. Im weiteren Verlauf lichtet sich der Kiefernwald, wir erreichen Olivenhaine und gehen bei der Asphaltstraße links zur Kapelle zurück.

Blick vom Dimilia Richtung Osten

KLOSTER PANAGIA PARAMYTIAS MASSARON

Zu einem Aussichtspunkt oberhalb Gadoura-Stausee

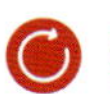 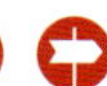 11,3 km 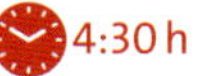 4:30 h 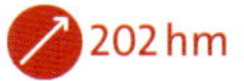 202 hm  202 hm  248

START | Buslinie: keine Busanbindung. Entfernung Rhodosstadt:41 km. Mit dem Pkw fahren wir auf der südwestlichen Küstenstraße Richtung Lindos, um 950 m hinter dem Kreisverkehr Richtung Masari halb rechts auf die alte Nationalstraße abzubiegen. Bei einer Kapelle mit hellblauem Dach queren wir auf einer Brücke das erste Mal ein Flussbett und vor der nächsten Brücke biegen wir rechts ab, um nach 1,3 km, wo sich die Straße gabelt, zu parken. Geokoordinaten: [GPS: N36° 9,017 O28° 2,162].
CHARAKTER | Mittelschwere Wanderung und einfache Orientierung im Gelände.

Die Wanderung führt durch endliche bewaldete Hügelketten, vorbei an einem Kloster und über einen Höhenweg zu einem schönen Aussichtspunkt oberhalb des Gadoura Staudamms. Als Reaktion auf die globale Erwärmung möchte Rhodos dem zu erwartenden Problem einer Unterversorgung des Wasserhaushaltes entgegentreten. Das Projekt eines Staudamms und somit die Rückhaltung des kostbaren Grundwassers – zuvor floss das Regenwasser ungenützt ins Meer – war somit die einzig richtige Alternative. So wurde mit der Fertigstellung des Staudamms eines der größten

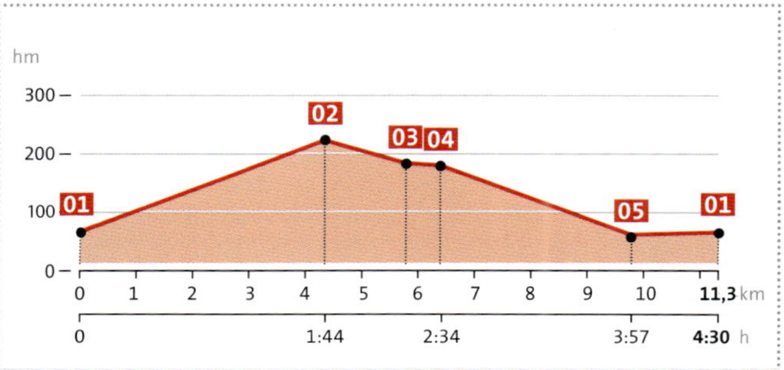

01 Start und Ziel 57 m; 02 links bergauf 211 m; 03 Hauptweg nach rechts verlassen 179 m; 04 Aussichtspunkt 177 m; 05 Zugang zum Fluss 46 m

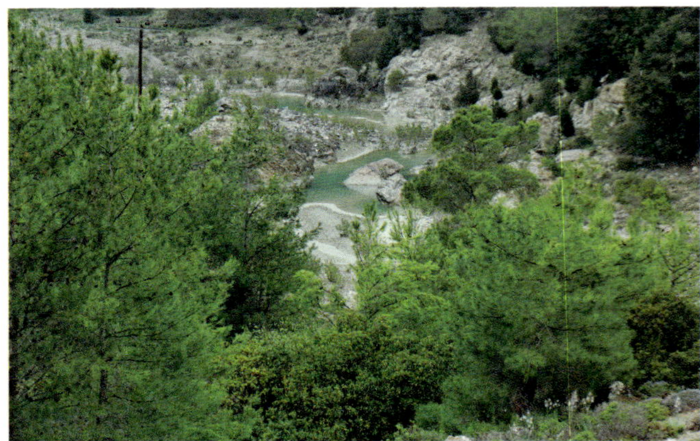
Der Abfluss vom Staudamm

Bauvorhaben in der Ägäis umgesetzt. Der Weg bis zum Ausgangspunkt läuft parallel zu einem Flussbett, idyllisch eingebettet zwischen Felsen und mit Oleanderbüschen.

Tipp

In den vielen Gumpen im Flussbett kann man sich in heißen Sommermonaten erfrischen.

▶ Vom 01 **Start und Ziel** (57 m) an der Weggabelung gehen wir links bergauf auf der Asphaltstraße – da es sehr steil ist, sind einige Stücke betoniert – und erreichen das Kloster Panagia Paramytias Massaron, versteckt und einsam gelegen in den sanften Hügelketten im mittleren Osten der Insel. Durch die Pforte verlassen wir die Anlage rechts an einer Mauer entlang und abermals rechts an der Kapelle vorbei auf der Schotterpiste bergan. Einen Abzweiger nach links ignorieren wir, inzwischen wandern wir auf einer extrem gerölligen Piste. Auf Höhe der Strommasten lassen wir einen Abzweiger nach links liegen, passieren ein eingezäuntes Haus und bei einer verfallenen Ziegenhaltung endet unser Weg, wir gehen 02 **links bergauf** (211 m). Wir erreichen einen Höhenweg, er gibt den Blick frei auf die vielen kleinen Hügel, die sich wie grüne Pilze aus dem Gras erheben. Bei einer Kreuzung werden wir den 03 **Hauptweg nach rechts verlassen** (179 m) und lassen den halb links abführenden Arm liegen. Nach der Umrundung des rechts von uns liegenden Bergrückens erreichen wir einen schönen 04 **Aussichtspunkt** (177 m) auf den Staudamm. Ist der Stausee bis zum Rand gefüllt, so hat er eine Kapazität von 65,000.000 m³ Wasser, das über eine Pipeline nach Rhodosstadt transportiert wird. Der Staudamm befindet sich zwischen der Wasserscheide des Attaviros-Gebirge und dem Berg Profitis Ilias und wird dementsprechend durch die vielen kleinen Flüsse gespeist, die in dem Tal zusammenkommen,

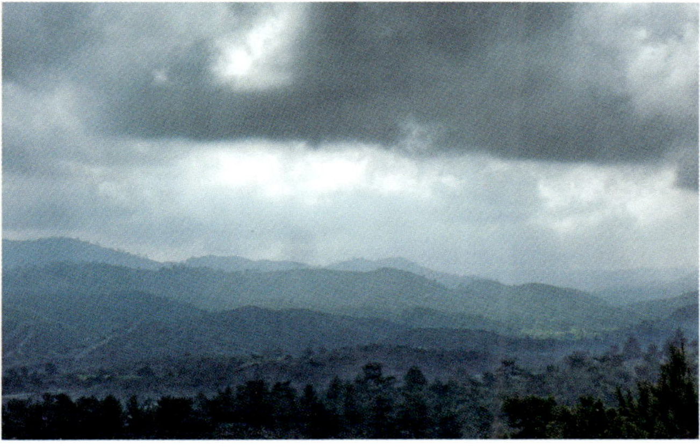

Sanfte Hügelwellen bis zum Horizont

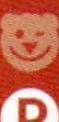
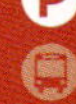
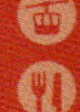

die aber nur im Winter und Frühjahr Wasser führen und im Sommer meist ausgetrocknet sind. Auf dem weiterführenden Weg treffen wir auf einen Abzweiger nach scharf links, diesen lassen wir liegen und gehen geradeaus weiter. Bei einem rechts liegenden Olivenhain mündet eine Piste von links in unsere Hauptpiste. Wir gehen jetzt leicht erhöht über dem links von uns liegenden Abfluss vom Staudamm. Bei einem Strommast und Steinmännchen lassen wir den Abzweiger nach links liegen und gehen geradeaus weiter. Bald queren wir ein kleines Bachbett. An dieser Stelle hat man einen guten 05 **Zugang zum Fluss** (46 m) und kann sich in den Gumpen erfrischen. Die Schlucht verengt sich nun, der Weg steigt leicht an und wir erreichen unser geparktes Auto.

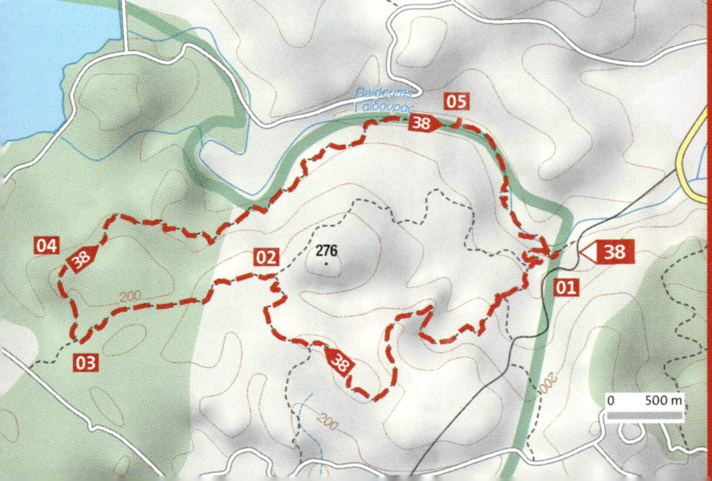

JOHANNITERBURG MONOLITHOS

Beeindruckende Momente in der Küstenlandschaft unterhalb der Johanniterburg

 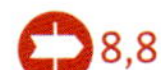 8,8 km  3:30 h 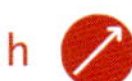 325 hm 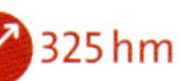 325 hm 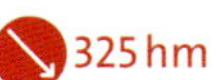  248

START | Buslinie RODA: RHODES – MONOLITHOS – AGIOS – ISIDOROS – SIANA, nur eine wöchentliche Verbindung um 13:30 Uhr. Entfernung Rhodosstadt: 71 km. Mit dem Pkw fahren wir auf der nordwestlichen Küstenstraße bis nach Monolithos, biegen bei der Kreuzung mit der Taverne Christos Corner nicht links Richtung Apolakkia, sondern fahren weitere 1,1 km geradeaus weiter, bis wir rechts neben dem Straßenrand auf dem Parkplatz parken. Geokoordinaten: [GPS: N36° 7,593 O27° 43,874].
CHARAKTER | Auf dieser mittelschweren Wanderung benötigt man guten Orientierungssinn.

Die Wanderung beginnt oberhalb der Johanniterburg Monolithos, einer alten Signalstation. Die Burg wurde auf den Grundmauern einer byzantinischen Festung errichtet und von den Johanniterrittern 1476 durch eine weitere Festungsmauer erweitert. Nach einem kurzen Aufstieg zur Burg wird man mit einem atemberaubenden Blick über die südwestliche Küste von Rhodos belohnt. Im Inneren befindet sich die schneeweiße Kapelle Agios Pandelimon. Weiter führt die Wanderung herunter zum Meer, vorbei an einer sehr kleinen Badestelle, zu einer idyllisch gelegenen Kapelle, bis der Waldweg zum Ausgangspunkt zurückführt.

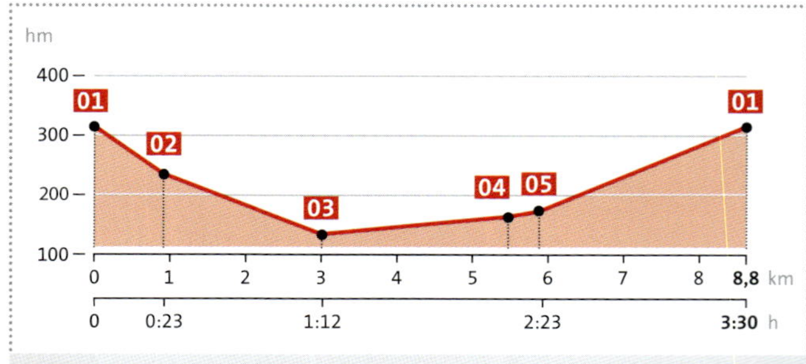

01 Start und Ziel 323 m; 02 Johanniterburg Monolithos 277 m; 03 Asphaltstraße 115 m; 04 Kapelle Agios Georgios 59 m; 05 Schlüsselstelle 69 m

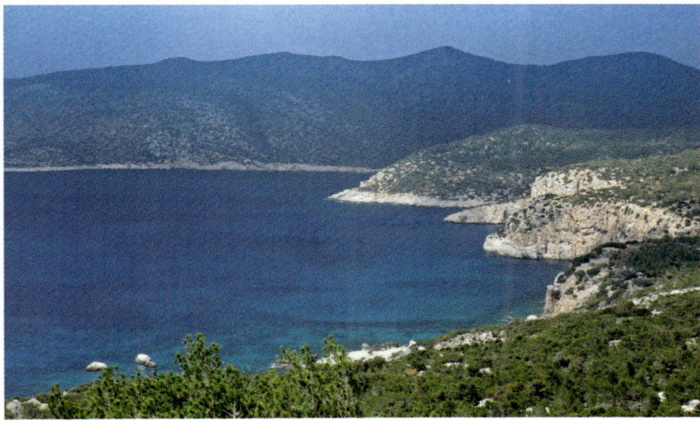

Entlang der Küste nach einem Gewitter

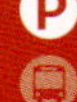
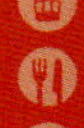
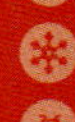

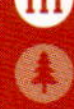

▶ Vom 01 **Start und Ziel** (304 m) gehen wir auf der weiterführenden Straße Richtung Kap Fourni und Burg. Gut 80 m hinter dem letzten Straßenladen biegt rechts ein Pfad in den Wald. Wir erreichen eine kleine Taverne und einen Parkplatz und gehen rechts die Treppen hoch, für eine kleine Besichtigung der 02 **Johanniterburg Monolithos** (277 m). Danach gehen wir abermals auf der weiterführenden Asphaltstraße, und nach der ersten Rechtskehre verlassen wir die Linkskehre auf einem bergabführenden Pfad, der nur kurz später wieder in die Asphaltstraße mündet. Wir erreichen eine kleine Betsäule, die Straße führt hier durch Felsen hindurch, an dieser Stelle verlassen wir die 03 **Asphaltstraße** (115 m) nach scharf rechts und ignorieren im weiteren Verlauf 2 Abzweiger

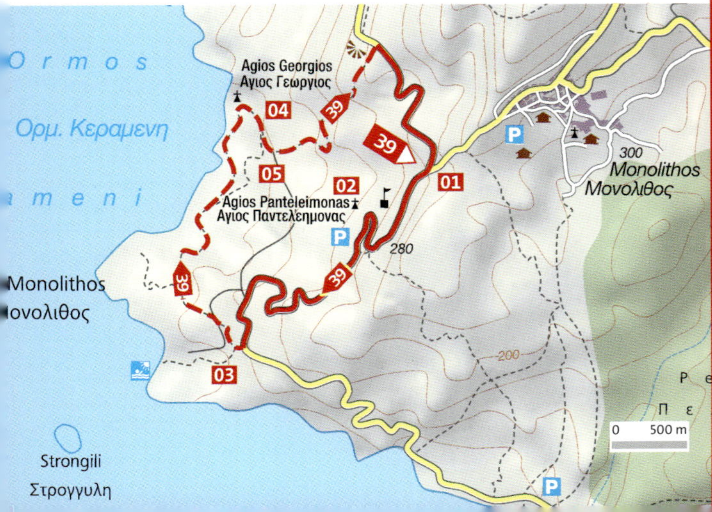

Ormos
Ορμ. Κεραμενη
Agios Georgios
Αγιος Γεωργιος
04
39
05
02
01
Agios Panteleimonas
Αγιος Παντελεημονας
P
280
300
Monolithos
Μονολιθος
Monolithos
Μονολιθος
03
200
0 500 m
Strongili
Στρογγυλη

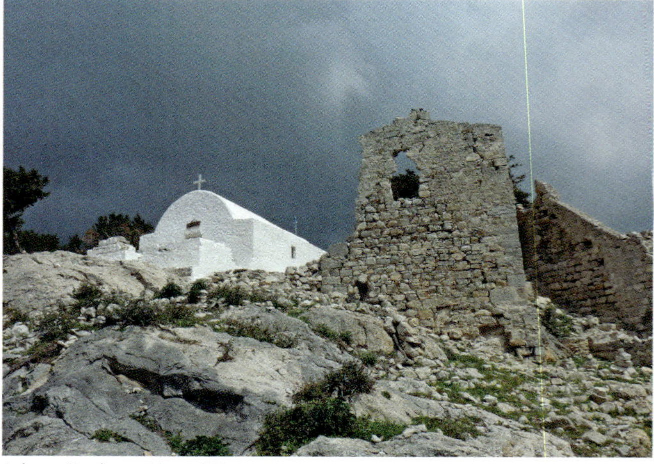

Johanniterburg Monolithos

nach links. Bei einer weiteren Betsäule verlassen wir den Hauptweg nach links und nach 200 m endet die Piste bei einer Erosionsrinne. Hier gehen wir halb links, in nordwestliche Richtung, nur leicht ansteigend durch den Hang, bis wir auf die Überreste eines Stacheldrahtzauns treffen. Ab dieser Anhöhe wandern wir Richtung Meer, am Rand einer Klippe entlang und dann steil bergab, in sehr gerölligem Gelände. Am Meer angekommen, befindet sich auf der linken Seite bei Niedrigwasser eine 3 m breite Bucht. Wir gehen nun auf der bergaufführenden Schotterpiste und erreichen die **04 Kapelle Agios Georgios** (59 m). Wir wandern weitere 340 m auf der weiterführenden Schotterpiste – gerade oberhalb von uns thront die Johanniterburg Monolithos. An dieser **05 Schlüsselstelle** (69 m) verlassen wir bei einem Steinmännchen den Hauptweg nach links. Von nun an gehen wir in einem Trockenbachbett, das sich durch eine Weitschneise zieht, leicht bergauf. Der Pfad endet vor einer oberhalb zu sehenden Höhle. Auf nun rotbraunem Gestein gehen wir scharf rechts und in der folgenden Linkskehre vorbei an Terrassenfeldern. Bei einer Ruine gehen wir links, um dann hinter einer Freifläche auf der beginnenden Schotterpiste durch den lichten Wald bergan zu gehen. Vorbei an Weinreben und Olivenbäumen zieht sich die Piste bis an die Asphaltstraße, die wir rechts bis zum geparkten Auto vorlaufen.

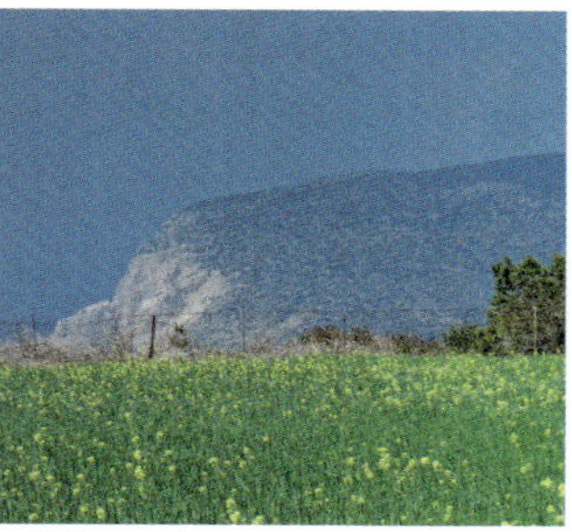

Frühlingswiesen

MONOLITHOS – KAP FOURNI – KASTELL MONOLITHOS

Zu von Menschen geschaffenen Grabkammern und einem traumhaften Strand

 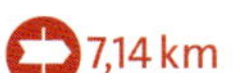  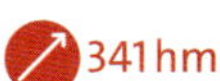 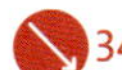 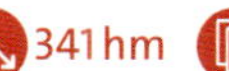 

7,14 km | 2:51 h | 341 hm | 341 hm | 248

START | Buslinie RODA: RHODES – MONOLITHOS – AGIOS ISIDOROS – SIANA, nur eine wöchentliche Verbindung um 13:30 Uhr. Entfernung Rhodosstadt: 71 km. Mit dem Pkw fahren wir auf der nordwestlichen Küstenstraße bis nach Monolithos, biegen bei der Kreuzung mit der Taverne Christos Corner nicht links Richtung Apolakkia, sondern fahren weitere 1,1 km geradeaus weiter, bis wir rechts neben dem Straßenstand auf dem Parkplatz parken. Geokoordinaten: [GPS: N36° 7,593 O27° 43,874].

CHARAKTER | Auf dieser mittelschweren Wanderung benötigt man guten Orientierungssinn. Für einen Grat, den man auch umgehen kann, benötigt man Schwindelfreiheit und Trittsicherheit.

Die Wanderung beginnt mit andauernden herrlichen Ausblicken auf die reizvolle Landschaft der Nordwestküste von Rhodos. Nach dem Abstieg erreichen wir das wunderschöne Kap Fourni und können vom Menschen geschaffene Grabkammern besichtigen, bevor wir ein erfrischendes Bad am Strand von Fourni einnehmen. Beim Aufstieg Fokus hierin wir unsere volle Konzentration auf die Wegfindung, um dann zum Schluss der Wanderung noch ein-

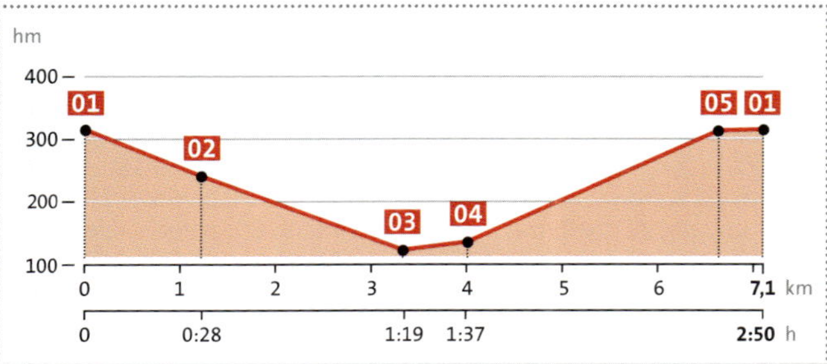

01 Start und Ziel 318 m; 02 Weggabelung 248 m; 03 Fourni Strand 3 m; 04 Schlüsselstelle 21 m; 05 Kastell Monolithos 313 m

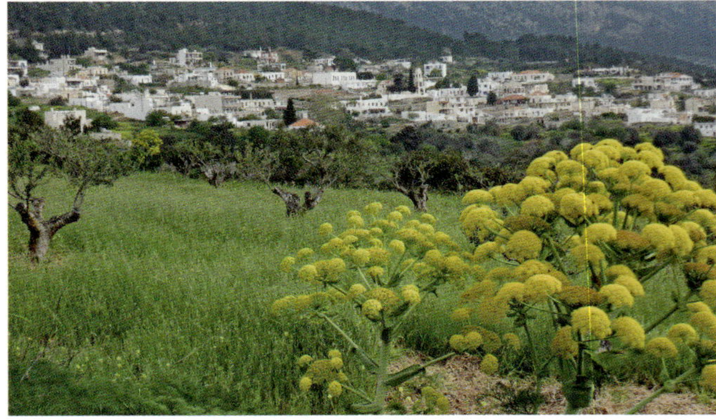

Monolithos

mal mit einem wunderschönen Ausblick auf das Kastell Monolithos belohnt zu werden.

▶ Vom **01 Start und Ziel** (323 m) gehen wir 300 m auf der Anfahrtsstraße Richtung Monolithos zurück, um auf Höhe des links stehenden Kreuzes auf einem Steinsockel rechts in die Schotterpiste zu biegen. An der folgenden Weggabelung und der Kreuzung gehen wir geradeaus bergab. Vor einem Olivenhain treffen wir auf eine **02 Weggabelung** (240 m), hier gehen wir links und nach 40 m sofort rechts an den Weinreben vorbei und auf ein Waldstück zu. Nach einem Ziegengatter führt ein Pfad über einen Bergrücken bergab. Steinmännchen helfen bei der Orientierung durch die flach gewachsenen Sträucher und den Felsen. Schon bald sehen wir unter uns die Asphaltstraße und es eröffnet sich ein umwerfender Blick auf das **03 Kap Fourni** (3 m). Über einen schmalen Grat steigt man zum Kap herunter. Wer nicht schwindelfrei ist, geht sofort rechts zum Strand herunter. Über die Reste von Felsstufen geht es

Achtung!

Der verwitterte Treppenabstieg zu den Grabkammern ist nicht ohne. Sehenswert: Kastell Monolithos – eine alte Signalstation!

ohne Geländer zu den Grabkammern herunter. An den Wänden befinden sich Inschriften, Ritzzeichen und eine Menge Ruß. Über die schmalen Felsstufen geht es wieder auf das Kap und wir gehen rechts über einen Pfad in einer großen Linkskehre zum wunderschönen Strand am Kap Fouruni. Genau 20 m hinter der beginnenden Asphaltstraße mit der Informationstafel zweigen wir in die rechts abbiegende Piste ein – die sofort zum Pfad wird – und erreichen nach 60 m eine freie Fläche. Hier folgen wir weiteren 80 m den Steinmännchen zum Anfang einer weiteren freien Fläche. Wir haben eine **04 Schlüsselstelle** (21 m) erreicht. Hier gehen wir scharf rechts auf einem weiteren Pfad, auch markiert durch zwei aufeinanderfolgende Steinmännchen – rechts unterhalb sehen wir den Strand von Fourni. Wir treffen auf zwei nebeneinanderstehende Steinmännchen, an dieser Stelle verlassen wir den Pfad und gehen scharf links, steigen leicht bergauf, weglos und quer im Hang, bis wir ein weiteres Steinmännchen sehen. Nun queren wir nur noch den Hang – wir steigen nicht weiter auf –, es geht unter einer großen Pinie hindurch bis hin zu einer stark erodierten Fläche. Auf dieser beginnenden Piste steigen wir nun rechts bergauf. Es folgt ein langes Stück bergauf, bis die Piste endet und wir links weiter auf der zunächst ebenerdigen Piste wandern. Das Landschaftsbild hat sich geändert, die Büsche haben wir hinter uns gelassen, wir laufen jetzt durch einen sehr lichten Wald. Unterhalb einer mächtigen Pinie zweigt rechts eine Schotterpiste ab, während wir geradeaus weitergehen und die Asphaltstraße erreichen. Wir gehen rechts bergauf Richtung des geparkten Pkw und schon nach einigen Metern kann man links das **05** **Kastell Monolithos** (313 m) sehen.

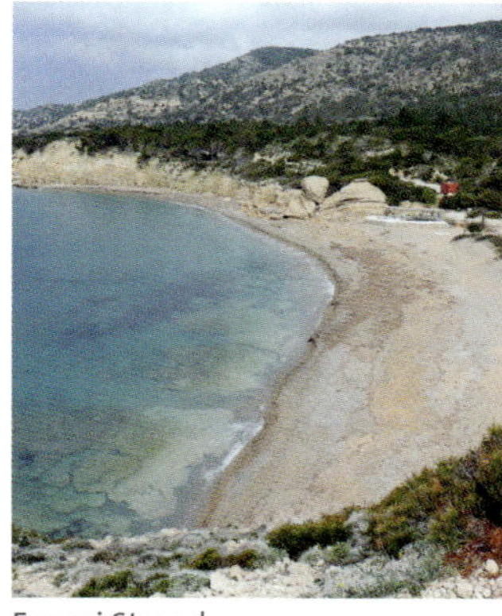

Fourni Strand

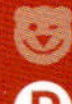

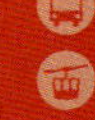
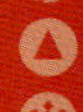

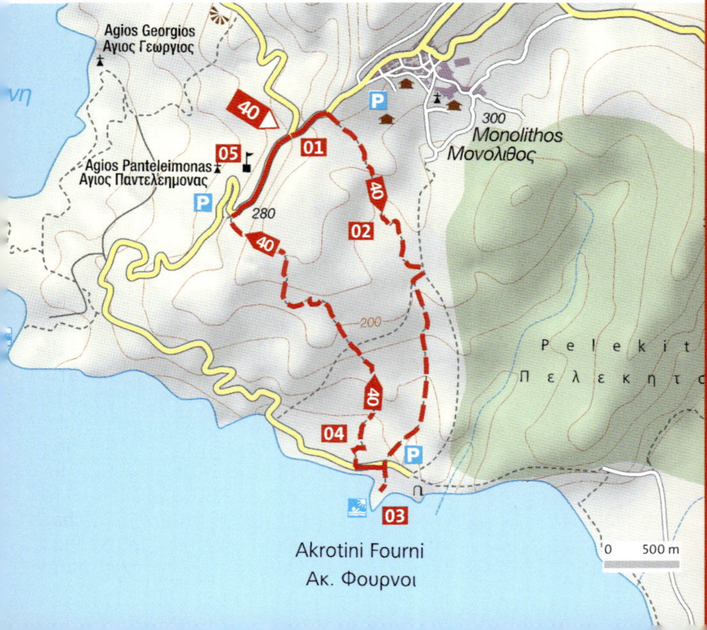

MARMARI • 453 m

Wanderung mit einer luftigen Kletterpartie unterhalb des Gipfels

  6,8 km 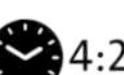 4:25 h 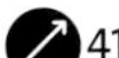 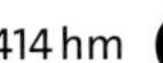 414 hm 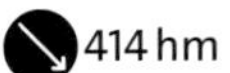 414 hm 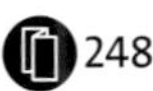 248

START | Buslinie KTEL: RHODES – LINDOS, mehrere Verbindungen täglich. Entfernung Rhodosstadt: 41 km. Mit dem Pkw fahren wir auf der südwestlichen Küstenstraße bis zum Kreisverkehr, wo es geradeaus Richtung Lindos und rechts Richtung Lardos geht. 210 m hinter dem Kreisverkehr fährt man rechts in die Piste, um dort zu parken.
Geokoordinaten: [GPS: N36° 6,674 O28° 3,381].
CHARAKTER | Schwere Wanderung, die Klettererfahrung und einen guten Orientierungssinn voraussetzt. Trittsicherheit und Schwindelfreiheit sind ein Muss.

Diese Tour beschreibt die kletterreichste Wanderung aus dem Führer. In einer der trockensten Regionen von Rhodos geht es zunächst gemütlich durch ein Hochtal und einem beeindruckenden Kerbeichenwald. Die Gemütlichkeit nimmt ein jähes Ende bei einem Felsen am Wegrand. Der Puls schraubt sich hinauf, wie die 220 Höhenmeter durch eine senkrechte Wand. Angekommen am Gipfel, bremst der Puls sich wieder ein und wir genießen die atemberaubende Aussicht. Der Abstieg erfolgt über einen 3 km langen Bergrücken mit einer weiteren Kletter-

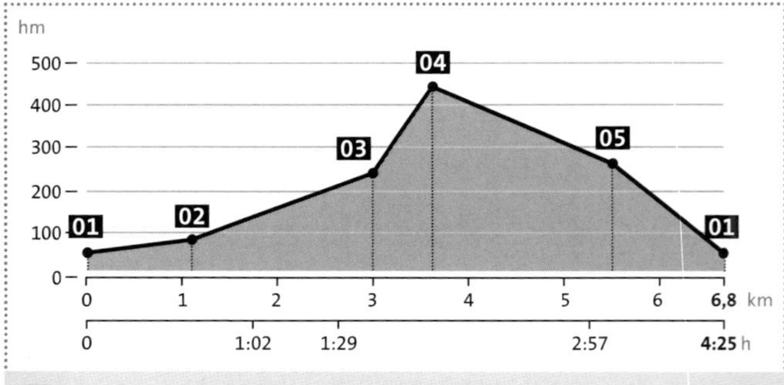

01 Start und Ziel 48 m; **02** Hauptweg 75 m; **03** Aufstieg 220 m; **04** Gipfel Marmari 457 m ; **05** Ruinen 286 m

passage. Definitiv eine Tour für den aktiven Wanderer und Kletterer, der sich einmal so richtig auspowern möchte.

▶ Vom **01 Start und Ziel** (48 m) queren wir die Anfahrtsstraße in die gegenüberliegende Schotterpiste. Bei dem einzeln stehenden Haus gehen wir in direkter Verlängerung der Grundstücksmauer weglos durch das Trockenbachbett und treffen auf ein weiteres Trockenbachbett, in diesem gehen wir bis zu einer Schotterpiste vor. Dieser Piste folgen wir aber nur 50 m rechts, um dann dem Pfad, entlang des Zaunes, bis zu seinem oberen Ende zu folgen. Wir gehen noch 10 m um den Zaun links herum und dann rechts durch den Olivenhain, nun immer geradeau,s bis zu einer kreisrunden Ruine. Von dort gehen wir halb links, Richtung eines Olivenhaines, der auf der anderen Talseite steht. Wir

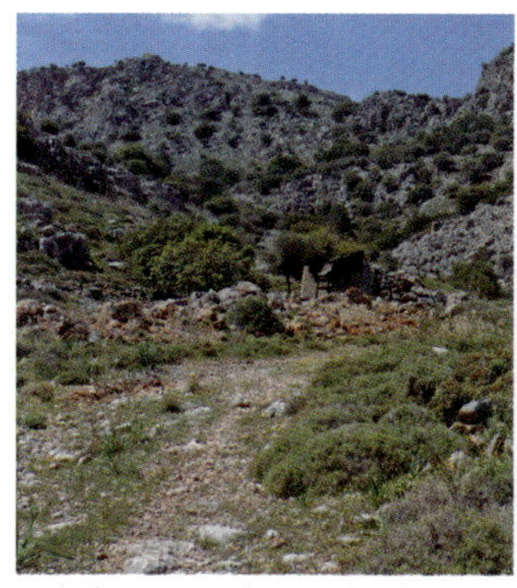

Wanderweg in das Hochtal

überqueren das Trockenbachbett und gehen nun rechts auf dem **02 Hauptweg** (75 m) taleinwärts. Bei einer besonders großen Kiefer und einer Holzbaracke gehen wir an der Weggabelung halb rechts und kommen im weiteren Verlauf an einer Höhle vorbei. Aus der Piste wird ein Pfad,

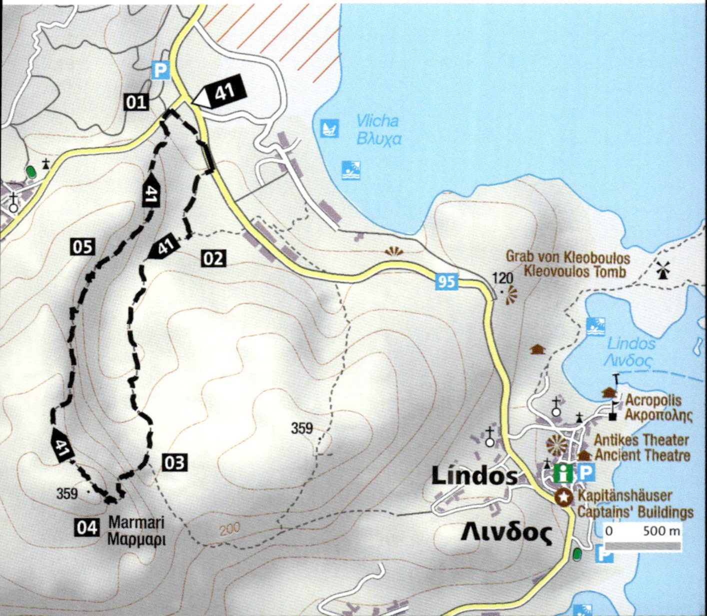

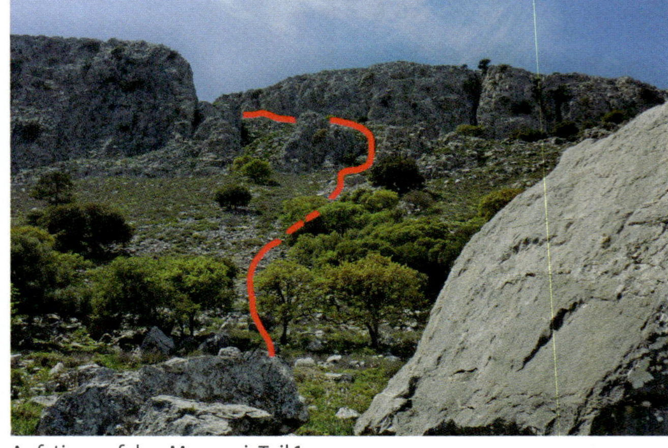

Aufstieg auf den Marmari, Teil 1

Steinmännchen helfen bei der Orientierung. Wir laufen durch einen Kerbeichenwald bis zu einem riesigen Felsen, der direkt am Pfad liegt. Hier beginnt der **03 Aufstieg** (220 m). Direkt rechts oberhalb von uns befindet sich der Gipfel. Gehen wir nun rechts weglos, treffen wir nach 50 m auf ein Schotterfeld, das zunehmend steiler wird und dann durch eine schmale Rinne auf ein vorgelagertes Plateau führt. Das letzte Stück durch die Rinne ist extrem steil und Büsche erschweren das Weiterkommen. Auf dem Plateau angekommen, gehen wir zunächst links bis zur einer Einsattelung hoch. Dann sehen wir schon eine Felsrinne, die schräg bis unter den **04 Gipfel Marmari** (457 m) aufsteigt. Die Aussicht vom Gipfel ist atemberaubend! Der Abstieg geht in nordwestliche Richtung eines einzelstehenden Baums. Wir treffen auf einen längslaufenden Zaun und folgen diesem nach rechts, bei einem Durchschlupf gehen wir auf der anderen Seite weiter. Wir überqueren eine Anhöhe und können bereits auf dem vor uns liegenden Hügel einen Steinwall ausmachen. 50 m rechts neben dem Steinwall befindet sich der Abstieg und wir erreichen eine kleine Talfläche mit rotem Untergrund. Wir gehen nun direkt auf einen Felsen zu, rechts befindet sich eine Rinne zum Talboden. Hier gehen wir nur 10 m links, um dann rechts, komplett weglos, auf diesen Felsen aufzusteigen. Oberhalb befinden sich **05 Ruinen** (286 m). Wir steigen wieder zum Bergrücken herunter und kommen an Ruinen vorbei, die unterhalb von uns liegen. Vor uns befindet sich eine in den Boden gelassene Befestigungsmauer, rechts neben dieser Mauer steigen wir noch einmal steil bis zur Hauptstraße ab.

Tipp

Aufgrund des Buschwerks beim Aufstieg sind lange Hosen von Vorteil.

VLIHA – MARMARI II • 359 m

Durchquerung des Marmari-Bergmassivs bei Lindos

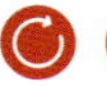  6,7 km 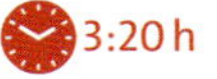 3:20 h 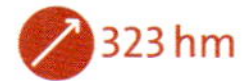 323 hm  323 hm  248

START | Buslinie KTEL: RHODES – LINDOS, mehrere Verbindungen täglich. Entfernung Rhodosstadt: 44 km. Mit dem Pkw fahren wir auf der südwestlichen Küstenstraße bis zum Kreisverkehr, wo es geradeaus Richtung Lindos und rechts Richtung Lardos geht. Weitere 1,1 km geradeaus hinter dem Kreisverkehr parken wir das Auto auf der gegenüberliegenden Seite von einer hölzernen Bushaltestelle.
Geokoordinaten: [GPS: N36° 6,276 O28° 3,798].
CHARAKTER | Mittelschwere Wanderung, die einen guten Orientierungssinn benötigt.

Zwischen den Touristenhochburgen Lindos, Vlycha und Pefki befindet sich das landschaftsprägende Gebirgsmassiv Marmari, mit seinem gleichnamigen Gipfel. Schon hinter der Hauptstraße lassen wir jegliche touristische Infrastruktur hinter uns. Nach dem Aufstieg durch eine Schlucht verläuft die Strecke durch karges Bergland bis zum Gipfel. Vorbei an den Überresten einer landwirtschaftlichen Siedlung führt der Weg entlang von bis zu 200 m steil aufragenden Felswänden. Auf den folgenden Bergwiesen geht es durch gewaltige Felsbrocken in einem faszinierenden Hochtal mit Kerbeichen. Beeindruckende Momente in großartiger Landschaft.

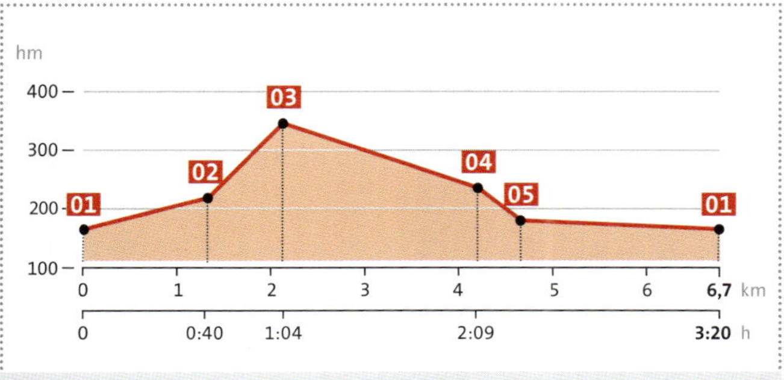

01 Start und Ziel 62 m; 02 Aufstieg 193 m; 03 Marmari II 359 m; 04 riesiger Fels 227 m; 05 Eichenwald 184 m

▶ Vom **01 Start und Ziel** (62 m) wandern wir 650 m auf der weiterführenden Straße Richtung Lindos. Noch vor einem einzeln stehenden gelben Haus gehen wir rechts in die Privatstraße, um nach 3 m links, oberhalb des Zauns, auf einem Ziegenpfad taleinwärts zu gehen. Eine Palettenburg muss umlaufen werden und wir gehen immer oberhalb des Zauns, später halb links, bis zum Trockenbachbett. Hier beginnt der **02 Aufstieg** (193 m). Wir gehen aber nicht in das Bachbett herunter, sondern immer etwas oberhalb. Dort, wo es steiler wird, gehen wir rechts an den Bäumen vorbei, auch gekennzeichnet durch Steinmännchen. Teilweise müssen die Hände zu Hilfe genommen werden. Nach einer Felsstufe kann man die Überreste von Terrassenfeldern erkennen. Wir gehen nun pfadlos und mittig über diese große Ebene, direkt auf die südlich gelegene Felswand zu. Unterhalb der Felsmauer gehen wir halb rechts Richtung einer ebenen Fläche, die mit einem Steinwall umgeben ist, und finden auch ein Steinmännchen vor. Links, also Richtung Osten, befindet sich ein Felsbruch, durch den man bequem bis zur Gipfelsäule des Berges **03 Marmari II** (359 m) aufsteigen kann. Es ergeben sich beeindruckende Fernblicke über die Ägäis sowie den Nachbargipfel des 457 m hohen Marmari. Wir gehen zunächst bis zur ebenen Fläche zurück, um sich dort Richtung Süden zu orientieren, entlang der rechten Seite des Steinwalls. Vorbei geht es noch an einer rechtsliegenden Ruine, bis wir über den Steinwall steigen. Wir gehen so lange Richtung Meer, bis wir halb rechts ein Prachtexemplar einer Kerbeiche sehen, unser nächster Navigationspunkt. Wir setzen den eingeschlagenen Weg fort und orientieren uns nun an Büschen, die 140 m weit entfernt liegen. Bei einem Steinmännchen steigen wir links über glatte Felsen 80 m auf den unterhalb liegenden Pfad ab. Wir gehen rechts und folgen dem mit Steinmännchen markierten Pfad. Vorbei geht es an den Überresten einer landwirtschaftlichen Siedlung, bis das Tal sich verengt und wir unterhalb der steil aufragenden Felsen des Berges Marmari auf einen **04 riesigen Fels** (227 m) treffen. Nur ein kurzes Stück weiter geht es durch einen beeindruckenden **05 Eichenwald** (184 m) und im weiteren Verlauf vorbei an einer Höhle. Aus dem Pfad wird wieder eine Piste, wir kommen vorbei an einer Holzbaracke und gehen weiter talauswärts bis zur Verbindungsstraße nach Lindos, wo 50 m weiter rechts der Pkw steht.

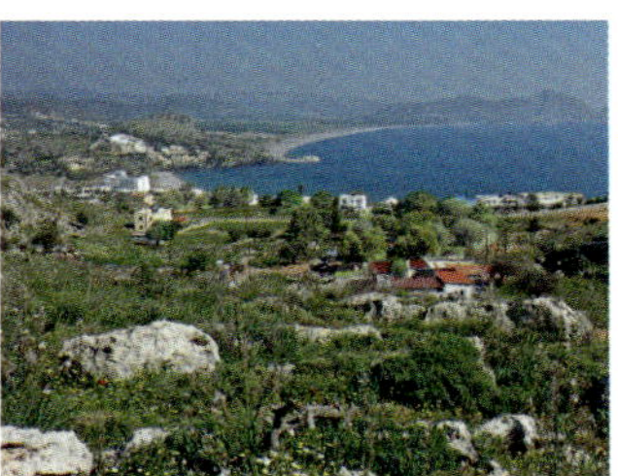

Blick Richtung Vlycha

Hinweis

Bei Nebel und Wolken kann man sich nur mittels eines GPS-Tracks orientieren, da kein Pfad und keine Kennzeichnung vorhanden sind. Sehenswertes in der Nähe: Auf jeden Fall das Dorf Lindos besuchen.

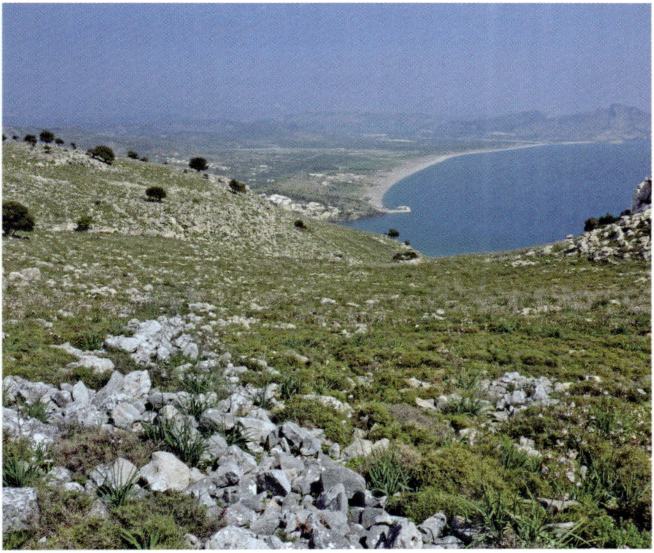

Blick zurück auf den Aufstieg

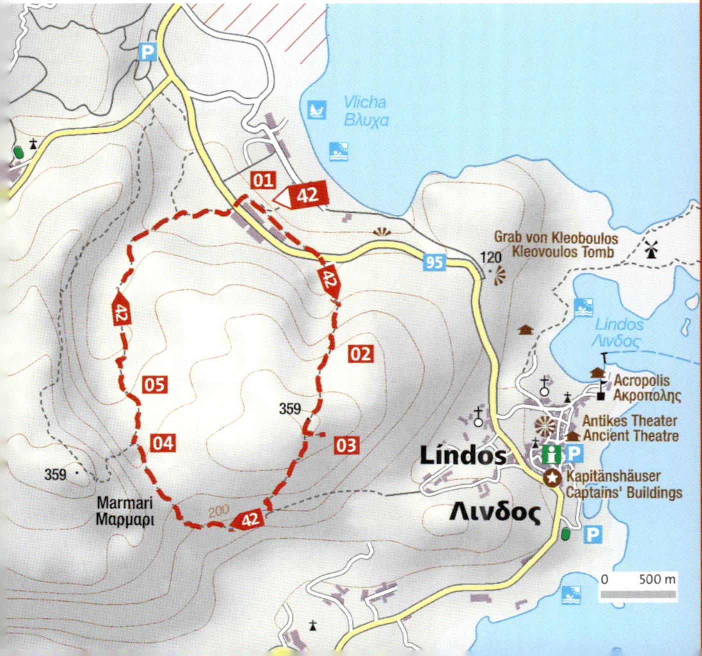

Vlicha
Βλυχα
01
42
Grab von Kleoboulos
Kleovoulos Tomb
95
120
42
42
02
05
359
03
04
Lindos
Λινδος
Acropolis
Ακροπολης
Antikes Theater
Ancient Theatre
Líndos
Λινδος
Kapitänshäuser
Captains' Buildings
359
Marmari
Μαρμαρι
200
42
0 500 m

ARNITHA – TROULOS • 515 m

Faszinierende Besteigung des zehnthöchsten Berges der Insel

 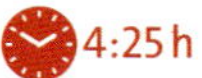 10,6 km  4:25 h  343 hm  343 hm 248

START | Buslinie: keine Busanbindung. Entfernung Rhodosstadt 78 km. Mit dem Pkw fahren wir auf der südwestlichen Küstenstraße bis Gennadi und folgen der Ausschilderung Richtung Apolakkia, biegen aber schon vorher links Richtung Arnitha ab. Am Eingang des Dorfes geht es vorbei an der Quelle und nun links auf einer Schotterpiste Richtung Mesanagros. Nach 650 m gabelt sich die Piste, wir fahren noch rechts durch die Kurve und können dort am Straßenrand parken.
Geokoordinaten: [GPS: N36° 3,348 O27° 49,364].
CHARAKTER | Auf dieser mittelschweren Wanderung wird ein guter Orientierungssinn benötigt.

Malerisch zwischen den Hügeln versteckt liegt das kleine Dorf Arnitha. Am Dorfeingang befindet sich eine natürliche Quelle, ein erfrischendes Willkommen für alle Besucher. Kontinuierlich erfolgt der Aufstieg auf einem Bergrücken und final bis zum Gipfel des Troulos. Es ergeben sich andauernde tolle Aussichten auf die Umgebung zwischen der Ost- und Westküste. Nach einem steilen Abstieg erreichen wir eine alte Straße und kurz später eine alte Brücke, die Verbindungsstraße von Arnitha nach Messanagros.

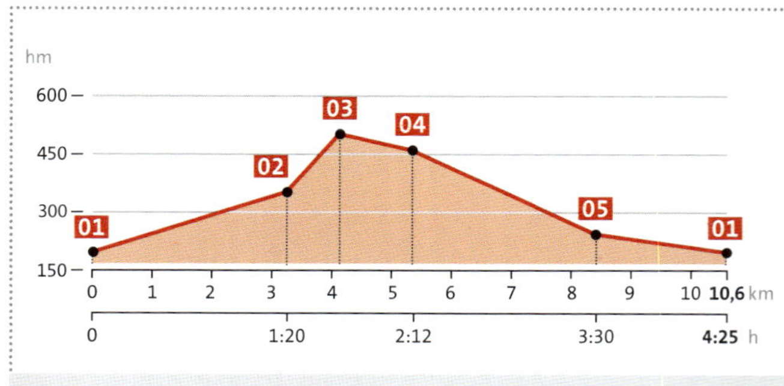

01 Start und Ziel 159 m; 02 Einsattelung 342 m; 03 Troulos 515 m; 04 Abstieg 447 m; 05 Abzweiger links 231

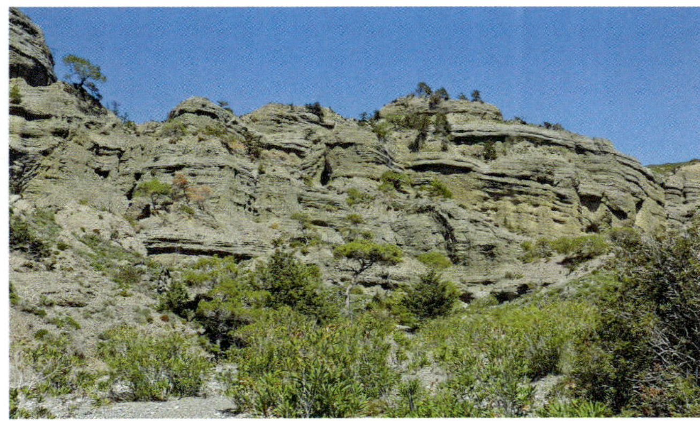

Beeindruckende Sandsteinformation bei der Quelle

Gebaut wurde sie von den Italienern während der Besatzung von 1912–1943. Eine Wanderung mit spannenden Erlebnissen in ursprünglicher Wildnis.

▶ Von **01** **Start und Ziel** (159 m) oberhalb von Arnitha gehen wir ein kurzes Stück auf der Schotterpiste zurück, biegen dann rechts bei der Weggabelung Richtung Quelle Vodi ab und überqueren das Trockenflussbett. Den folgenden rechten Abzweiger, parallel entlang des Flussbetts, lassen wir liegen. Nach einem guten Stück Aufstieg gabelt sich der Weg, vor uns liegt ein Olivenhain, hier gehen wir auf dem rechten Arm weiter bergauf. Bei einem Zaun und einer Blechhütte gehen wir halb rechts und kurz später bei

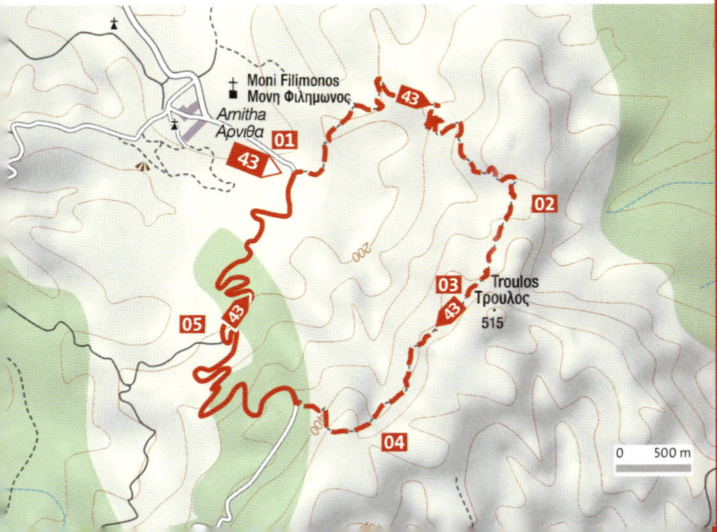

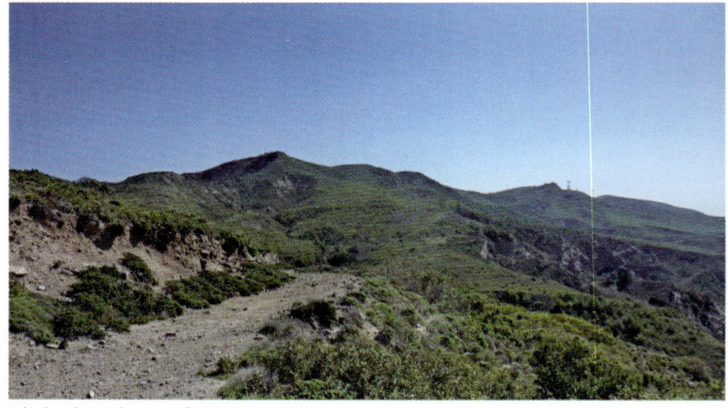
Blick über den Aufstieg

der Weggabelung mit dem Steinhaufen halb rechts. Wir passieren zwei Ziegenzäune und gehen nun in direkter Linie auf den zu besteigenden Berg und die dahinterliegenden Windräder zu. Wir erreichen die 02 **Einsattelung** (342 m) und können Richtung Westen und Osten das Meer ausmachen. Ein Steinmännchen markiert den Aufstieg auf dem Bergrücken Richtung der Windräder. Auf einem gut ausgetretenen Ziegenpfad übersteigen wir schnell den ersten und zweiten Hügel. Hinter dem zweiten Hügel geht es zunächst ein Stück bergab. Wir ignorieren den rechts durch den Hang querenden Pfad und steigen nun im steiler werdenden Gelände auf. Kurz unter dem Gipfel treffen wir auf Felsen, die wir Richtung der Windräder umlaufen, um dann scharf links auf den dritten Gipfel den 03 **Troulos** (515 m), aufzusteigen. Vom Gipfel gehen wir weiter Richtung Windräder zu einer Einsattelung herunter und im weiteren Verlauf überschreiten wir weitere drei Hügel. In der dann folgenden Senke befindet sich das erste Steinmännchen. Hier quert halb rechts ein Ziegenpfad den Hang. An dieser Stelle beginnt der 04 **Abstieg** (447 m). Im weiteren Verlauf treffen wir auf weitere Steinmännchen, bis wir bei einem gut sichtbaren Steinmännchen den Bergrücken überqueren. Unterhalb sehen wir schon die Schotterpiste. Hinter dem Bergrücken gehen wir zunächst links, um nach 20 m rechts zu einem Steinmännchen zu queren und nun durch den steilen, mit Buschwerk durchsetzen Hang bis zur Piste abzusteigen.Auf der Piste angekommen, gehen wir rechts, nun in sehr langen Kehren nur sehr langsam, bergab. Einen 05 **linken Abzweiger ignorieren** (231 m) wir und schon bald überqueren wir eine Brücke, von den Italienern während der Besatzung gebaut. Vorbei an Olivenhainen erreichen wir unseren Parkplatz.

Sehenswert

In der Mitte des Dorfes die Kapelle des heiligen St. Georg, dem Schutzpatron des Dorfes.

APOLAKKIA STAUSEE – VERSUNKENE KAPELLE – SAINT GEORGE VARDAS

Apolakkia-Stausee Rundwanderweg – eine Einöde für Naturliebhaber

 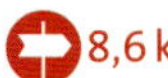 8,6 km  3:35 h 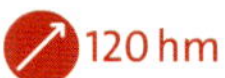 120 hm  120 hm  248

START | Buslinie: keine Busanbindung. Entfernung Rhodosstadt: 74 km. Mit dem Pkw auf der nordwestlichen Küstenstraße fahren wir bis kurz hinter dem Dorf Siana, um dort links der Ausschilderung zum Damm zu folgen. Nach einer spektakulären Kurvenfahrt geht es zunächst parallel am Damm entlang, um dann über die Staumauer auf der gegenüberliegenden Uferseite zu parken. Geokoordinaten: [GPS: N36° 5,993 O27° 47,922].
CHARAKTER | Auf dieser einfachen Wanderung gibt es 2 knifflige Stellen, für die man einen guten Orientierungssinn benötigt.

Der 1989 künstlich angelegte, 15 m² große Stausee, trocknet selbst in den heißen Sommermonaten nicht aus und bietet daher einen wichtigen Lebensraum für viele Fischarten, Wasservögel und Frösche. Im Frühjahr entzückt ein Blütenmeer und die kräftig grüne Natur den Wanderer. Hinter seichten Hügelketten erhebt sich mächtig aus der Landschaft, der höchste Berg der Insel.
Am Ende der Rundwanderung gibt es die Möglichkeit die architektonisch sehenswürdige uralte Kirche St. George Vardas zu besuchen. Ein vielfältiges Wandererlebnis.

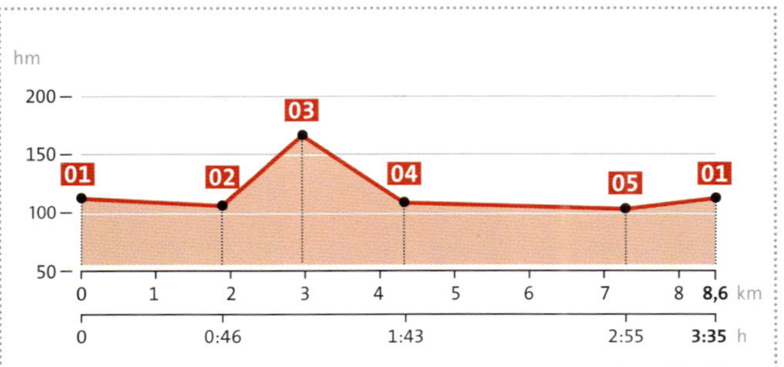

01 Start und Ziel 112 m; 02 Kapelle 99 m; 03 Weggabelung 158 m; 04 Schlüsselstelle 107 m; 05 St. George Vardas 94 m

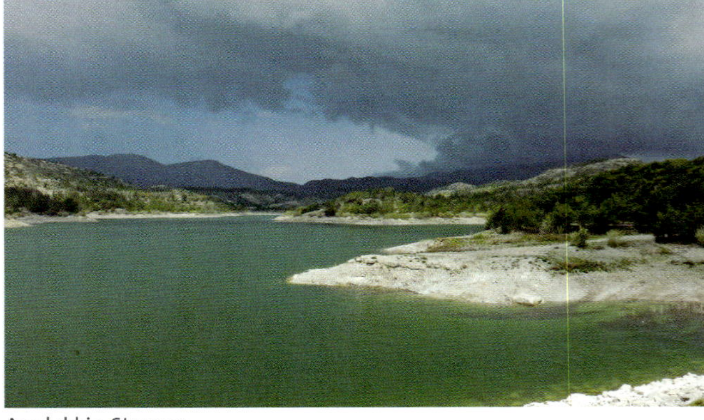

Apolakkia-Stausee

▶ Vom **01 Start und Ziel** (112 m) folgen wir der Ausschilderung zum Wassersportcenter und erreichen auch bald Holzhütten. Auf dem weiterführenden Weg erreichen wir eine erste Bucht, die wir je nach Wasserstand überqueren oder umlaufen, um an dem gegenüberliegenden Ufer auf der Piste weiterzulaufen. Der Weg entfernt sich etwas vom Staudamm, aber nach einer Anhöhe nähert er sich wieder an. In der folgenden Senke, bei Gestrüpp und Bambusgras, verlässt nach links ein Pfad die Piste. Wir gehen halb rechts am Ufer entlang und erreichen eine **02 Kapelle** (99 m). Im Herbst nach langen Trockenperioden und einem heißen Sommer steht sie trockenen Fußes am Uferrand. Im Frühjahr mit aufgefülltem Staudamm schaut öfters nur die Spitze aus dem Stausee. Mit dem Stausee im Rücken verlässt links der Kapelle ein Pfad den See. Es geht durch Tamarisken, Eukalyptusbäume und Fichten bergauf. Wir lassen einen Abzweiger nach rechts liegen, bis wir bei der nachfolgenden **03 Weggabelung** (158 m) links bergab gehen.

Hinweis

Nach starken Regenfällen können Wegstücke der Wanderung überschwemmt oder sogar unbegehbar sein!

Bereits auf Höhe der Ausläufer des Staudamms angekommen, verlassen wir den Hauptweg und gehen halb links auf Schilfgras zu – bei Niedrigwasser kann man die Kapelle sehen – und queren den nordöstlichen Zufluss des Sees. Je nach Wasserstand queren wir einen kleinen Miniwald aus Tamarisken und umlaufen eine kleine Landzunge. Am nordwestlichen Zufluss des Sees erreichen wir eine **04 Schlüsselstelle** (107 m). Bei Bambusgras befindet sich versteckt ein Pfad – ein beliebter Zugang bei Anglern. Nach bereits 10 m auf dem Pfad erreicht man einen Olivenhain und einen beginnenden Schotterpfad zur Anfahrtsstraße, der wir links entlang der kompletten Länge des Stausees folgen. Wir erreichen eine Straßenschutzplanke. Bevor

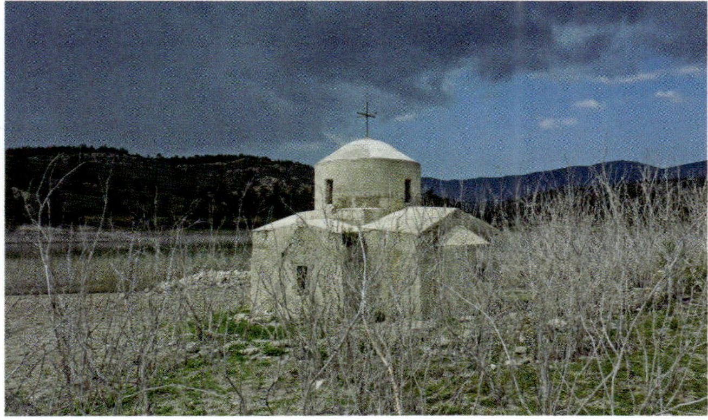

Bei gefülltem Staudamm ist die Kapelle unter Wasser!

die Piste in einer Linkskehre über den Damm führt, steigen wir über dem rutschigen und erodierten Sandgestein auf. Schlussendlich geht es durch Buschwerk und bei der Schotterpiste gehen wir nun links bergab bis zu der Kirche 05 **St. George Vardas** (94 m). Die Kirche wurde um 1290 errichtet. Die Grundmauern sind noch älter und gehen auf eine frühchristliche Basilika zurück. In der Kirche sind Wandmalereien mit Darstellungen aus dem Leben Christi zu sehen. Die weiterführende Piste endet, wir gehen links, bei der nächsten Möglichkeit rechts und an der Asphaltstraße links bis hoch zur Dammkrone und dem geparkten Pkw.

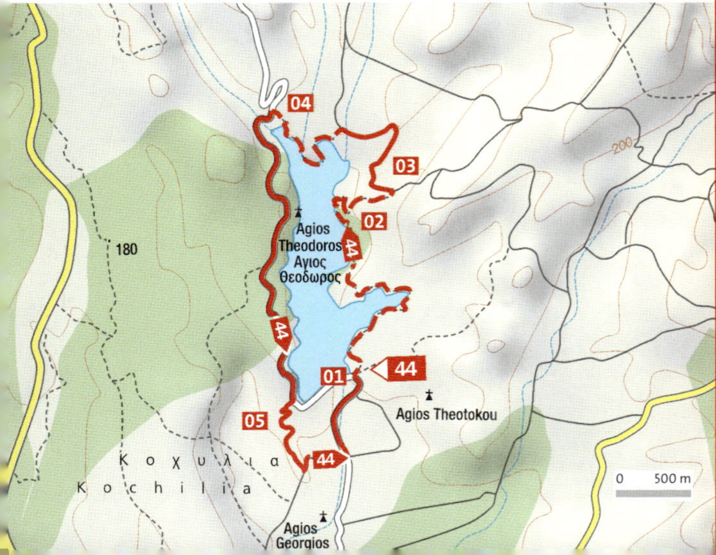

45

LINDOS – GRAB DES KLEOBULOS

Orientierungsspaziergang mit traumhaften Aussichten

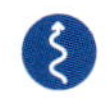
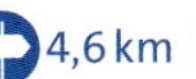

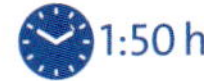

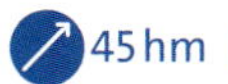

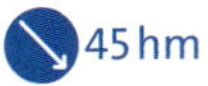

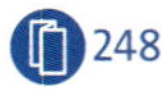

START | Buslinie KTEL: RHODES – LINDOS, mehrere Verbindungen täglich. Entfernung Rhodosstadt: 47 km. Mit dem Pkw fahren wir auf der südwestlichen Küstenstraße Richtung Lindos. Im Dorf Lindos fahren wir am Kreisverkehr scharf links und 250 m nach einer Rechtskurve befindet sich links oberhalb ein kostenloser Parkplatz.
Geokoordinaten: [GPS: N36° 5,661 O28° 4,985].
CHARAKTER | Auf dieser einfachen Wanderung wird nur etwas Orientierungssinn benötigt.

Ein besonderes Highlight unter den Sehenswürdigkeiten auf Rhodos ist das weiße Häusermeer mit seinen romantischen Dorfgassen, künstlerisch gestaltete Portale und seine altgriechische Akropolis, die Rede ist von Lindos der Ausgangspunkt der Wanderung. Verlaufen kann man sich nicht, denn man hat den Felsenhügel mit der kreisförmigen Grabstelle immer im Blick. Von dort oben ergeben sich die schönsten Ausblicke auf Lindos, die Bucht von Lindos und die dahinterliegende, besterhaltene wieder aufgebaute Johanniterburg der Insel. Eine Genusswanderung am tiefblauen Meer entlang ohne körperliche Anstrengungen.

▶ Am Parkplatz weisen auch Wegweiser zur Grabstelle. Von der Pforte des 01 **Parkplatzes** (33 m) gehen wir scharf rechts und entlang der Mauer oberhalb des Parkplatzes vorbei am modernen Ge-

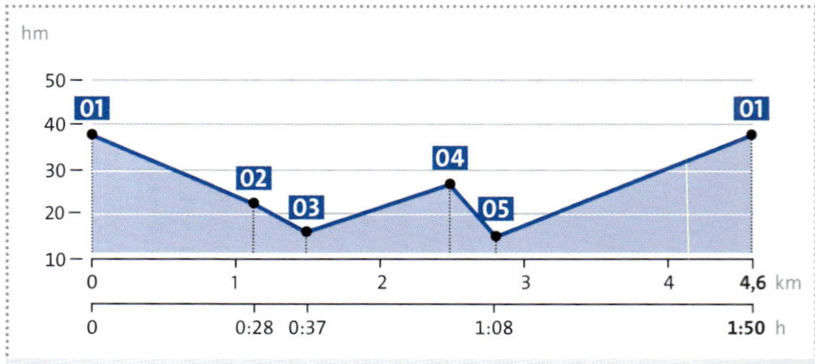

01 Parkplatz 33 m; 02 Weggabelung 16 m; 03 Bucht 1 m;
04 Grab des Kleobulos 49 m; 05 Windmühle 17 m

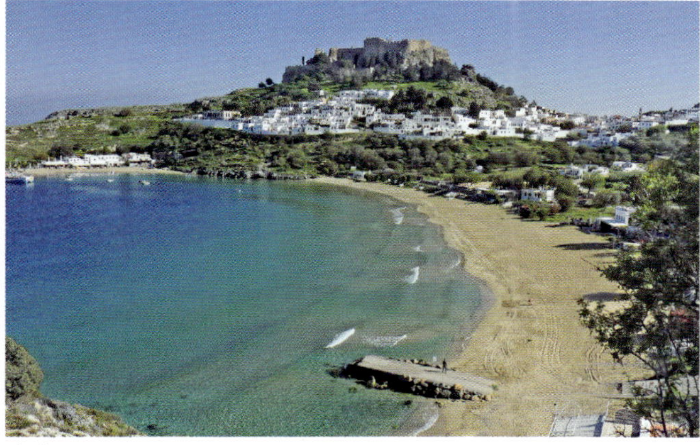

Lindos

denkstein für Yannis Zigdis. Rechts unterhalb von uns liegt der wunderschöne Strand von Lindos und im Hintergrund das romantische Häusermeer. Inzwischen haben wir die rechts von uns liegende Bucht ein gutes Stück umlaufen und erreichen eine **02 Weggabelung** (16 m). Gut 20 m rechts von uns befindet sich ein einzeln stehender Baum. Hier gehen wir nicht geradeaus, Richtung des 190 m entfernten Mauerdurchbruchs, sondern halten uns halb links und gehen im weiteren Verlauf an den Überresten einer Mauer bis zu einer kleinen **03 Bucht** (1 m) vor. Schauen wir Richtung Norden an der Küste entlang, so sehen wir entlang der langen Bucht die Strände Kalathos, Masari und Charaki. Im Hintergrund erkennt man den felsigen Berg Profitis Ilias und bei sehr guter Sicht sogar

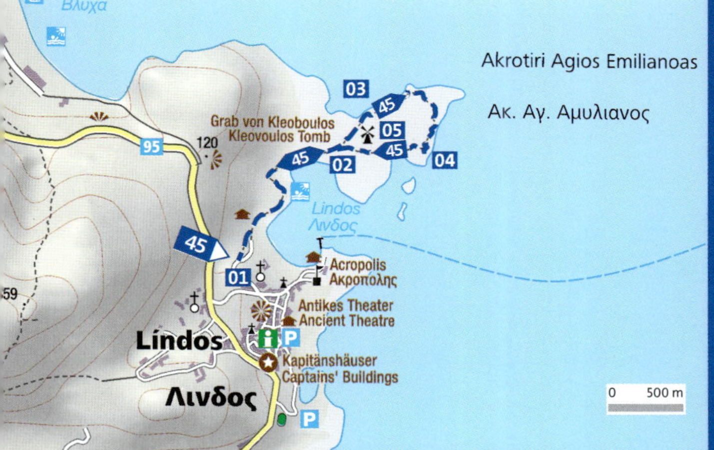

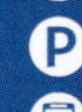
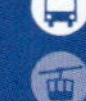
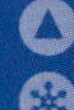

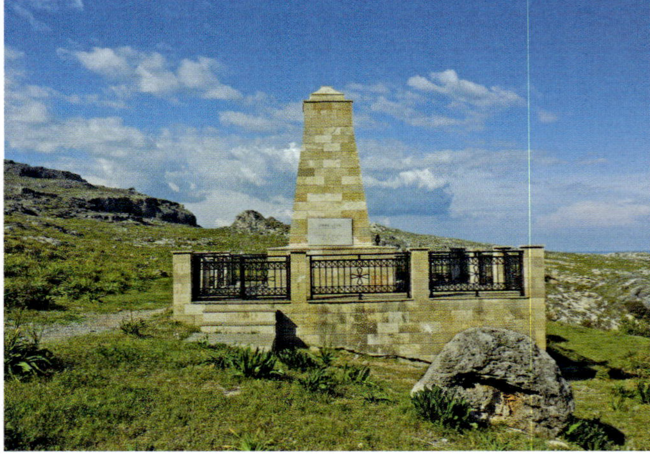
Gedenkstein für Yannis Zigdis

auf dem dahinter liegenden Berg die Tsambika Kapelle. Wir gehen 70 m direkt entlang der Küste mit ihren bizarren Sandsteinobjekten, dann aber bei einer Minihöhle und den Überresten einer antiken Stätte auf der leicht ansteigenden Steilküste. Wir erreichen abermals die Überreste einer Steinmauer, folgen ihrem Verlauf 10 m und gehen nun halb links und weglos auf

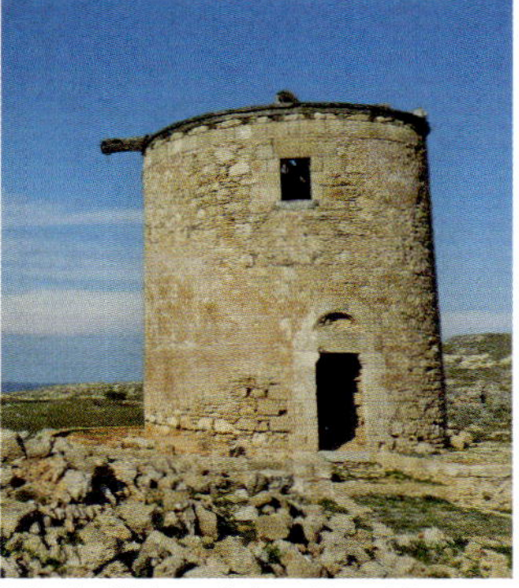
Windmühle auf dem Kap Ajios Amilianos

Tipp

Badesachen nicht vergessen, denn in Lindos gibt es einen wunderschönen Strand.

das **04 Grab des Kleobulos** (49 m) zu. Kleobulos lebte im 6. Jahrhundert vor Christi und war einer der 7 Weisen der Antike. Er lehrte philosophische Zitate und war eine hoch angesehene Persönlichkeit der Antike. Man sagt, sein Grab befindet sich auf dem markanten Felsen am Kap Ajios Amilianos, oberhalb von Lindos. Ob Kleobulos tatsächlich dort begraben war, ist nicht erwiesen, denn Archäologen fanden ein gänzlich geplündertes Grab vor. Beim Abstieg von dem Hügel folgen wir dem Pfad zu den Überresten einer **05 Windmühle** (17 m). Nach einem Mauerdurchbruch treffen wir auf den Hinweg. Wir gehen auf dem bekannten Hinweg bis zum Ausgangspunkt zurück.

KAPELLE SAINT GEORGE KALAMOS – STRAND VON KALAMOS

Das immer währende Rauschen des Windes ist unser stetiger Begleiter

 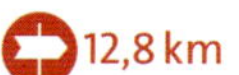

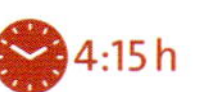

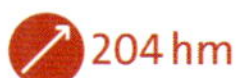

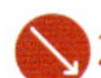 204 hm 

START | Buslinie: keine Busanbindung. Entfernung Rhodosstadt: 81 km. Mit dem Pkw fahren wir auf der südwestlichen Küstenstraße Richtung Lindos bis nach Gennadi. Dort geht es weiter Richtung Apolakkia und dort rechts Richtung Monolithos. Nach 3 km biegen wir links zur Kapelle Aghios Georgios mit vielen Parkplätzen ab. Geokoordinaten: [GPS: N36° 5,087 O27° 46,163].
CHARAKTER | Auf dieser mittelschweren Wanderung wird nur etwas Orientierungssinn benötigt.

Im Dreieck zwischen den Dörfern Apolakkia und Monolithos und dem Strand von Kalamos befindet sich diese naturverbundene Rundwanderung. Durch die Einsamkeit führt der Weg vorbei an beeindruckenden Sanddünen und einem verträumten Strandabschnitt, ohne jegliche touristische Infrastruktur. Es bietet sich eine astreine Bademöglichkeit, vielleicht unverweilt man auch länger am Strand. Mit tollen Blicken auf das Vorgelagerte das Kap Fourni und die dahinterliegende Bergwelt verabschieden wir uns vom Meer, der darauffolgende Weg führt durch einen wunderschönen Pinienwald und bewirtschaftete Felder zurück.

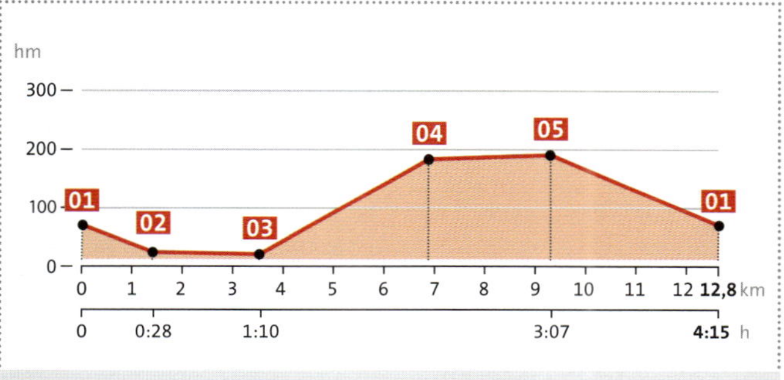

01 Start und Ziel 82 m; 02 Sanddünen 12 m; 03 Strand von Kalamos 2 m; 04 Asphaltstraße 188 m; 05 Abstieg 191 m

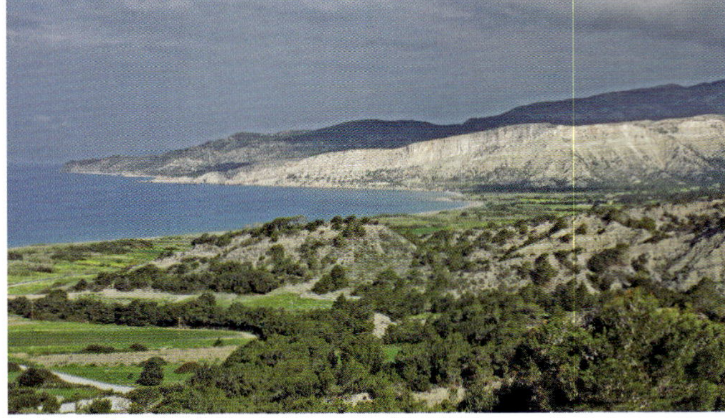

Blick von der Kapelle

▶ Von der 01 **Kapelle St. George Kalamos** (82 m) gehen wir auf der weiterführenden Straße bergab, bis sie kurz vor dem Meer endet und wir rechts auf der Straße weitergehen. Nach 450 m, an diesen erstreckt sich eine Reihe Tannen von der Straße bis zum Meer, gehen wir links weglos über die 02 **Sanddünen** (12 m) bis zum Strand herunter. Wie gehen fortan rechts am Kiessteinstrand von Kalamos entlang. In der Ferne lässt sich unterhalb des Berges Akramities das Dorf Monolithos ausmachen. Unser nächster Wegpunkt ist eine Landzunge, beim Näherkommen entpuppt sie sich als ein Zufluss. Vor einem zweiten Mündungslauf eines Flusses, hier steht rechts erhöht ein Haus, verlassen wir den 03 **Strand von Kalamos** (2 m) und wandern auf der Piste entlang des Trockenbachbetts. Kurz später mündet diese in eine weitere Piste – diese wird kurz später zu einer Asphaltstraße – auf der wir halb rechts landeinwärts weitere 300 m gehen. Auf Höhe einer rechtsliegenden Wellblechhütte biegen wir links in die Schotterpiste. Bei einer Drei-Wege-Gabelung halten wir uns auf dem rechten Arm. Die Piste endet vor einem Bachlauf, hier gehen wir links, der weiterführende Weg schlängelt sich durch den lichten Pinienwald von Pelekito. Der Aufstieg wird steiler und die Piste weist lange Erosionsrinnen auf, bis wir schlussendlich die 04 **Asphaltstraße** (188 m) erreichen. Auf der Asphaltstraße gehen wir 650 m rechts, um sie dort nach halb links auf eine Schotterpiste zu verlassen. In direkter Verlängerung vom Weg sehen wir einen Berg mit Funktürmen und unterhalb von uns befinden sich Olivenbäume. Wir gehen auf Weinstöcke zu und bei der Weggabelung nehmen wir die Piste halb rechts. Bei einer Weggabelung mit begrünter Insel gehen

Tipp

Die Wanderung kann man gut mit einem Strandtag kombinieren. Besonders im Sommer wehen angenehm kühlende Nordwestwinde vom Meer.

wir halb links, nun auf einem Höhenweg. Die Piste macht eine scharfe Rechtskurve, nach weiteren 30 m zweigt links eine Piste ab, wir gehen geradeaus an einer Wellblechhütte vorbei und beginnen den **05 Abstieg** (191 m) bis zur Asphaltstraße. Diese verlassen wir bereits bei der nächsten Möglichkeit auf eine halb links beginnende Sandpiste, die im weiteren Verlauf im Talgrund parallel zur Straße verläuft. Von links mündet eine Piste in unseren Hauptweg und nach 50 m gehen wir durch die folgende Rechtskurve – nicht geradeaus weiter – in einer Kehre durch das Trockenbachbett bis zur Asphaltstraße vor. Dieser folgen wir links, bis wir auf dem rechten Abzweiger zur Kapelle St. George Kalamos treffen.

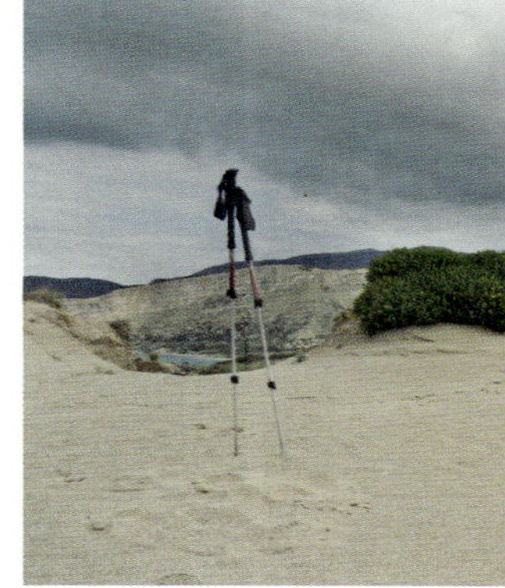

Sanddünen

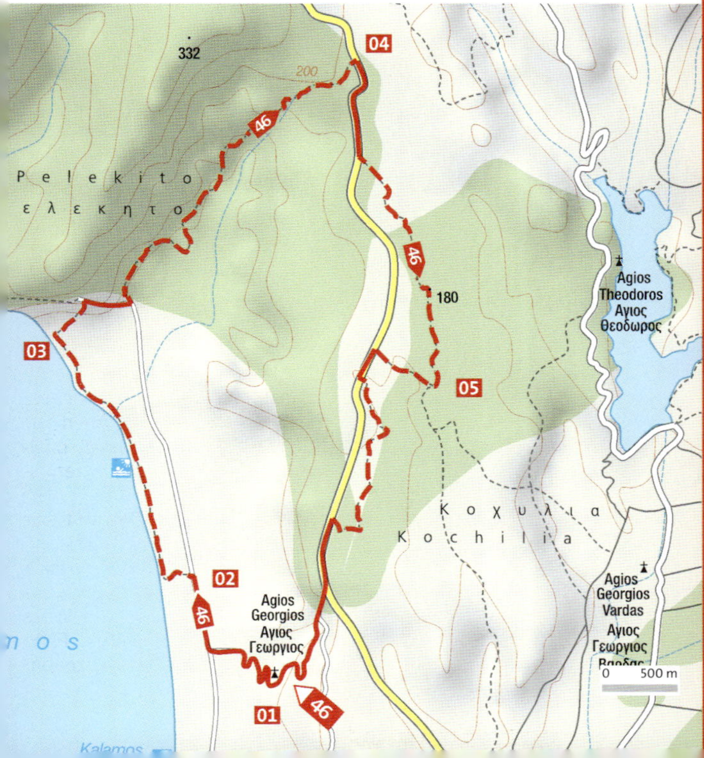

KATSOUNI STRAND – NONNENKLOSTER IPSENIS

Abseits vom Touristenrummel gibt es einen Ort der Ruhe und Friedlichkeit

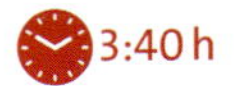

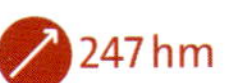

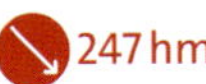

START | Buslinie KTEL: RHODES – KIOTARI – GENNADI, wochentags sechstägliche Verbindungen. Entfernung Rhodosstadt: 57 km. Mit dem Pkw fahren wir auf der südwestlichen Küstenstraße Richtung Gennadi. 350 m nach dem linken Abzweiger zum Hotel Lindian Village biegen wir rechts in die Asphaltstraße und parken hier den Pkw.
Geokoordinaten: [GPS: N36° 4,244 O27° 59,405].
CHARAKTER | Einfache Wanderung bei stets eindeutiger Wegführung.

Die Region unterhalb des 292 m hohen Berges Stafilia, im Südosten der Insel, gehört zu den neueren Feriendomizilen und entwickelt sich in rasender Geschwindigkeit. Kein Wunder denn die nahezu perfekten Sandstrände von Katsouni und Glystra locken mit kristallklarem Wasser. Am nördlichen Ende der Umgehungsstraße beginnt unsere Wanderung. Es bedarf nur weniger Schritte und wir sind fernab vom Touristenrummel. Der Weg führt durch einen wohlriechenden und in warmen Sommermonaten Schatten spendenden Kiefernwald. Das Nonnenkloster Moni Ipsenis idyllisch zwischen Olivenhainen und Kiefernwäldern. Auf Waldwegen geht es wieder zurück.

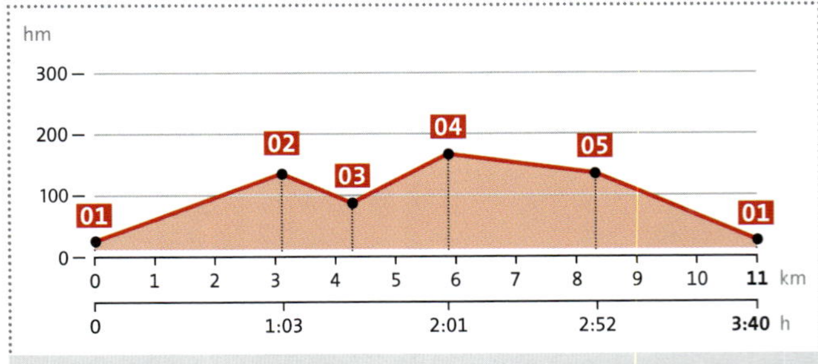

01 Start und Ziel 7 m; 02 rechts 122 m; 03 Kapelle Heiliges Kreuz 82 m; 04 Nonnenkloster Ipsenis 166 m; 05 scharf rechts 125 m

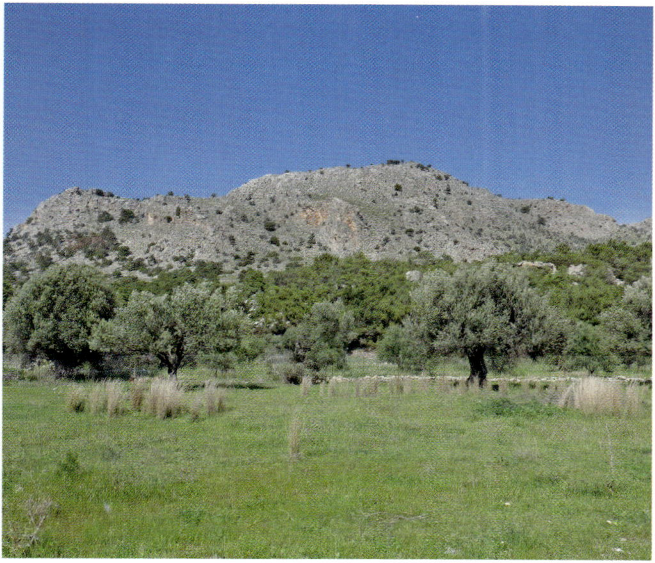

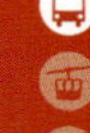
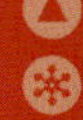

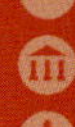

Der 292 m hohe Berg Stafilia

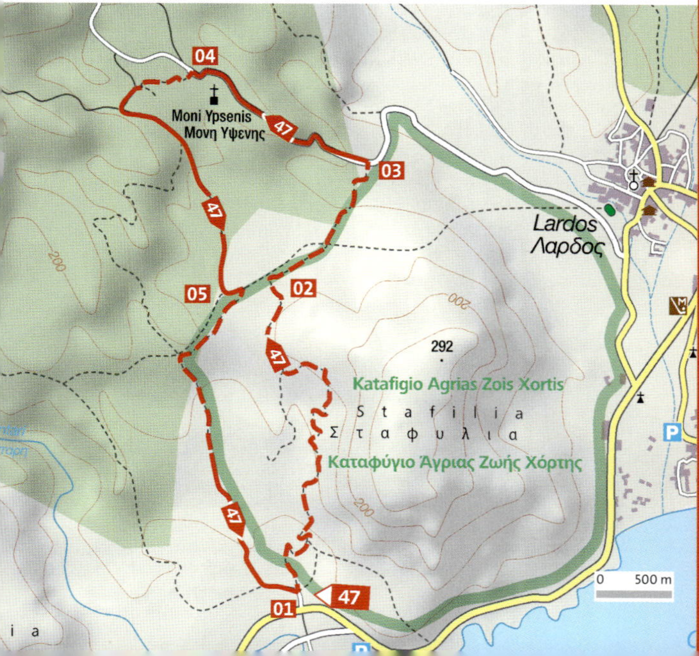

▶ Vom **01 Start und Ziel** (7 m) gehen wir auf der Asphaltstraße bis zur ersten Weggabelung und gehen geradeaus auf die Schotterpiste. Bei dem ersten rechten Abzweiger gehen wir geradeaus weiter Richtung Wellblechhütte und im folgenden Waldstück lassen wir den linken Abzweiger liegen und gehen scharf rechts, kurz später bergauf. Wir erreichen eine Anhöhe, links von uns befinden sich Bienenkörbe. Auf dem folgenden Wegstück ignorieren wir Abzweiger nach rechts und links. Mittig von zwei großen Strommasten mündet von links eine Piste auf die unsrige. Die Piste endet an einem Zaun, links oberhalb steht ein weißes Haus, hier gehen wir **02 rechts** (122 m) auf der Piste vorbei an einem weiteren Haus direkt neben der Piste. Vorbei an prachtvollen Kiefern ignorieren wir im weiteren Verlauf zwei linke und zwei rechte Abzweiger. Durch einen prachtvollen Waldabschnitt geht es bergab vorbei an einem Trockenbachbett. Bei zwei einzeln stehenden Häusern gibt der Wald den Blick nach rechts frei, auf den 457 m hohen Marmari, bis wir schlussendlich die **03 Kapelle Heiliges Kreuz** (82 m) erreicht haben. Hinter dem Platz gehen wir links, 1,5 km auf der Asphaltstraße bergauf, und erreichen das **04**

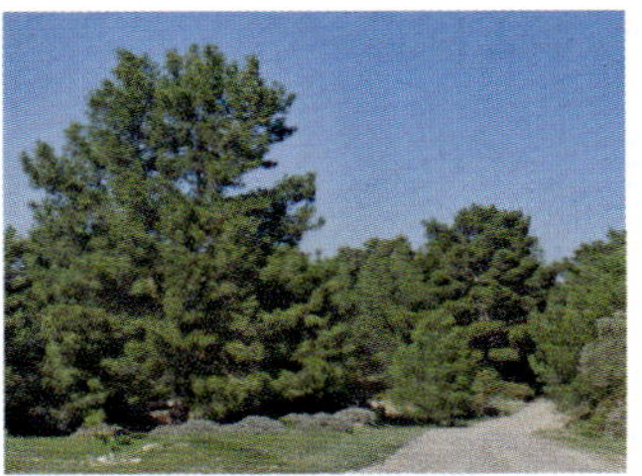

Wunderschöne Kiefernwälder am Wegesrand

Hinweis

Da zum Zeitpunkt der Dokumentation dieser Wanderung viele Baumaßnahmen an der Klosteranlage durchgeführt worden sind, kann es sein, dass sich die beschriebene Wegführung nach Fertigstellung der Bauarbeiten ändert!

Nonnenkloster Ipsenis (166 m). Die Kirche stammt aus dem 18. Jahrhundert, der Glockenturm aus den sechziger Jahren des 19. Jahrhunderts. Seit mehreren Jahren wird das Kloster wieder von Nonnen bewohnt. Auch hat das Nonnenkloster eine prachtvolle neue Kirche erhalten. Mit dem Glockenturm im Rücken gehen wir vor dem Brunnen scharf links, lassen die beiden rechten Abzweiger liegen, passieren zwei Pforten und hinter einem weißen Haus müssen wir einen Ziegenzaun öffnen und schließen. Nach weiteren 150 m gehen wir genau in der Linkskehre – vorbei an einem großen Stein – 50 m weglos bis zu einer Schotterpiste. Nach einer langgezogenen Rechtskurve erreichen wir ein kleines Tal. Bei der folgenden Drei-Wege-Gabelung machen wir eine 180°-Kehre und gehen talwärts. Es gabelt sich abermals der Weg, beide Wege sind zielführend. Die folgende Piste nach rechts ignorieren wir und gehen geradeaus weiter, bis sie endet. Hier am Olivenhain gehen wir **05 scharf rechts** (125 m). Bei braunem Sandstein lassen wir die drei rechten Abzweiger liegen und gehen links weiter auf der bergabführenden Piste. Auf der Asphaltstraße geht es nun zum Ziel der Wanderung.

KIOTARI – BURG VON ASKLIPIO – KIRCHE KIMISIS TIS THEOTOKOU

Themenwanderung bringt Natur und Kultur wirkungsvoll zusammen

 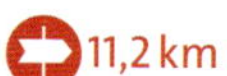 11,2 km  4:00 h  265 hm 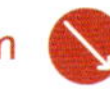 265 hm  248

START | Buslinie KTEL: RHODES – KIOTARI – GENNADI, wochentags mehrere Verbindungen. Entfernung Rhodosstadt: 56 km. Mit dem Pkw fahren wir auf der südwestlichen Küstenstraße noch an Lindos vorbei bis nach Kiotari. Direkt hinter dem Carrefour Supermarkt biegen wir links in die Straße. In direkter Verlängerung vom rechts liegenden Restaurant El Ponte kann man oberhalb vom Strand parken.
Geokoordinaten: [GPS: N36° 3,131 O27° 58,296].
CHARAKTER | Mittelschwere Wanderung bei stets eindeutiger Orientierung.

Während man in Küstennähe noch mediterranes Flair genießt, wandert man mit zunehmender Höhe durch wohlriechende lichte Kiefernwälder und Olivenhaine. Während des Aufstieges ergeben sich wunderschöne Blicke auf das Attaviros Gebirge mit dem höchsten Gipfel von Rhodos, den 1216 m hohen Attaviros. Auf einem 245 m hohen Felsen, oberhalb des Dorfs Asklipio, thront die gleichnamige mittelalterliche Johanniterburg aus dem 15. Jahrhundert.

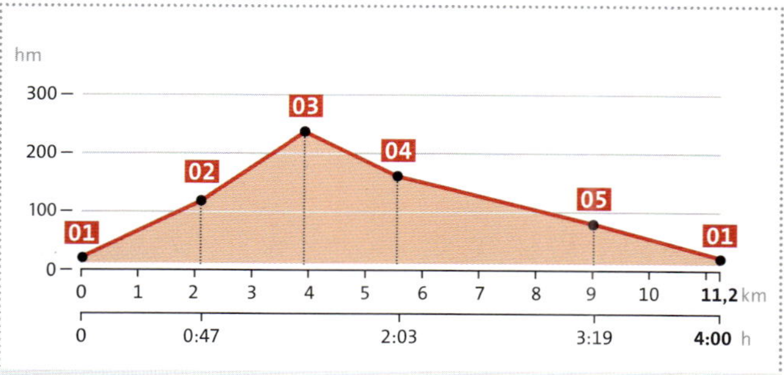

01 Start und Ziel Strand von Kiotari 4 m; 02 Sonnenkollektoren 104 m; 03 Burg von Asklipio 245 m; 04 Kirche Kimisis tis Theotokou 168 m; 05 links bergab 79 m

In Dorf Asklipio besuchen wir das Folkloremuseum und die älteste Marienkirche auf Rhodos – Maria entschlafen. Auf dem Rückweg ergeben sich imposante Fernblicke über die südwestliche Küste von Rhodos, bis weit über die Ägäis.

Sehenswert

Im Folkloremuseum von Asklipio gibt es Informationen über den traditionellen Lebensstil des Dorfes.

Vom **01 Start und Ziel am Strand von Kiotari** (4 m) gehen wir die Anfahrtsstraße bis zur Hauptstraße zurück, dort rechts, vorbei am Gebäudekomplex, in dem sich der Carrefour Markt befindet, und gehen links die Asphaltstraße hoch. Nach 420 m lassen wir den rechten Abzweiger zur Hotelanlage liegen und gehen geradeaus weiter. Wir folgen der bergaufführenden Straße zu zwei dicht nebeneinanderstehenden Sendemasten und passieren **02 Sonnenkollektoren** (104 m). Eine Vielzahl von rechts und links abführenden Wegen wird ignoriert, wir gehen immer auf der bergauf führenden Piste, bis wir die Überreste eines Fußballplatzes erreichen. Nach einigen Metern bergab auf der Asphaltstraße, links befinden sich die Überreste eines Basketballplatzes, biegen wir rechts auf dem Pfad zur **03 Burg von Asklipio** (245 m). Über eine Steintreppe passiert man das Eingangstor und gelangen so in das Innere. Dort befinden sich zwei lebensnotwendige Zisternen und weitere Ruinen. Man hat einen wunderschönen Blick auf das tiefer liegende Dorf, das riesige ausgetrocknete Flussbett und hat gleichzeitig einen perfekten Auskuck, um die Küste nach Piratenschiffen abzusuchen. Wir gehen auf der betonierten Piste zum Dorf herunter und besichtigen die **04 Kirche Kimisis tis Theotokou** (168 m) – Mariä Entschlafung –, die älteste Marienkirche auf Rhodos, eine Kreuzkuppelkirche aus dem 11. Jahrhundert. Fresken aus dem 17. Jahrhundert und Übermalungen von 1923 sind zu bewundern. Tavernen am Dorfplatz laden zu einer Jause, bevor es wieder zurück geht, zunächst Richtung der Burg von Asklipio, aber 10 m hinter dem links liegenden Haus mit den Holzüberständen und Holzgeländer gehen wir halb rechts an der Mauer entlang. Unterhalb des Sportplatzes en-

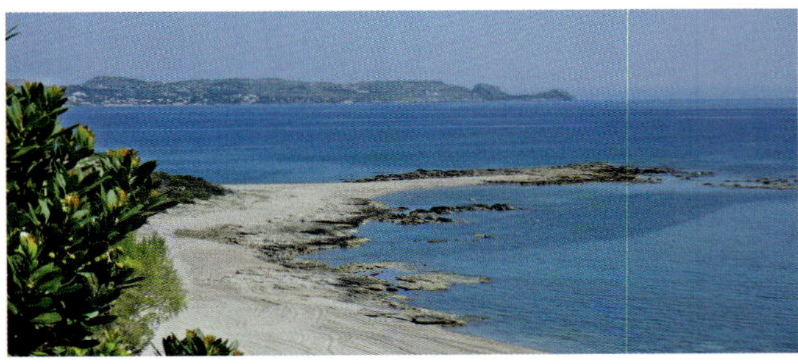

Der Strand von Kiotari

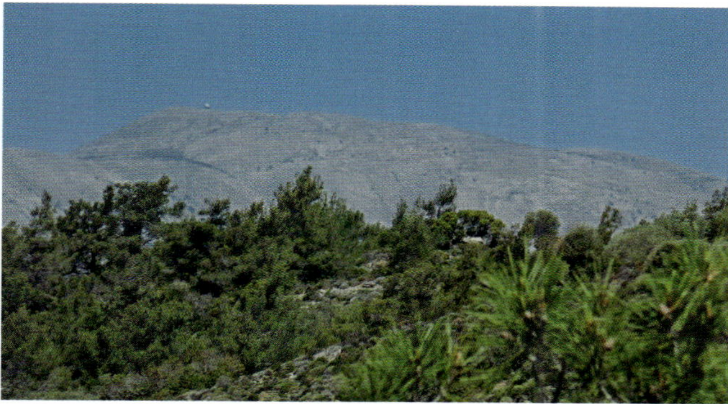

Blick auf das Attaviros-Gebirge

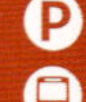
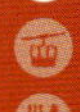
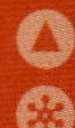

det die Piste hinter einem großen Felsen, wir gehen links und sofort wieder rechts. Direkt vor einem Stromkasten gabelt sich der Weg, wir gehen links. Wir lassen abzweigende Pisten liegen und gehen auf dem bergabführenden Weg. Kurz hinter einem ersten und zweiten Haus wandern wir an der Weggabelung **05** **links bergab** (79 m). Der Weg endet, wir biegen nach links ab und nach 90 m rechts herunter zur Hauptstraße. Nach 180 m auf der Straße biegen wir rechts, direkt vor dem Hotel auf einer Piste, und erreichen eine tiefer gelegene Asphaltstraße. Wir halten uns links und gehen bis zum Ziel vor.

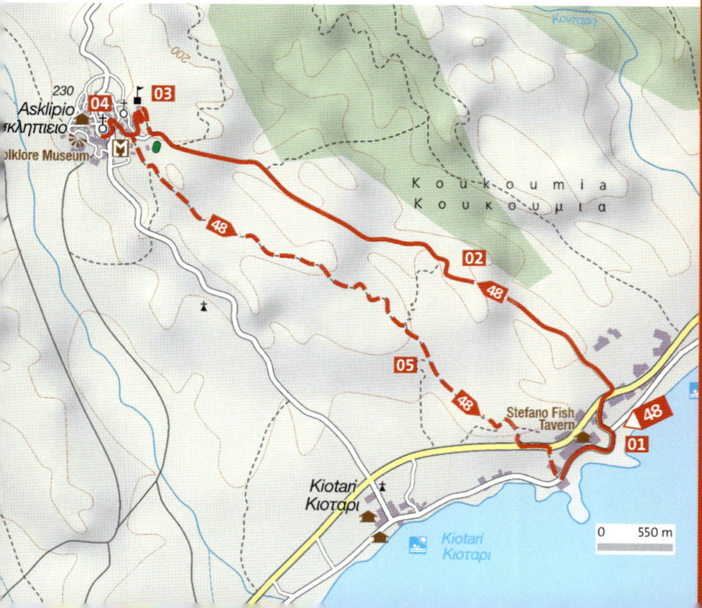

49

KLOSTER SKIADENIS – SKIADENIS

Kloster Skiadi – eine Ikone gemalt vom Apostel Lukas

 9,9 km  3:20 h 368 hm 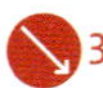 368 hm  248

START | Buslinie: keine Busverbindung. Entfernung Rhodosstadt: 80 km. Mit dem Pkw fahren wir auf der südwestlichen Küstenstraße bis nach Gennadi. Von dort quer durch die Insel nach Apolakkia und weiter auf der nordwestlichen Küstenstraße Richtung Kattavia. Auf halber Strecke befindet sich ein Abzweiger links bergauf zum Kloster.
Geokoordinaten: [GPS: N36° 1,291 O27° 47,651].
CHARAKTER | Die Orientierung im Gelände ist sehr einfach auf dieser mittelschweren Wanderung.

Unsere Wanderung beginnt am Kloster Skiadenis, das im 13. Jahrhundert gegründet wurde. Damals baute man eine kleine Kirche, den heutigen Altarraum. 1861 wurde dann die Kirche auf dem Plateau erbaut, mit ihrem heutigen Erscheinungsbild. Architektonisch kein Highlight, aber sie ist Heimat einer wichtigsten Ikonen von Rhodos, der Gottesmutter Skiadi. Sie sorgt für das Wohlergehen ganzer Dorfgemeinschaften. Der Name Skiadi wurde von dem Berg hergeleitet, den wir besteigen. Von dort genießen wir einen wunderschönen Fernblick: Im Norden das Attaviros Gebirge, im Osten und Westen die Ägäis und im Süden blickt man den südlichen Zipfel von Rhodos.

▶ Vom **01** **Start und Ziel** (257 m) gehen wir in nördliche Richtung

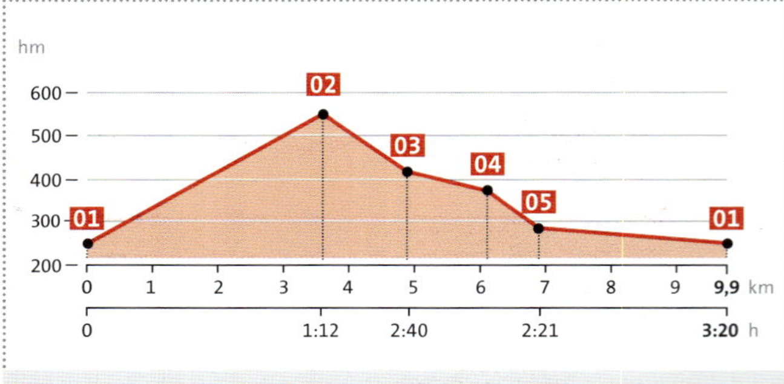

01 Start und Ziel 257 m; **02** Gipfel Skiadenis 564 m; **03** Mesanagros 419 m; **04** Kapelle St. Demetrius 386 m; **05** Asphaltstraße 289 m

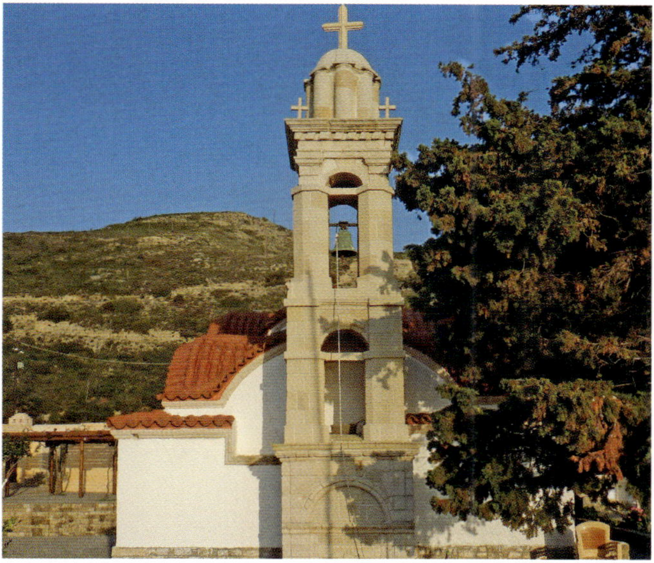

Das Kloster Skiadenis

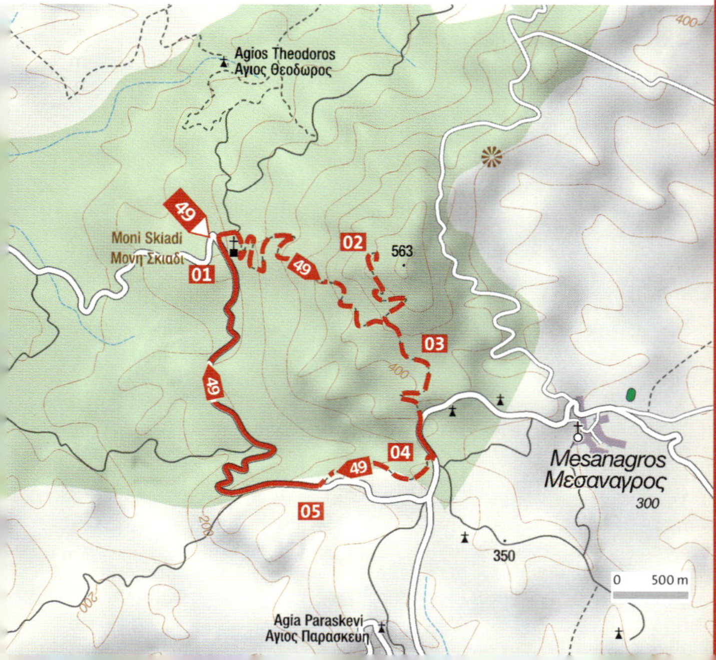

Agios Theodoros
Αγιος Θεοδωρος
Moni Skiadi
Μονη Σκιαδι
01
02
563
49
03
400
04
05
Mesanagros
Μεσαναγρος
300
350
200
0 500 m
Agia Paraskevi
Αγιος Παρασκευη

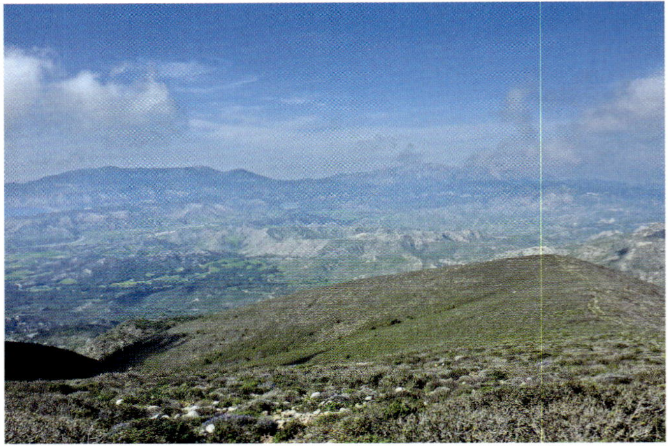

Blick auf Arkamities und Attiviros

um das Kloster herum. Sofern wir das Kloster um 180° umrundet haben, sehen wir links eine Hühnerhaltung und ein paar eingezäunte Bäume. Direkt am Zaun von diesem Grundstück gehen wir 40 m halb links, um dann halb rechts auf einer stark erodierten Schotterpiste den Aufstieg zu beginnen. Durch viele Kehren erreichen wir ein erstes ebenes Wegstück und zugleich eine links aufsteigende Piste, die uns bis auf den 02 **Gipfel des Skiadenis** (564 m) führt. Vom siebthöchsten Gipfel der Insel ergibt sich eine perfekte 360°-Rundumsicht. Wir gehen auf der Schotterpiste bis zur Weggabelung bergab, hier aber halten wir uns links, nun weiter bergab. Bald schauen wir links herunter auf 03 **das Dorf Mesanagros** (419 m). Das Dorf kann mit einer besonderen Sehenswürdigkeit aufwarten, die Kimissis Theotoku Kirche aus dem 13. Jahrhundert, über den Grundmauern zweier dreischiffiger Basiliken aus dem 5.–7. Jahrhundert erbaut. Den Schlüssel für die Kirche kann man sich in der Kafenio holen. Wir erreichen die Asphaltstraße und gehen auf dieser 200 m rechts, um dann wieder rechts zur unspektakulären 04 **Kapelle St. Demetrius** (386 m) aufzusteigen. In direkter Verlängerung zwischen dem Meer und der Bergkapelle begehen wir den Ziegenpfad. Auf dem vor uns liegenden Bergrücken gehen wir kontinuierlich bergab, bis wir uns auf 50 m der 05 **Asphaltstraße** (289 m) angenähert haben und schlussendlich zu ihr herüberkreuzen. Von nun wandern wir auf dieser selten befahrenen Straße. Schon bald sieht man in der Ferne das Kloster, aber der Schein trügt, denn die Straße windet sich und immer wieder gibt es kleine Auf- und Abstiege.

Achtung!

In den Sommermonaten kann ein sehr starker Nordwestwind blasen. Sehenswert: Im nahegelegenen Dorf Mesanagros die Kimissis Theotoku Kirche.

KIRCHE AGIOS THOMAS – HOCHEBENE

Beeindruckende Momente in großartiger Landschaft

 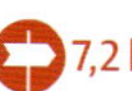 7,2 km 2:50 h 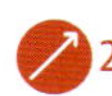 283 hm  283 hm 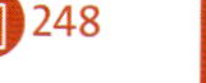 248

START | Buslinie: keine Busanbindung. Entfernung Rhodosstadt: 77 km. Mit dem Pkw fahren wir auf der südwestlichen Küstenstraße über Gennadi nach Lachania. Vom Dorf Lachania sind es 5 km bis zum rechten Abzweiger zur Kirche Agios Thomas. Nach einem kurzen Stück auf einer Schotterpiste biegen wir links zur Kirche ab. Geokoordinaten: [GPS: N35° 59,799 O27° 50,547].
CHARAKTER | Leichte Wanderung, nur auf dem Wegstück zwischen dem Nebengipfel und Hauptgipfel benötigen wir Orientierungssinn.

An 364 Tagen im Jahr trifft man an der Kirche Agios Thomas so gut wie keine Menschen an. Aber am Sonntag eines jeden Jahres, der auf den Ostersonntag folgt, ist der große Festtag, dieser versteckt liegenden Kirche. Dann wird nämlich auf dem Kirchplatz ein Volksfest gefeiert, denn die Marienikone von Skiadi kommt für einen Tag zu Besuch aus dem nahe gelegenen Kloster Skiadenis. Auf der Wanderung lassen wir die Kirche schnell hinter uns und erreichen eine schön gelegene Hochebene. Im Frühjahr weiden Ziegen auf den grünen Wiesen, das läuten der Glocken vermittelt Alpenidylle. Auf den beiden aus Aussichtsbergen eröffnet sich ein umwerfender Blick ins Tal bis hin zur Ägäis

▶ Vom 01 **Start und Ziel** (123 m) bei der Kirche Agios Thomas ge-

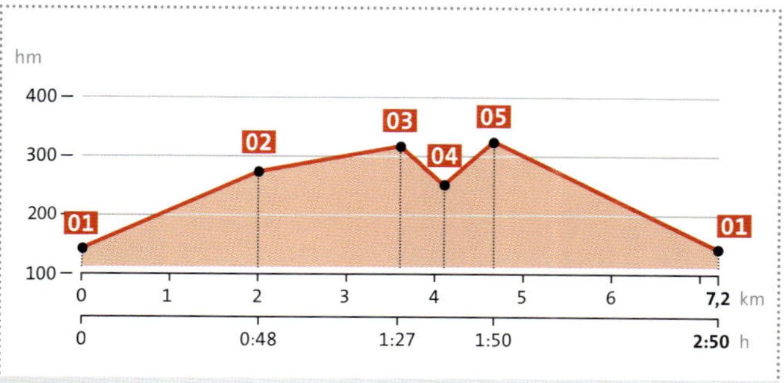

01 Start und Ziel 122 m; 02 Weggabelung 269 m; 03 Vorgipfel 316 m; 04 Aufstieg Hauptgipfel 248 m; 05 Hauptgipfel 321 m

hen wir auf der Schotterpiste bis zu der Weggabelung im Bachbett, aber nicht rechts zur Asphaltstraße hoch, sondern geradeaus weiter. Nach 500 m erreichen wir eine verfallene Kapelle links am Weg und rechts am Weg befindet sich bereits die neu gebaute Kapelle. Unterhalb einer mächtigen Felswand gehen wir durch lichten Kiefernwald nun stets bergauf. Bei einer Einsattelung gabelt sich der Weg, halb links geht es Richtung eines neu gebauten Strommastens, während wir zunächst halb rechts gehen. Nach weiteren 250 m folgen wir der Piste durch eine 180°-Kehre. Angekommen auf einem Plateau, überqueren wir eine erste Hochebene. Wir erreichen eine zweite Hochebene und eine 02 **Weggabelung** (269 m). Der Pfad links zum Gipfel ist unser Rückweg, wir gehen nun am äußersten rechten Rand des Feldes, oberhalb der Felswand, welche wir beim Aufstieg gesehen hatten. Wir erreichen ein drittes Feld, das sich

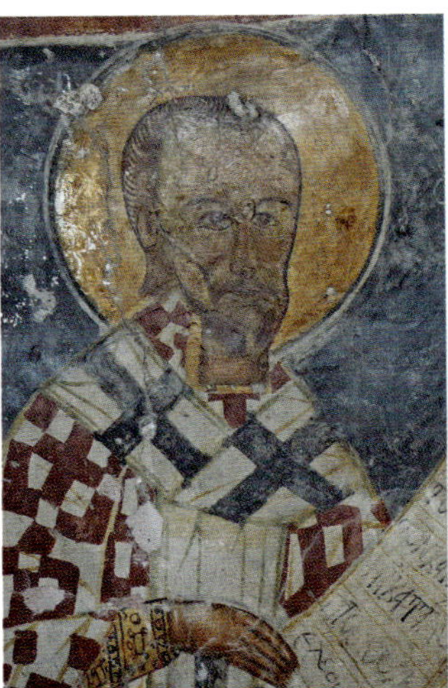

Die Kirche Agios Thomas

Variante

Den Abstecher zum Nebengipfel kann man auslassen und sofort den Aufstieg zum Hauptgipfel beginnen.

zum Ende hin verjüngt, queren auf einer Schotterpiste ein kleines Waldstück und queren das viertes Feld, bis zu seinem rechten äußersten Ende. Dort begehen wir den beginnenden Pfad. Wir kommen vorbei an den Überresten eines Zauns und wandern auf einem Bergrücken. Als Orientierungspunkt nehmen wir das weithin sichtbare Holzgestell eines ehemaligen Ausgucks. Auf dem letzten Stück verdichtet sich das Buschwerk, bis wir schlussendlich den 03 **Vorgipfel** (316 m) erreicht haben. Wir können den Blick über die komplette Südostküste von Rhodos schweifen lassen. Wir gehen zunächst auf dem gleichen Weg bis zum viertes Feld zurück, um dort den 04 **Aufstieg zum Hauptgipfel** (321 m) anzupacken. Dazu gehen wir 20 m am rechten Felsrand entlang und dann weglos – in Verlängerung des eingeschlagenen Weges – durch das dichte Buschwerk auf den gegenüberliegenden Bergrücken, der Richtung Norden steil abbricht. Links bergauf steigen wir bis zum 05 **Hauptgipfel** (321 m) auf. Ein großer Steinhaufen markiert den höchsten Punkt, 360°-Rundumblick garantiert – naja, wenn das Wetter mitspielt. Wir beginnen unseren Abstieg über das zweite große Feld – vom Hinweg – auf einem der vielen Ziegenpfade Richtung der großen Strommasten bis zum Wegpunkt 02. Von dort gehen wir auf dem bereits bekannten Hinweg zurück.

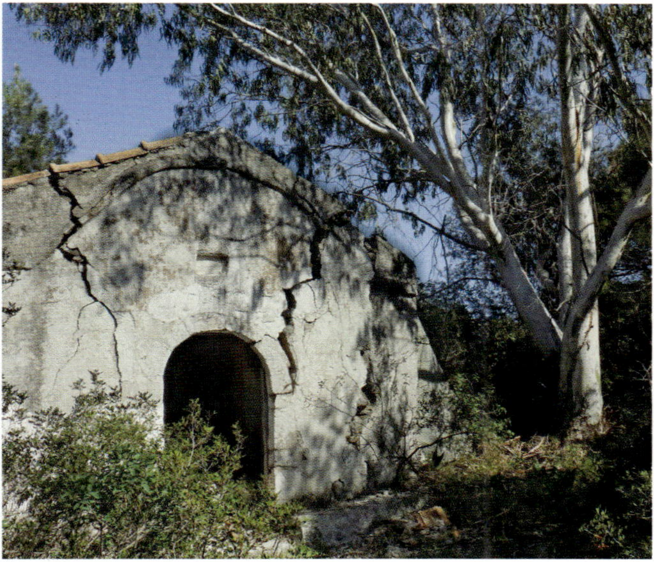

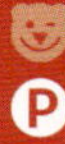

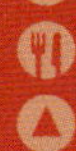

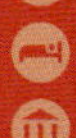

Verfallende Kapelle

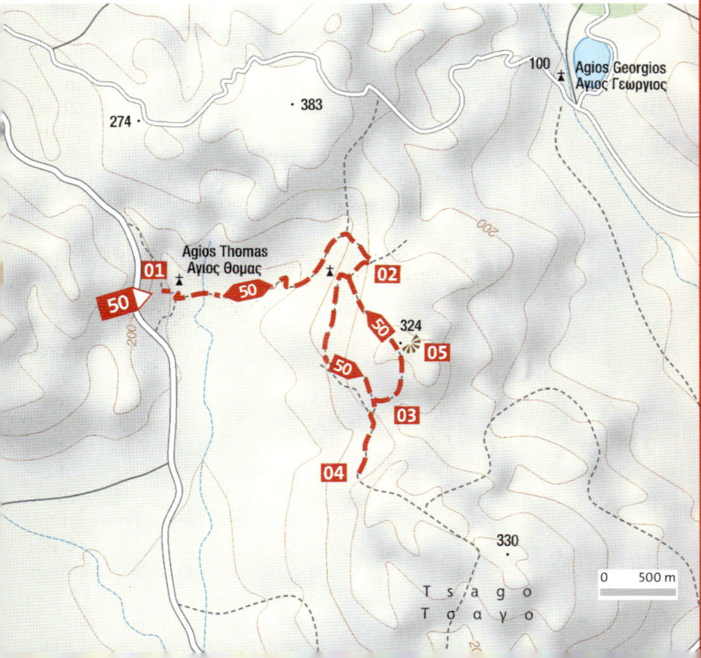

100
Agios Georgios
Αγιος Γεωργιος
383
274
200
Agios Thomas
Αγιος Θομας
01
02
03
04
05
50
324
330
0 500 m
Tsago
Τσαγο

THALASSO SPA RESORT – LACHANIA – STRAND VON LACHANIA

Ursprüngliche Natur, traditionelles Essen in einem idyllischen Dorf und Zeit für Badevergnügen

 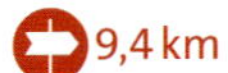 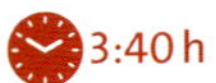 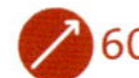  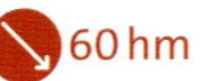 
9,4 km | 3:40 h | 60 hm | 60 hm | 248

START | Buslinie KTEL: Jeden Dienstag und Donnerstag eine tägliche Verbindung. Entfernung Rhodosstadt: 73 km. Mit dem Pkw fahren wir auf der südwestlichen Küstenstraße noch vorbei an Gennadi, folgen dann der Ausschilderung zum Thalasso Spa Resort und parken auf dem großen Parkplatz.
Geokoordinaten: [GPS: N35° 56,441 O27° 51,972].
CHARAKTER | Auf dieser mittelschweren Wanderung gibt es nur zwei knifflige Stellen, die etwas Orientierungssinn voraussetzen.

Vom Fünfsternehotel Thalasso Spa Resort führt unsere Wanderung durch fruchtbare Hügellandschaft zu dem romantischen Dorf Lachania. Noch in den achtziger Jahren war es fast komplett entvölkert, dann plötzlich nahm die Entwicklung einen ganz anderen Lauf, denn ausländische Investoren erweckten den Ort zum Leben. Sie renovierten die traditionellen Häuser und gaben dem Ort ein neues Erscheinungsbild. Inmitten befindet sich eine sehr traditionelle Taverne, die zum Verweilen einlädt. Der Rückweg führt durch eine kleine Schlucht bis zum Meer herunter, wo das dunkelblaue Mittelmeer und die ruhige Ägäis aufeinandertreffen.

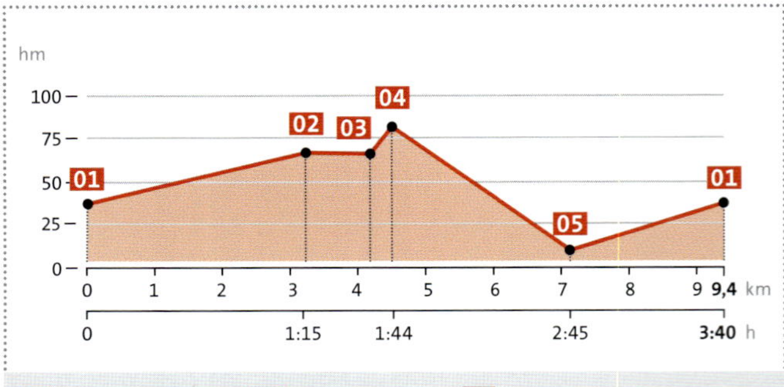

01 Start und Ziel 51 m; 02 Piste verlassen 71; 03 Larchania Kirche 64 m; 04 geradeaus 75 m; 05 Strand von Lachania 1 m

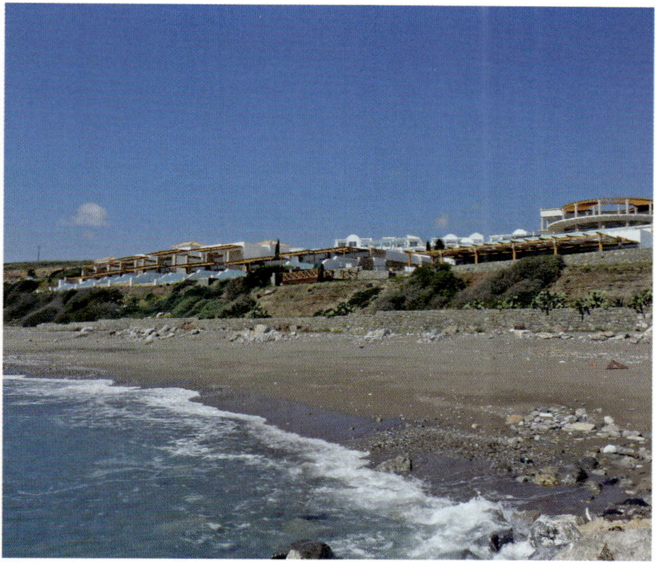

Thalasso Spa Resort

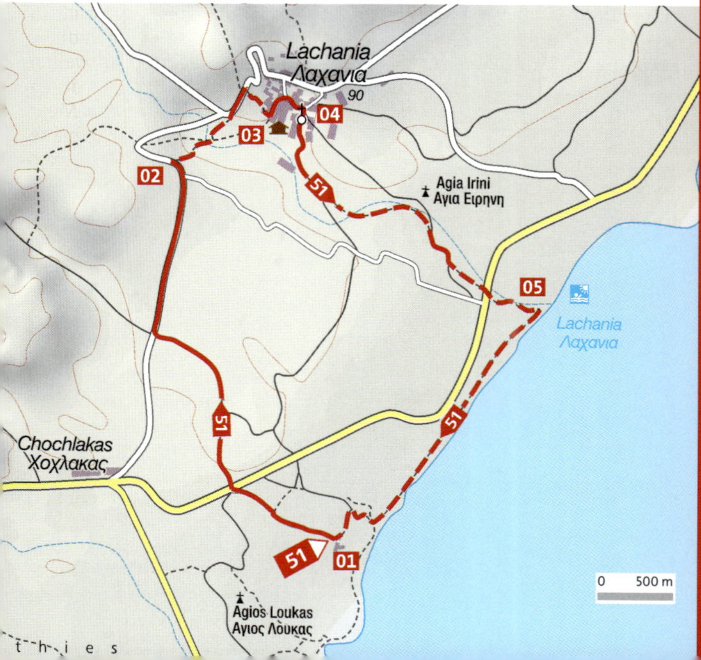

▶ Vom 01 **Start und Ziel** (51 m) am Thalasso Spa Resort gehen wir auf der Anfahrtsstraße bis zur Hauptstraße zurück. Diese queren wir gerade herüber und gehen vorbei an den nicht fertig gestellten Häusern und den Solarpanels. Nur kurz später passieren wir einen Einsiedlerhof. Wir lassen Abzweiger nach rechts und links liegen, bis unser Weg endet. Wir gehen rechts auf der Piste und erreichen nach 950 m eine Weggabelung, hier entscheiden wir uns für den Arm halb links und verlassen nach 110 m die Hauptpiste auf die halb rechts abzweigende 02 **bergab führende Schotterpiste** (71 m). Nach weiteren 80 m gehen wir an der Weggabelung halb links, queren im weiteren Verlauf das Flussbett, bis dann der Weg wieder bis zur Asphaltstraße ansteigt. Dort gehen wir rechts, im weiteren Verlauf über eine Brücke und vorbei an einem Brunnen. Wir biegen bei der nächsten Möglichkeit rechts in die Straße, die uns

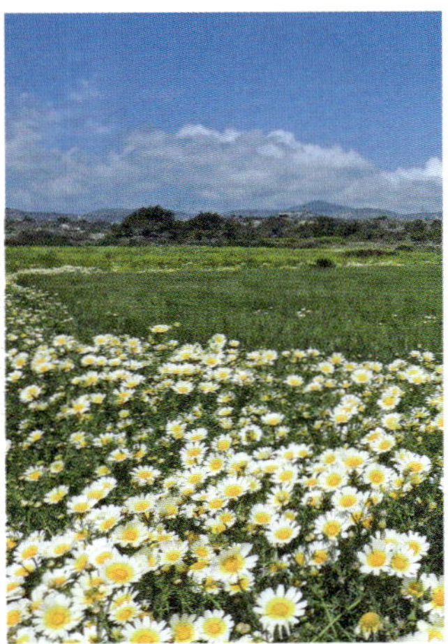
Saftige Frühlingswiesen

Sehenswert

In Lachania gibt es 60 m nordwestlich von der St.-George-Kirche eine alte Ölpresse zu bewundern.

zum wunderschön restaurierten Dorf 03 **Lachania** (64 m) führt, das seinen alten Charme erhalten konnte. Besonders deutlich wird dieser in der Taverne Platanos, idyllisch gelegen unter hohen Platanen neben der St.-George-Kirche. Wir gehen vorbei am alten Brunnen auf der leicht bergauf führenden Straße durch das Dorf, bis wir 50 m hinter dem Theofilos House – bei zwei hölzernen Strommasten – rechts in die Straße biegen. Bei der folgenden Weggabelung gehen wir nicht halb links zu den Überresten der Windmühlen, sondern 04 **geradeaus** (75 m) weiter auf die Schotterpiste. 300 m hinter dem letzten Anwesen wählen wir bei der Weggabelung den halb links abzweigenden Arm. Wir erreichen eine kleine Schlucht und gehen in dieser parallel zum Trockenflussbett. Im weiteren Verlauf queren wir das Flussbett zweimal, bis wir eine Brücke an der Hauptstraße erreichen. Hier unterqueren wir die Brücke weglos und gehen nun im Trockenflussbett bis wir den 05 **Strand von Lachania** (1 m) erreichen. Es folgt ein astreiner Spaziergang an dem 1,7 km langen Kieselsteinstrand. Sobald wir auf gleicher Höhe mit den Flutlichtern für die Tennisplätze sind, gehen wir auf der bergaufführenden Piste oberhalb der Häuser des Thalasso Spa Resort – aber schon in der Anlage – bis zu unserem geparkten Pkw.

FISCHRESTAURANT – THALASSO SPA RESORT – TRAUMBUCHTEN

Wanderung zu verträumten Traumbuchten

 5,9 km 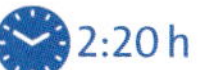

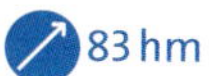

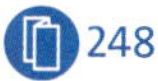

START | Buslinie: keine Busanbindung. Entfernung Rhodosstadt: 75 km. Mit dem Pkw fahren wir auf der südwestlichen Küstenstraße Richtung Prasomissi – ganz im Südwesten der Insel –, biegen dann aber links Richtung Fischrestaurant Plimmyri ab. Geokoordinaten: [GPS: N35° 55,752 O27° 51,535].
CHARAKTER | Es gibt nur eine kurze, etwas schwierigere Passage auf der sonst leichten Wanderung.

Am kleinen Fischereihafen Plimmyri befindet sich die ursprüngliche und sehr empfehlenswerte Fischtaverne Plimmyri. Direkt dort hinter befinden die Überreste einer dreischiffigen Basilika aus dem 5.–6. Jahrhundert, zeugen der dichten Besiedlung des Inselsüdens. Vorbei führt die Wanderung an den 400 Betten große Hotelkomplex Tui Magic Life Plimmyri weiter zu dem 5-Sterne-Atrium-Prestige-Hotel. Der Höhepunkt der Wanderung zwei Traumstrände. Sie liegen windgeschützt unterhalb kleiner Klippen, haben einen sehr feinen Kieselstrand und laden zum Verweilen. Baden kann man sehr gut im seichten Wasser.

Vor oder nach der Wanderung sollte man auf jeden Fall die Kirche Zoodhochos Piji besichtigen. Sie befindet sich direkt hinter

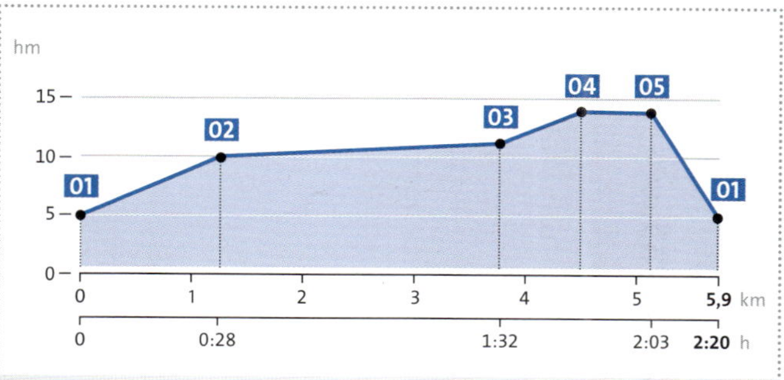

01 Start und Ziel 10 m; 02 Straße verlassen 14 m; 03 Atrium Prestige Hotel 3 m; 04 erste Traumbucht 3 m; 05 zweite Traumbucht 3 m

der Taverne. So wird man in den Wänden noch antikes Baumaterial entdecken. Geht man 10 m weiter in nördliche Richtung, so stößt man auch auf die Reste eines frühchristlichen Fußbodenmosaiks. Zur Wanderung: Vom **01 Fischrestaurant** (10 m) gehen wir auf der Anfahrtstraße zurück. Wir lassen den Abzweiger links zum TUI Magic Live liegen und gehen an dem Haus mit den blauen Fensterläden vorbei. Die **02 Straße verlassen** (14 m) wir rechts in die Schotterpiste, Richtung der Kapelle St. Luke. An der Weggabelung mit dem nicht intakten Brunnen gehen wir nicht rechts zur Kapelle, sondern halten uns links. Abermals gabelt sich der Weg, wir gehen halb links Richtung Anhöhe. Nachdem wir ein Stück Zaun umlaufen haben, treffen wir auf die Hauptstraße bei vier einzelstehenden Steinhäusern. Rechts entlang der

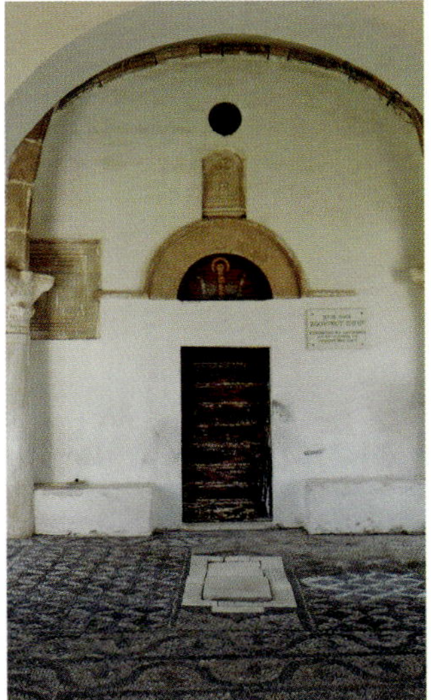

Virgin Zoodochos Pigi

Sehenswert

Die Überreste einer dreischiffigen frühchristlichen Basilika aus dem 5.–6. Jahrhundert, auf der heute die Kirche Zoodochos Piji steht.

Straße gehen wir exakt 170 m auf dieser, um dann rechts über einen künstlich aufgeschütteten Sandwall zu steigen. Wir folgen der schwer auszumachenden Piste bis an einen unüberwindbaren Zaun. An diesem gehen wir links entlang, bis wir nach 80 m einen Durchlass finden. Nach einigen Metern rechts gabelt sich der Weg, wir gehen halb links. Schon bald haben wir freien Blick auf das Meer und rechts sehen wir das **03 Atrium Prestige Hotel** (3 m). An der Schranke zur Hotelanlage gehen wir links vorbei, unterhalb der Tennisplätze erreichen wir das Meer und gehen direkt am Strand der Anlage vorbei. Wir erreichen die **04 erste Traumbucht** (3 m). Die 150 m breite Bucht liegt windgeschützt unterhalb kleiner Klippen und hat einen sehr feinen Kieselstrand. Baden kann man sehr gut, denn es geht seicht ins Wasser. Hinter der scharfen Landspitze mit einer auffälligen, vom Wind geformten Steinskulptur erreichen wir die **05 zweite Traumbucht** (3 m). Sie ist etwas felsiger und teilweise hat sich Müll angesammelt. Vorgelagerte Felsen erschweren den Gang ins Wasser. Wir gehen bis zum Ende der Bucht und steigen in einer Erosionsrinne auf die 30 m hohe Klippe. Dort orientieren wir uns zu den halb links liegenden Ruinen und auf der beginnenden Schotterpiste herunter zur Taverne.

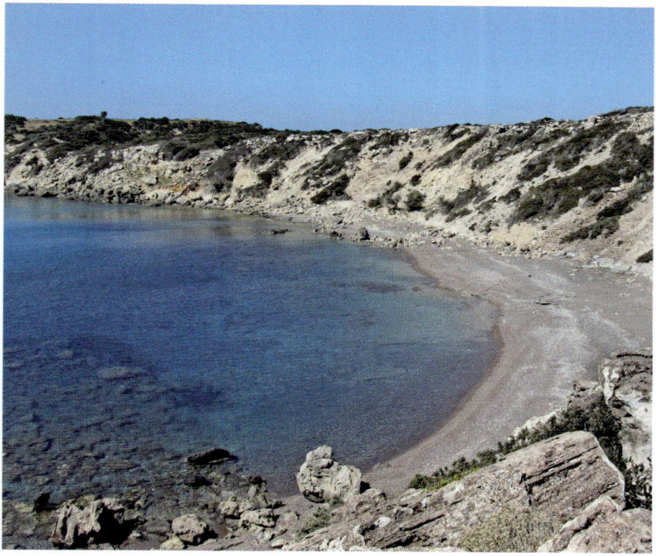

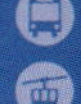
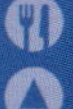
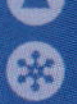
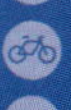
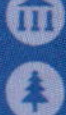

Traumbucht

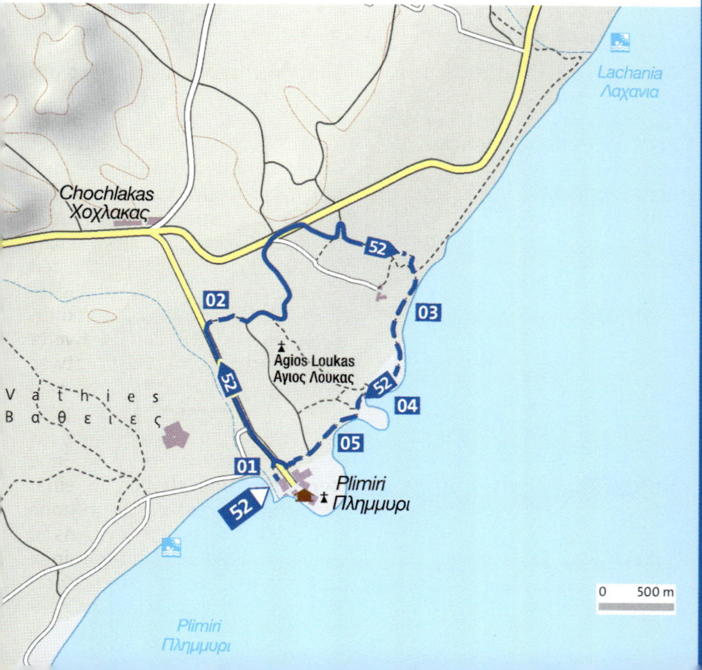

Lachania
Λαχανια
Chochlakas
Χοχλακας
52
02
03
Agios Loukas
Αγιος Λουκας
52
04
V a t h i e s
Β α θ ε ι ε ς
05
01
Plimiri
Πλημμυρι
52
0 500 m
Plimiri
Πλημμυρι

NATÜRLICHE TRAUMSTRÄNDE

Die schönste Strandwanderung aus diesem Wanderführer

 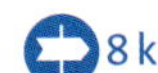 8 km  2:40 h  0 hm  0 hm 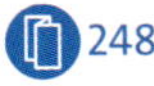 248

START | Buslinie: keine Busanbindung. Entfernung Rhodosstadt: 81 km. Mit dem Pkw fahren wir auf der südwestlichen Küstenstraße Richtung Prasonissi, ganz im Süden der Insel. Genau 4,7 km hinter dem linken Abzweiger Richtung des Fischrestaurants Plimmyri und TUI Magic Life – bei einem rechts stehenden Kirchenturm – verlassen wir die Hauptstraße nach links in äußerst beeindruckender Baumallee. Auf dieser teilweise schlechten Piste fahren wir 3,7 km, um dann rechts abzubiegen zu der etwas erhöht liegenden Kapelle.
Geokoordinaten: [GPS: N35° 55,177 O27° 48,887].
CHARAKTER | Die größte Herausforderung auf dieser Tour ist die Anfahrt mit dem Pkw. Es folgt ein Strandspaziergang bei immer eindeutiger Streckenführung.

Ganz im Süden von Rhodos befindet sich, versteckt und weit entfernt von der Hauptstraße, einer der schönsten Strandabschnitte von Rhodos. Auf 2,5 km Länge erstreckt sich eine Traumbucht. Vorgelagerte Riffe, bis zu 20 m hohe Sanddünen – auf denen sich malerisch kleine Zedern angesiedelt haben – und größtenteils Sandstrand, ein Garant für verführerische Schönheit. Keinerlei tou-

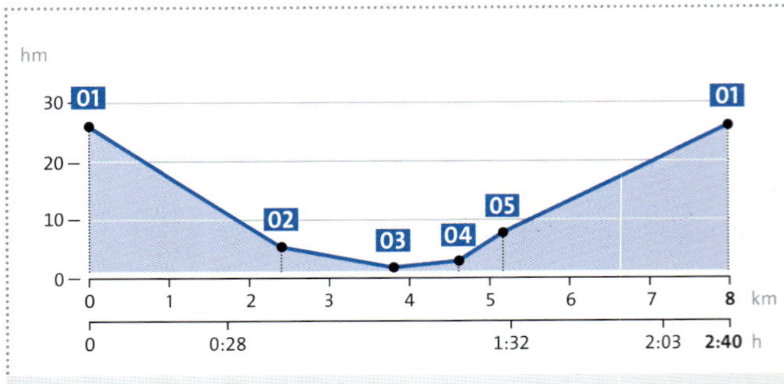

01 Start und Ziel 21 m; 02 die erste Traumbucht 1 m; 03 vorgelagertes Kliff 1 m; 04 Sanddünen 2 m; 05 Treppen 12 m

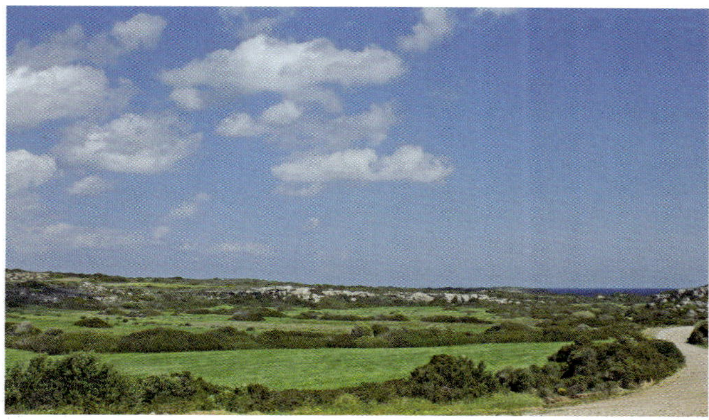

Blick Richtung Meer

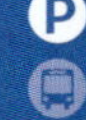
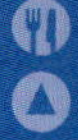
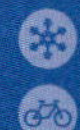
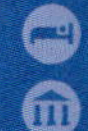

ristische Infrastruktur überzeugt jeden Naturliebhaber. Einfach ankommen und genießen. Der einzige Wermutstropfen ist leider der Müll in den Dünen!

▶ Vom **01** **Start und Ziel** (21 m) bei der kleinen Kapelle St. George gehen wir auf der weiterführenden Schotterpiste leicht bergauf. Links unterhalb befinden sich eine kleine idyllische Schlucht und Felder. Nach einer Rechtskehre gehen wir in der folgenden Linkskehre an der Weggabelung geradeaus, Richtung Meer herunter. Abzweiger nach rechts und links ignorieren wir. Bei einem

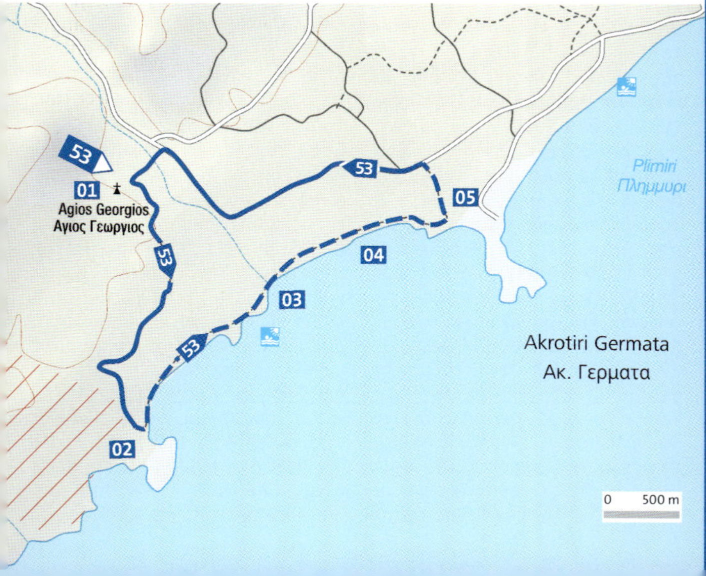

53
01
Agios Georgios
Αγιος Γεωργιος
02
03
04
05
Plimiri
Πλημμυρι
Akrotiri Germata
Ακ. Γερματα
0 500 m

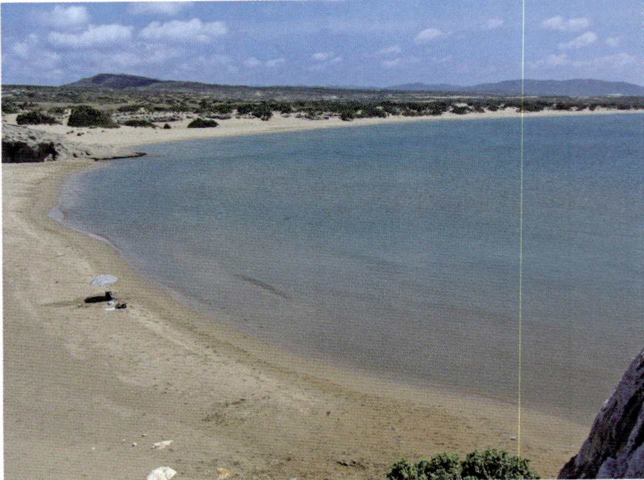

Die erste Traumbucht

Trockenbachbett macht die Piste eine 180°-Kehre. Nur kurz später treffen wir auf die Warntafel des militärischen Sperrgebiets. Hier gehen wir halb links an dem Sperrgebiet vorbei. Nach 220 m gabelt sich der Weg abermals, wir gehen halb links auf einen Felsen zu. Vor diesem kann man rechts zum Strand absteigen, 02 **die erste Traumbucht** (1 m). Feinster Sandstrand, in der Regel nur wenige Wellen, ein flach ins Wasser führender Strand, beschreiben am besten die schönste Badestelle auf der heutigen Wanderung. Die nachfolgende Streckenführung geht immer entlang am schönen Strand. Mittig von der Bucht erreichen wir ein 03 **vorgelagertes Kliff** (1 m). Auch befinden sich hier ein kleiner Zufluss und ein Zugang, dem man mit dem Pkw erreichen kann. An dieser ungeschützten Stelle wehen die Nordwestwinde meistens mit voller Kraft. Nach weiteren 700 m kommen wir an prachtvollen 04 **Sanddünen** (2 m) vorbei. Wir sind nun nahezu am Ende der Bucht, umlaufen nur noch eine felsige Landspitze und erreichen noch eine kleine Bucht. Hier orientieren wir uns Richtung der betonierten 05 **Treppen** (12 m). Direkt vor Treppenansatz gehen wir halb links und zwischen den beiden Grundstücken hindurch. Bei Eukalyptusbäumen beginnt eine Schotterpiste. Nach 400 m endet diese und wir gehen links bis zu einem Olivenhain, wo auch dieser Weg endet. Wir gehen rechts in der Schlucht und sehen links oberhalb bereits die Kapelle am Start und Ziel unserer Wanderung.

Hinweis

Bitte klären Sie im Vorfeld, ob Sie mit Ihrem Mietwagen auf unbefestigten Straßen fahren dürfen. Sonst zahlt bei eventuellen Schäden die Versicherung nicht.

EINSAMER STRANDABSCHNITT

Exkursion an die südliche Ostküste von Rhodos

 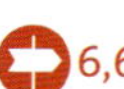 6,6 km  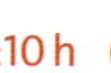 2:10 h 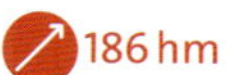 186 hm  186 hm 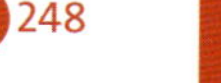 248

START | Buslinie: keine Busanbindung. Entfernung von Rhodosstadt: 86 km. Mit dem Pkw fahren wir bis kurz vor dem südlichsten Zipfel der Insel. 1,3 km hinter der Zufahrt zum Kraftwerk mit seinen zwei Schornsteinen treffen wir innerhalb von 70 m auf drei linke Abzweiger. Am mittleren Abzweiger gibt es eine gute Parkmöglichkeit.
Geokoordinaten: [GPS: N35° 54,335 O27° 46,851.
CHARAKTER | Zwei weglose Abschnitte erfordern einen guten Orientierungssinn auf der mittelschweren Wanderung.

Die kommunalen Dienste, Umweltschützer und Hoteliers entfernen jedes Jahr wieder, vor dem Beginn der Touristensaison, Hunderte Tonnen Abfall aus Buchten und von Klippen. Auf dieser sonst wunderschönen Wanderung, zu einem versteckten Strandabschnitt, lässt sich das jährliche Ökodesaster sehr gut erleben, wenn keine Maßnahmen ergriffen werden, den Müll zu entsorgen. Nur eine Bewusstseinsänderung bei den älteren Griechen und ein europäischer Aktionsplan könnte die Situation ändern. Lediglich 5 % der Wanderstrecke sind verschmutzt die restlichen 95 % wandert man durch die idyllische Natur. Diese Worte sind eher gedacht als ein Plädoyer für den Umweltschutz.

▶ Vom 01 **Start und Ziel** (41 m) gehen wir kurz parallel zur Stra-

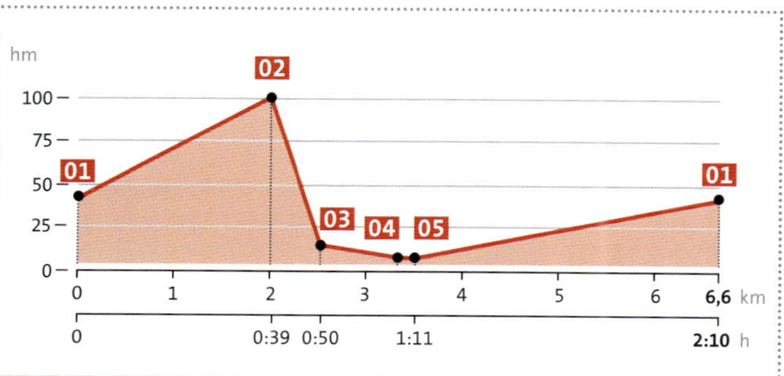

01 Start und Ziel 41 m; 02 Bunker 108 m; 03 Minibucht 3 m; 04 einsamer Strandabschnitt 5 m; 05 kreative Kunst am Müll 1 m

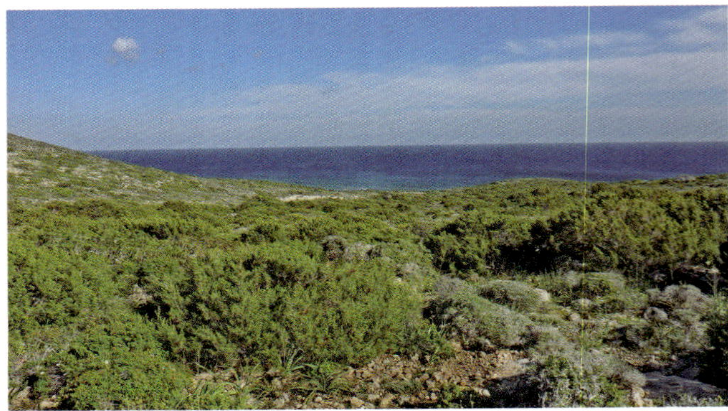

Blick zum Meer

ße, um dann halb links oberhalb einer Ziegenhaltung auf eine Schotterpiste zu gelangen. Der schwierigste Teil der Wanderung ist der Spießrutenlauf durch die zum Glück angebundenen, laut bellenden Hunde. Auf der stark erodierten Piste gehen wir kontinuierlich bergauf, bis sich der Weg gabelt. Halb links führt er zu einer Ruine, wir gehen noch geradeaus weiter bis zur einer Anhöhe, auf der ein 02 **Bunker** (108 m) steht. Hinter der Anhöhe wandern wir weglos Richtung Meer. Dabei folgen wir zunächst der Falllinie, bis wir unsere Richtung anpassen, nun halb links Richtung einer 03 **Minibucht** (3 m). Auf dem vom Bewuchs freien Abschnitt zwischen Meer und Vegetation gehen wir in nordöstlicher Richtung an der felsigen Küste entlang. Nach 300 m lässt sich schon der schöne Sandstrand ausmachen, wir müssen aber noch eine kleine Bucht umlaufen. Kurz vor der zweiten Bucht können wir zu dieser hinuntersteigen. Bei Ebbe findet man hier den schönsten Strandabschnitt, da er nicht vermüllt ist, wie das, was folgt. Auf weißem steinigem Untergrund wandern wir über eine Felsnase und erreichen einen 04 **einsamen Strandabschnitt** (5 m). Man kann noch weitere 340 m am Strand entlanggehen, bis dahinter die Küste wieder felsig wird. Ein verschmutzter Strand bietet natürlich viel Freiraum 05 **kreative Kunst am Müll** (1 m) – wenn wir das mal positiv sehen wollen. Man kann noch bis an das nördliche Ende des Strandabschnittes spazieren. Den Rückweg beginnen wir am südlichen Ende des 340 m langen Strandes. Dazu gehen wir nur 40 m ins Landesinnere und folgen links der Schotterpiste weitere 40 m, bis sie ein Trockenbachbett überquert hat. Hier gehen wir rechts und folgen einem der vielen Ziegenpfade, parallel zum und erhöht über dem Bachbett. Auf dem folgenden 700 m langen Wegstück ist der Pfad nicht immer einfach auszumachen, bis wir eine Anhöhe erreichen. Hier sehen wir halb links oberhalb die Ruine am Hinweg. Wir peilen das rechte untere Ende eines Zaunes an, der die Ruine umgibt. Dort angekommen, sind es nur noch wenige Meter, bis wir auf den bekannten Hinweg stoßen.

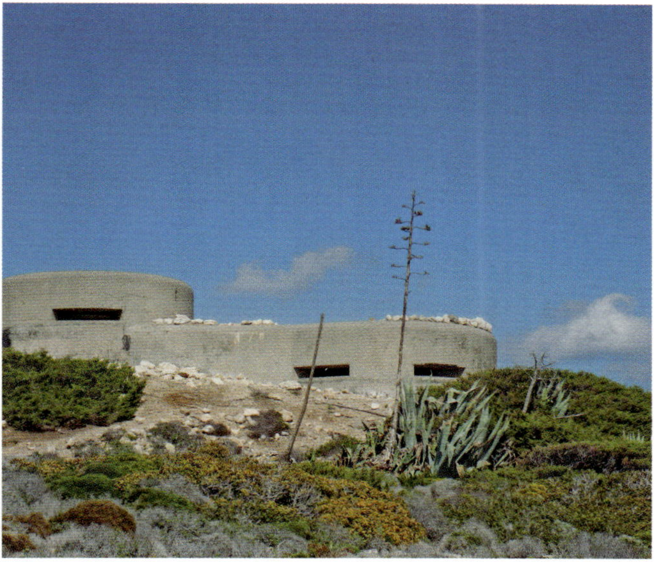

Bunker

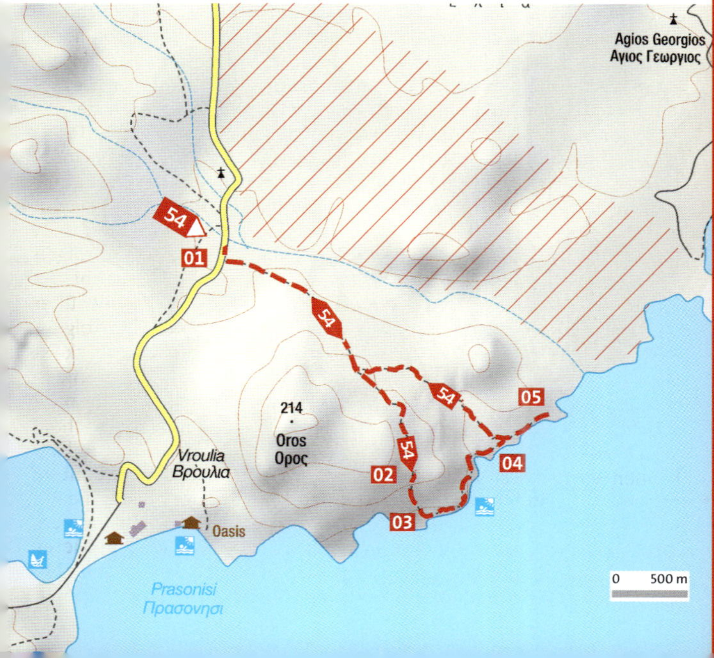

Agios Georgios
Αγιος Γεωργιος

54
01
54
54
54
05
04
02
03
214
Oros
Ορος
Vroulia
Βρουλια
Oasis
Prasonisi
Πρασονησι
0 500 m

PRASONISI INSEL

Spannende Wanderung zur südlichsten Spitze von Rhodos

 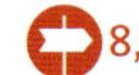 8, km  3:40 h  134 hm 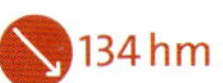 134 hm  248

START | Buslinie: keine Busanbindung. Entfernung Rhodosstadt: 89 km. Mit dem Pkw fahren wir an den südlichsten Punkt der Insel. Geokoordinaten: [GPS: N35° 53,497 O27° 46,395].
CHARAKTER | Einfache Wanderung bei stets eindeutiger Wegführung. Aber Achtung! Bei Sturm mit hohem Wellengang wird die Halbinsel regelmäßig überflutet. Je nach Strömung entsteht ein bleibender Durchbruch durch die Sandbank. Eine Durchquerung des Kanals sollte mit Vorsicht angegangen werden, da es dabei schon zu Todesfällen gekommen ist.

Prasonissi bezeichnet die vorgelagerte und unbewohnte Insel. Prasonissi nennt man aber auch den 900 m langen und bis zu 700 m breiten Sandstrand, der sich von der Südspitze aus in beide Richtungen erstreckt, der Ausgangspunkt der Wanderung. Nach einem kurzen Ausflug in die antike Geschichte Griechenlands wandern wir über die vorgelagerte Insel zu einem Leuchthaus. Traumhaft ist der Blick von der Anhöhe über das weite blaue Mittelmeer. Auf dem Rückweg machen wir noch einen Abstecher zu einem versteckten Sandstrand mit einer astreinen Badegelegenheit in einer windgeschützten Bucht.

▶ Am Ortseingang der Streusiedlung von 01 **Prasonisi** (4 m) folgen

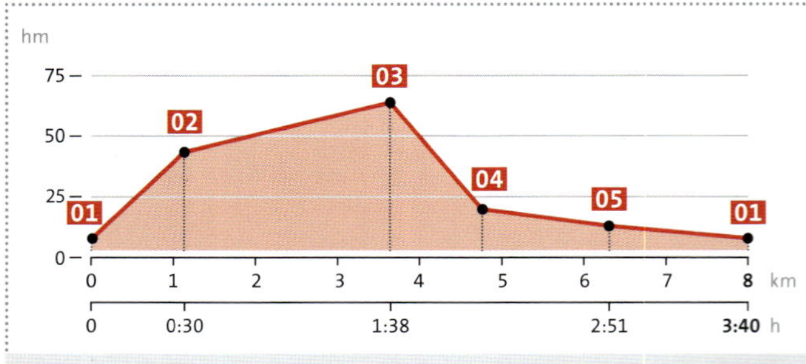

01 Start und Ziel Prasonisi 4 m; 02 Nekropolis 56 m; 03 höchster Punkt 75 m; 04 Leuchthaus 51 m; 05 Secret Beach 1 m

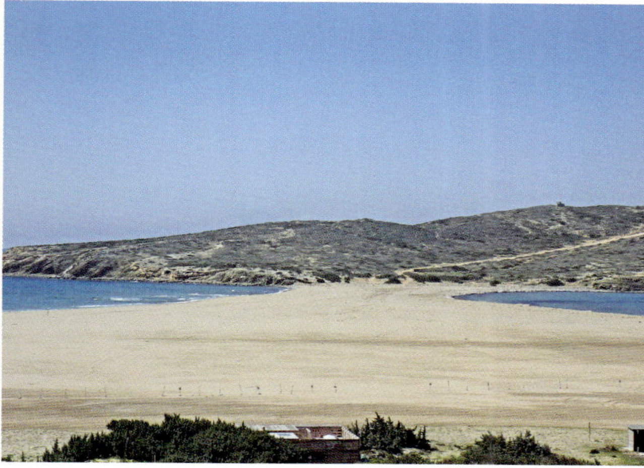
Prasonisi Strand

wir rechts der Ausschilderung zu der antiken Stadt Vroulia. Bei einem großen Parkplatz erreichen wir den Eingang zum eingezäunten Gelände. Sollte die Tür versperrt sein, so kann man an dem Meer zugewandten Zaun aufsteigen und gelangt so bequem am Ende des Zauns in die Anlage – stehen ja nirgends Verbotsschilder. Geht man gut 240 m bergauf, entlang der Überreste der Stadtmauer und kleinen Wohneinheiten, so erreicht man die 02 **Ne-**

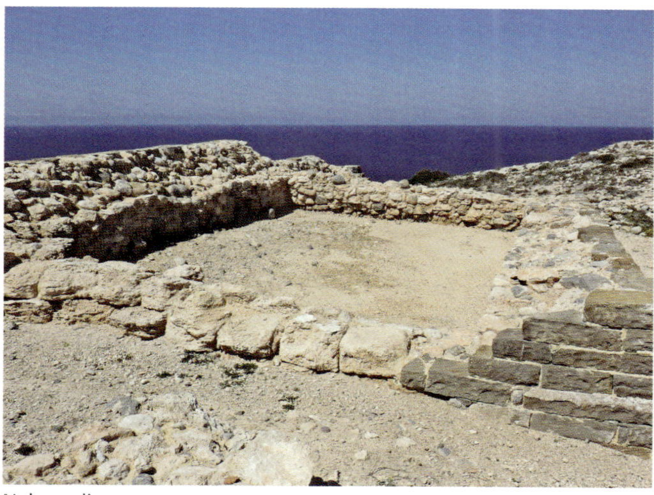
Nekropolis

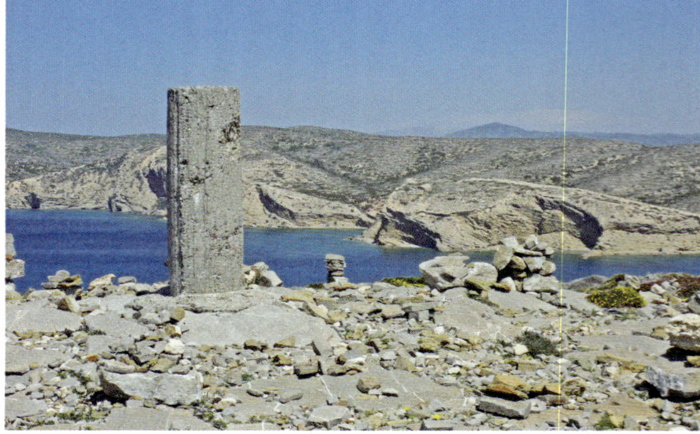

Insel Prasonisi

kropolis (56 m), die Totenstadt, eine baulich gestaltete größere Begräbnis- und Weihestätte. Nach der Besichtigung verlassen wir das Gelände, queren den großen Parkplatz und gehen zunächst am schmalen Küstenstreifen entlang. Im weiteren Verlauf queren wir den 900 m langen Sandstrand, Richtung der vorgelagerten Insel. Dank der stets steifen Brise ein Eldorado für Surfer, die je nach Windrichtung wahlweise an der Ost- oder Westküste surfen können. Das Landschaftsbild der flach gegliederten und von Zwergstrauchvegetation geprägten Halbinsel wird zum Meer hin von Brandungszonen und einer schönen Sandbucht in Lee bestimmt. Bei einer Ruine folgen wir der halb rechts bergauf führenden Schotterpiste, um nach 600 m – wir sehen gerade aus eine weitere Ruine

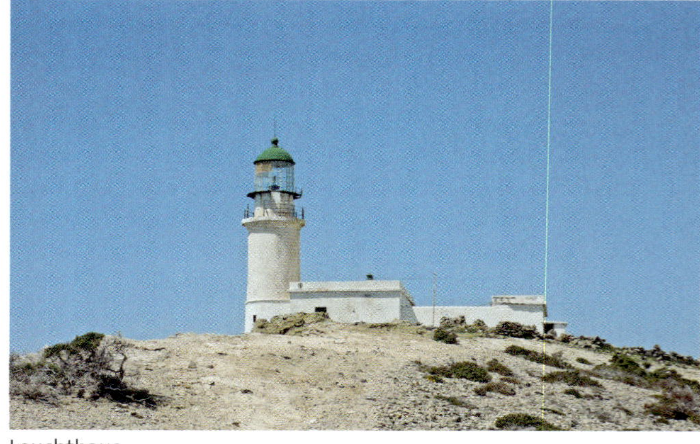

Leuchthaus

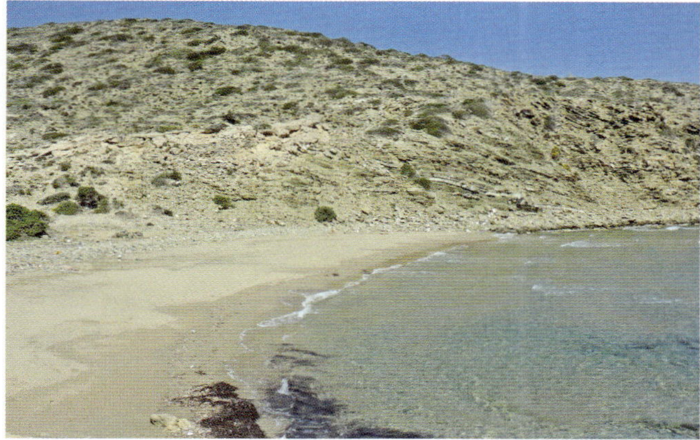
Secret Beach

– halb rechts bei einem Betonpfeiler den **03** **höchsten Punkt** (75 m) der Insel zu erreichen. Nach 200 m, noch vor dem tiefsten Punkt in der Senke, verlässt nach rechts ein Pfad den Hauptweg und wir erreichen einen **05** **Secret Beach** (1 m). Die kleine Sandbucht ist nur 60 m breit und lädt zum Verweilen ein. Für den weiteren Rückweg gehen wir 50 m landeinwärts, um dann scharf rechts auf die Klippe zu steigen und bei einem Steinmännchen dem Pfad zu folgen. Angekommen auf dem Bergrücken gehen wir nicht links bergauf, sondern bleiben auf einem Pfad, Richtung Osten, oberhalb der Küstenlinie, bis wir den breiten Strand von Prasonissi sehen und uns Richtung der bekannten Ruine vom Hinweg orientieren. Nachdem wir quer über die Sandbank gegangen sind, erreichen wir unser Ziel.

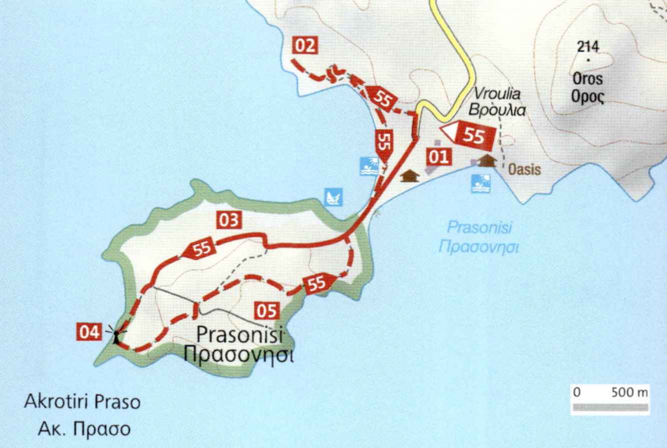

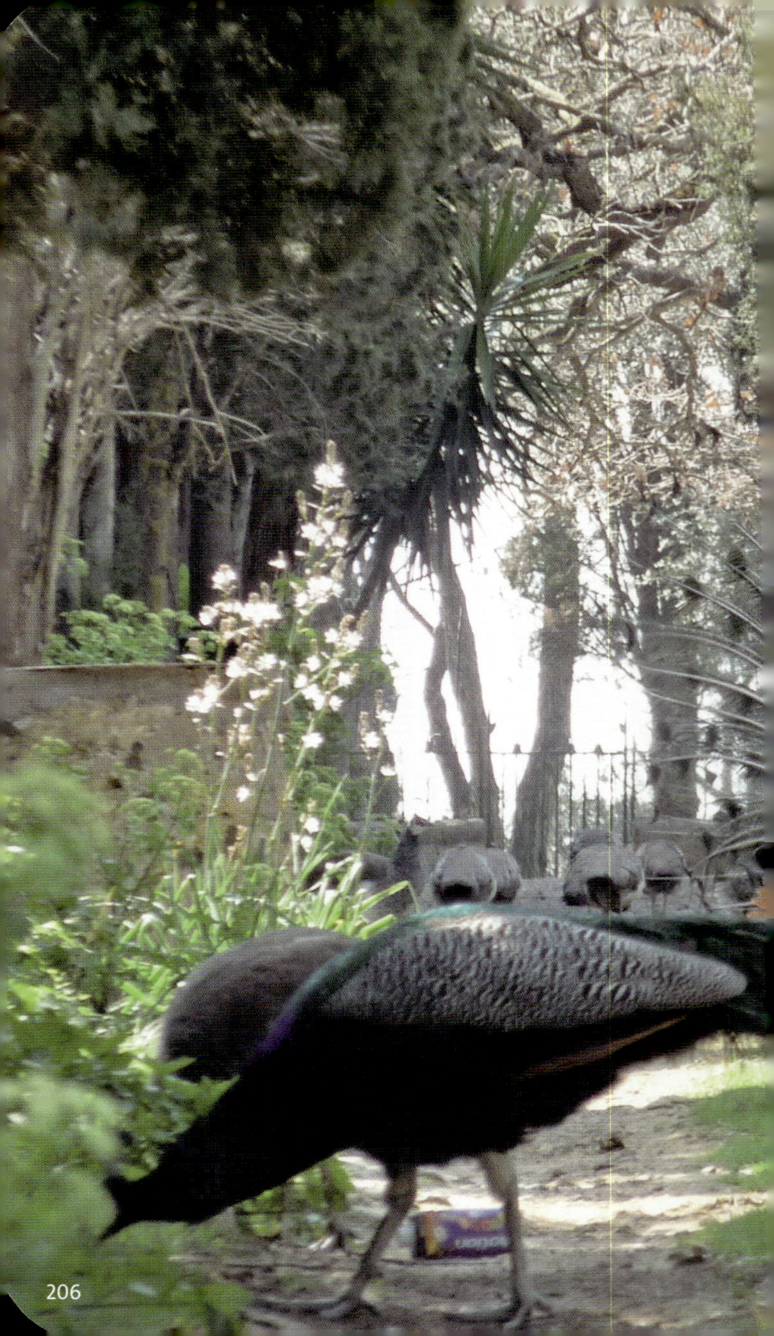

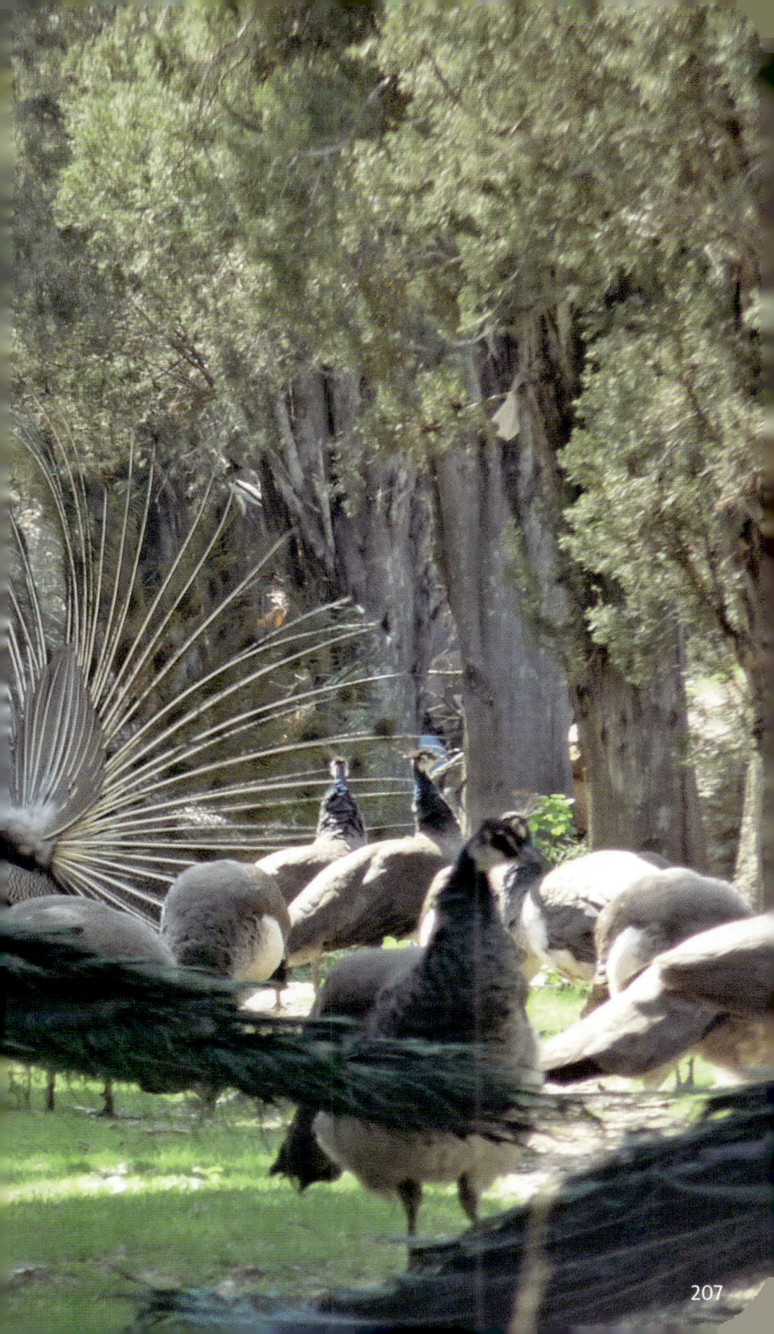

Aquarium – 1934 unter italienischer Herrschaft erbaut
An der Nordspitze der Insel Rhodos befindet sich das Aquarium vom Rhodos. In der Zeit zwischen 1934 und 1936 errichtet und als historisches und unter Denkmalschutz gestelltes Monument. Das Aquarium ist in einer unterirdisch geformten Höhle untergebracht, mit Gängen aus porösem Sandgestein und dekoriert mit natürlichen Schalentieren. Architektonisch gestaltet, sodass der Besucher den Eindruck gewinnt, dass er sich unter dem Meeresspiegel befindet. Jährlich strömen mehr als 200.000 Besucher in die Unterwasserwelt. Hauptattraktion sind die uralten Schildkröten große Rochen und seltene Fischarten. Ein weiterer Museumstrakt präsentiert präparierte Haie und andere Meereslebewesen. | Kalimnou Lerou, **85100 Rhodos** | http://rhodes-aquarium.hcmr.gr/en/ | 0030241027308 | Eintritt: Erwachsene 5,50 € ermäßigt 2,50 € | Öffnungszeiten November–März: täglich 9:00–16.30 Sommer: täglich 9:00–20:30 | GPS-Pkw 36.457158 28.220702 |

Archäologisches Museum – im ehemaligen Ordenshospital der Johanniter Ritter
Das Krankenhaus der Könige wurde in der Zeit von 1440–1484 errichtet – eines der herausragenden Gebäude der Ritterzeit. Seit 1916 Museum werden Exponate aus der post-klassischen, hellenistischen, römischen und Ritterzeiten aus Rhodos und seine Nachbarinseln gezeigt. Dazugehören: Statuen, Vasen, Mosaiken, Schmuck, Urnen, Amphoren und Münzen. Zu den besonderen Highlights gehören: Das Grabrelief aus Marmor von Krito und Timariste aus dem antiken Kamiro asl auch ein Kopf aus Marmor, aus dem 2. Jahrhundert vor Christi, welcher den Sonnengott Helios darstellt. | Platia Mousiou, **Rhodos 85100** | Öffnungszeiten Dienstag bis Sonntag 08:00–16:00 | Eintritt Erwachsene 8 € | GPS-zu Fuß 36.444899 28.227235 |

Erlebnispark – der verborgene Schatz auf Rhodos
Das einzigartige Erlebnisbad befindet sich im Nordosten von Rhodos und ist angelegt im Stil eines Amphitheaters. Auf einer 100.000 m² bietet es für jede Altersgruppe etwas Besonderes. So für die jüngsten ein Kinderbereich mit einem großen Piratenschiff, einem Tarzanpool und eine Regenwippe. Größere Kinder vergnügen sich in einem Strömungskanal oder in einem Meereswasserbecken. Für Erwachsene und waghalsige gibt es offene und geschlossene Rutschen, Twisters, Schwarze Löcher, Turbo, Freier Fall und Kamikaze Rutschen. Im Aqua-Gym-Pool geht es gemächlicher zu, hier werden verschiedene Wassergymnastikkurse angeboten. | Faliraki, **85100 Rhodes** | http://www.water-park.gr/ | Eintrittspreise: Erwachsene 24 €, Kinder 3–12 Jahre 6 € | Öffnungszeiten: Saisoneröffnung im Mai, in der Hochsaison 09:30–19:00, in der Nebensaison 09:30–18:00 | GPS-Pkw 36.365270 28.212152 |

Freilichtmuseum moderner Kunst – ein Pinienwald als Ausstellungsfläche
Auf der Verbindungsstraße von Archipoli nach Eleousa findet man auf der linken Straßenseite den Art

Park von Rhodos. Ein Freilichtmuseum für zeitgenössische Kunst und eine non profit Kunstgalerie. Es umfasst Skulpturen, Gemälde und Fotografien von verschiedenen Künstlern aus der ganzen Welt. Da die Künstler nicht immer dort sind, ist es empfehlenswert eine SMS an die unten aufgeführte Telefonnummer zusenden, um zu erfragen, ob die Ausstellung geöffnet ist. | Eintritt ist frei | http://artpark.gr/ | artparkdamongmail.com | Tel. 00306972815547 | **GPS-Pkw 36.270032 28.042872** |

Die Thermen von Kalithea – Wellness der Vergangenheit
8 km südlich, zwischen Kalithea und Faliraki, befinden sich die Thermen von Kalithea. Die entspannende wohltuende Wirkung dieser Thermen war schon in der Antike bekannt. So soll der römische Kaiser Augustus bereits Kalithea besucht haben, um sich von dem Stress des Regierens zu erholen. Über die Jahre gerieten die Thermen in Vergessenheit, bis 1920 der italienische Gouverneur anordnete, die Qualität des Wassers zu untersuchen. Die heilende Kraft des Wassers bestätigt, begann 1928 der Bau der Anlage, unter der Leitung des italienischen Stararchitekt Pietro Lombard. Bis heute zählt der Thermenkomplex zu den herausragenden architektonischen Werken der damaligen Zeit. Wege aus Kieselsteinen Mosaiken führen zum halbförmlichen Atrium, von wo das Thermalwasser der 6 Quellen zur Badeanstalt weitergeleitet wird. Der Strand und das kristallklare Wasser einer wunderschönen Bucht bieten jegliche touristische Infrastruktur, um einen perfekten Tag zu genießen. | Leof. Kallitheas, **Rhodos 85100** | http://www.kallitheasprings.gr/ | Öffnungszeiten 08:00–20:00 | Eintritt 3 € | GPS-Pkw 36.377425 28.236975 |

Museum of Modern Art – unschätzbare Sammlung griechischer Kunst des 20. Jahrhunderts
Das Museum für Moderne Kunst ist im Zentrum der mittelalterlichen Stadt, entlang der Sokratous Straße untergebracht. Es präsentiert eine breite Palette von Zeichnungen renommierter griechischer Künstler, Gravursammlungen, zahlreiche zeitgenössische Skulpturen, Zeichnungen und Dokumente – alle samt von hohem historischem Wert. | Sokratous Str, **Rhodos 85100** | http://mgamuseum.gr/ | Öffnungszeiten Montag bis Samstag 08.00–14.00 | Eintritt: frei | GPS-Pkw 36.445968 28.227042 |

Museum für Volkskunst – ein Muss für Volkskunst interessierte
Das Volkskunstmuseum in Rhodos gibt mit seinen Ausstellungsstücken einen guten Einblick in das tägliche Leben auf der Dhodhekanisos Inselgruppe. Die Sammlung, die sich in einem Seitenflügel des Ordenshospitals der Johanniterritter befindet, zeigt Exponate der griechischen Volkskunst – Keramiken, prachtvolle Trachten und hölzerne Truhen, seit dem 16. Jahrhundert. | Plateia Argyrokastrou, **85100 Rhodos** | Eintritt 2 € | Öffnungszeiten Dienstag bis Sonntag 08:30–15:00 | 00302241025500 | GPS-Pkw 36.443251 28.231245 |

ÜBERNACHTUNGSMÖGLICHKEITEN

€ unter 30 EUR €€ 30 – 60 EUR €€€ über 60 EUR
(pro Pers/DZ/incl. Frühstück)

Villa Theofilos House – Lachania ein Dorf, das seinen alten Charme erhalten konnte | Das Theofilos House liegt in Lachania, im Süden von Rhodos, und bietet traditionelle Unterkünfte zur Selbstverpflegung mit Kamin und kostenfreiem WLAN. Entspannung pur in einem blühenden Garten und einer Dachterrasse mit Sonnenliegen und Bergblick. Es erwarten Sie, 4 separate Schlafzimmer, ein Wohnzimmer und 2 komplett ausgestattete Küchen mit Essbereich. Zur Ausstattung gehören auch ein Flachbildfernseher mit Satellitenempfang und Waschmaschine. | €€ | Lachania, **85109 Rhodos** | GPS_Pkw 35.965900 27.863167

AL MARE VILLAS – Blick über die unendlichen Weiten der Ägäis | In der Al Mare Anlage wohnen Sie in eleganten Studios, Appartments und Villen in direkter Küstenlage, am Strand Kiotari. Die Zimmer bieten vom traditionell handgefertigten Kingsizebett bis hin zum Queensizebett mit Baldachin und zahlreichen Ausstattungen. Außerdem stehen antiallergene Kissen und maßgeschneiderte Matratzen zur Verfügung. Zur Zimmerausstattung gehören außerdem ein Flachbild-TV und Kücheneinrichtungen. | €€ | Kiotari Beach, **85100 Rhodos** | 00302244047130 | info@almarevillas.com | http://www.almarevillas.com | GPS-Pkw 36.048244 27.966098

CASA ANTICA – Boutique Appartments | Die Casa Antika befindet sich im historischen Stadtzentrum von Rhodosstadt in einer ruhigen und malerischen Fußgängerzone. Die 1730 erbaute Casa Antica beherbergte das französische Konsulat, bis im Jahre 2009 das Gebäude komplett renoviert wurde. Es entstanden 7 wunderschöne Ferienwohnungen mit den Namen Klimt, Matisse, Modigliani, Monet, Toulouse-Lautrec, Picasso und Van Gogh. Ein Ferienhaus puristisch eingerichtet, mit lieblichen Farben. Ein idealer Ausgangspunkt, um Rhodosstadt zu erkunden. | €€ | Amarantoy 8, **85109 Rhodos** | http://casantica.gr/ | info@casantica.gr | 00302241026206 | GPS-zu Fuß 36.450429 28.220579

Hotel Elafos – ein Hotel im Tiroler Stil auf Rhodos? | 1929 errichteten die Italiener, in luftiger Höhe auf 619 m Höhe, das im Tiroler Stil errichtete Hotel Elafos. Gebaut wurde das Hotel als Herberge zur Erholung für die Offiziere des faschistischen Italiens. Ab 1948, Rhodos wurde wieder dem griechischen Mutterland zugesprochen, dümpelte das Hotel so vor sich hin, bis es dann renoviert wurde und wieder im alten neuen Glanz erstrahlt. Das Hotel Elafos verfügt über liebevoll restaurierte 24 Zimmer und ist im Stil der 30er-Jahre eingerichtet, verfügt aber über den Komfort eines modernen 3-Sterne-Hotels. Der Fernblick ergibt sich je nach Seite des Zimmers zu den Bergen oder zum Meer. | €€ | Profitis Ilias, **85100 Rhodos** | http://elafoshotel.gr/ | info@elafoshotel.gr | 00302246022280 | GPS-Pkw 36.276786 27.943630

Auberge Kalopetri – eine Oase der Ruhe, mitten in der Natur | Es erwartet Sie eine perfekt organisierte Unterkunft, mit Blick auf die Ägäis, umgeben von

Orangen- und Zitronenhainen und mit dem Läuten der Ziegenglocken im Hintergrund. Diese Ferienwohnungen stehen auf einem Grundstück mit 26.000 m² Fläche und bestehen aus einem Hauptgebäude und zwei Nebengebäuden. Von jedem Raum, jedem Zimmer genießen Sie den Blick auf das Meer. Die Auberge Kalopetri befindet sich in der Nähe des traditionellen Dörfchens Kritinia und ist ein idealer Ausganspunkt für unvergessliche Spaziergänge & Wanderungen am Meer sowie in den Bergen. | €€ | P.O. Box 265, **85108 Kritinia** | http://www.aubergekalopetri.com/de/ | info@aubergekalopetri.com | 00302246031168 | GPS-Pkw 36.267763 27.814764

Attaviros Hotel – wohnen am 1216 m hohen AGIOS IOANNIS | In dem malerischen Dorf Emponas, zu Füßen des höchsten Berges der Insel, befindet sich das Hotel Ataviros. In familiärer Atmosphäre werden Sie mit außergewöhnlichem Service verwöhnt. Zentral gelegen, um Sehenswürdigkeiten in der Nähe zu besuchen, aber auch fern vom Tourismus die Gastfreundschaft der Einwohner kennenzulernen. Die Zimmer mit einer Kochgelegenheit und Kühlschrank, SAT-TV sind einfach, aber sauber im Landhausstil eingerichtet. | € | **Emponas, 85108 Rhodos** | http://www.ataviroshotel.gr | attaviroshotel@gmail.com | 00306942629556 | GPS-Pkw 36.224431 27.855507

Christos Corner – das ursprüngliche Rhodos hat einen Namen | Die Taverne Christos Corner befindet sich ganz im Süden in dem kleinen Dorf Monolithos. Von der Terrasse aus genießt man einen wunderbaren Ausblick auf den langgezogenen Strand von Apolakkia und den südlichen Zipfel von Rhodos. Christos, der Besitzer, führt die Taverne gemeinsam mit seiner Frau Maria. Im Restaurant gibt es ausgezeichnete griechische Küche, Christos ist weit über die Grenzen von Rhodos für seine Grillkünste bekannt. Seine Frau Maria ist für die perfekt zube-

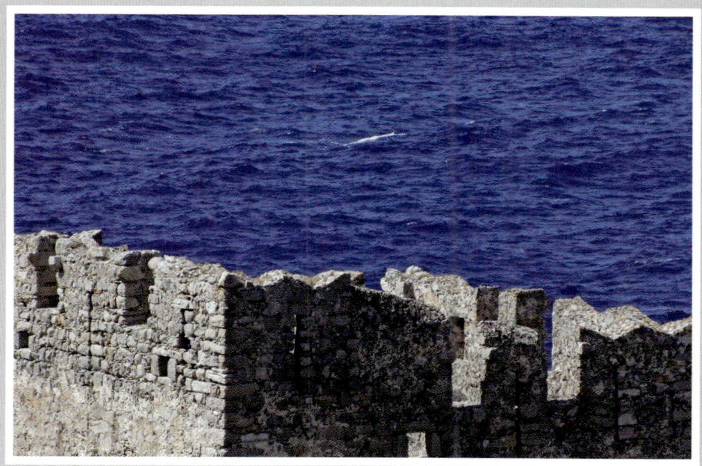

ÜBERNACHTUNGSMÖGLICHKEITEN

€ unter 30 EUR €€ 30 – 60 EUR €€€ über 60 EUR
(pro Pers/DZ/incl. Frühstück)

reiteten Beilagen zuständig. Natürlich kann man auch einfache Zimmer mieten – mit Familienanschluss – und das ursprüngliche griechische Leben genießen. Christos Corner ist der ideale Ausgangspunkt für ausgedehnte Wanderungen. | € | http://www.christos-corner.com/ | **Monolithos, 85108 Rhodos** | 0030224460 61310 | GPS-Pkw 36.131729 27.741149

Hotel Thomás – mit Panoramablick auf die bewaldeten Berge, bis hin zum Meer | Das Hotel verfügt über 10 geräumige Zimmer, ausgestattet mit Klimaanlage, Schreibtisch, Fernseher, WLAN und einer komplett ausgestatteten Küche mit Kühlschrank. Ein idealer Ausgangspunkt, um das südliche Rhodos zu erkunden. | € | **Monolithos, 85108 Rhodos** | http://www.thomashotel.gr | info@thomashotel.gr | 00302246061291 | GPS-Pkw 36.129762 27.739051

Hotel Melenos Lindos – versteckt hinter festungsartigen Mauern | Unterhalb der Akropolis von Lindos, eines der schönsten Dörfer auf Rhodos, befindet sich versteckt, hinter festungsartigen Mauern, eines der besten Hotels der Insel. Auf halbem Weg zur Akropolis, mit sehr geschmackvoll renovierten Räumen, einladenden und weiträumigen Terrassen, mit Kieselsteinmosaiken geschmückten Innenhöfen und einem Blick über das Dorf, wartet eine Oase der Erholung, entdeckt zu werden. Das Dachterrassenrestaurant gehört zu den besten Restaurants der Insel und hat ganz nebenbei einen gigantischen Blick auf das Meer. | €€€ | **Lindos, 85107 Rhodes** | http://www.melenoslindos.com | info@melenoslindos.com | 00302244032222 | GPS-Pkw 36.092975 28.088061

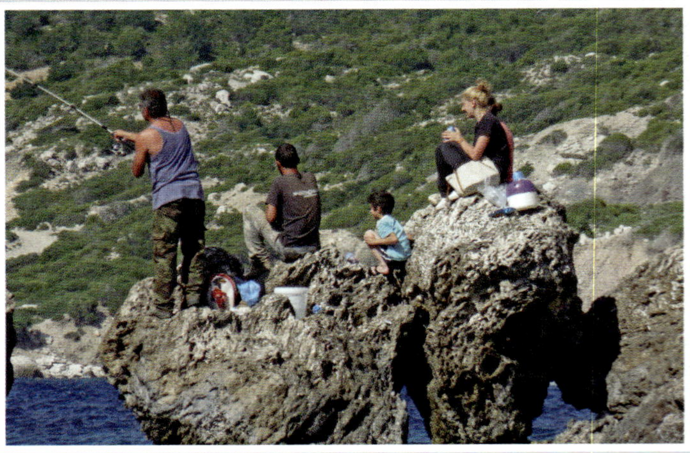

Caesar's Gardens Hotel & Spa – ruhige Umgebung in anspruchsvoller und unverwechselbarer ägäischer Architektur | Die kleine Hotelanlage verfügt über 23 elegante Zimmer, eingebettet in einem exotischen Garten. Eine Besonderheit ist der Wellnessbereich im Freien sowie der Pool. Die Zimmer des Hotels Caesar's liegen in einem botanischen Garten und verfügen über einen Balkon mit Gartenblick oder Aussicht auf die Ägäis. Jedes Zimmer ist mit einem Haartrockner, einem Flachbildfernseher und kostenfreiem WLAN ausgestattet. | €€ | **85107 Lindos** | http://www.caesarsgardens.com/ | info@caesarsgardens.com | 00302244031537 | GPS-Pkw 36.087379 28.076385

Lindian Village – traditionelle Architektur eines 5-Sterne-Hotels | Ein gelungener Versuch, eine großzügige Hotelanlage im traditionellen mediterranen Stil der Küstenlandschaft von Rhodos anzupassen. Ein künstlich angelegter Bachlauf, ein atemberaubender Strand und ein beeindruckender tropischer Garten garantieren Ruhe und Entspannung. Nicht zu vergessen die exzellente Küche! | €€€ | **Lardos Beach, 85109 Rhodos** | http://www.lindianvillage.gr/ | info@lindianvillage.gr | 00302244035900 | GPS-Pkw 36.066652 27.991480

The Four Elements – gelegen am authentischsten und schönsten Dorf der Insel | Am Ortseingang von Lachania befindet sich die Unterkunft The Four Elements. Hier finden Sie alles für einen erholsamen Urlaub: vier unterschiedliche Appartements im traditionellen Stil mit B&B-Service, ein attraktives Schwimmbad (10x5 m) mit einem runden und untiefen Becken für die Allerkleinsten, bequeme Liegestühle und Sonnenschirme, eine überdachte Bar für einen geselligen Drink sowie einen schönen Garten mit Oleander, Bougainvillea, Yuccas, Palmen und Terrakottatöpfen. | €€ | Willy & Dino Resmann-De Mey | **Lachania, 85109 Rhodos** | http://www.thefourelements.be | info@thefourelements.be | 00306939450014 | GPS-Pkw 35.966196 27.864887

Das Thalasso Spa Resort – Erholung pur, direkt am Meer an der unberührten südöstlichen Küste | Wo das dunkelblaue Mittelmeer und die ruhige Ägäis aufeinandertreffen, erstreckt sich das Atrium Prestige Thalasso Spa Resort & Villas. In dem 5 Sterne Hotel trifft man auf eine Kombination atemberaubender griechischer Architektur, einer azurblauen göttlichen Aussicht, einer bezaubernden Landschaft, tolle Unterkünfte und ein beeindruckendes Thalasso Spa. | €€€ | **Lachania Beach, 85109 Rhodos** | https://www.atriumprestige.gr | reservations@atriumprestige.gr | 00302244046222 | GPS-Pkw 35.940480 27.866305

Hotel Nymph – eines der ältesten Gasthäuser auf Rhodos | Am Fuße des Berges Profitis Ilias befinden sich in einem 1926 erbauten Gebäude 4 Doppelzimmer mit kostenlosem WLAN und kostenfreien Parkplätzen. Die klimatisierten Zimmer bieten Fenster mit Blick auf das Tal und die Berge, einen TV, Heizung, einen Kühlschrank und eine Gemeinschaftsküche. Die Bäder sind mit Pflegeprodukten und einem Haartrockner ausgestattet. Das Hotel ist sehr beliebt bei Wanderern. Die Eigentümerin Anastasia Korkida freut sich, Sie im Urlaub zu verwöhnen. | € | **Salakos, 85106 Rhodos** | https://www.nymph.gr | nymph@nymph.gr | 00302246022206 | Bild Quelle: Michael Willl | GPS-Pkw 36.286713 27.944512

RESTAURANTEMPFEHLUNGEN

Nachfolgend ist eine Liste der besten Restaurants nach Postleitzahl sortiert. Die € geben einen Anhaltswert, was man für ein Essen, ohne Wein ausgeben kann € = 10–15 €, €€ = 15–25 € und €€€ 25–50 €.

Auf der wunderschönen Terrasse direkt am Meer und am kleinen Hafen bietet die Taverne **Old Kamiros** hauptsächlich Fischgerichte. Die gute Lage hat aber auch ihren Preis, daher sollte man beim Fischbegutachten in der Küche ruhig versuchen, zu handeln. | **85106 Kamiros** | http://oldkamiros.com/ | +302241040012 | GPS-Pkw 36.272018, 27.825264

Das typische **Restaurant Mpalalokatos** befindet sich in Soroni. Getrocknete Früchte und Unmengen von Olivendosen zieren liebevoll den Tresen. Dazu wird einfaches, aber sehr gutes Essen in einer urigen Atmosphäre serviert. Unter den Kunden sind mehr Einheimische als Touristen. | € | **85106 Soroni** | +302241041120 | https://www.facebook.com/mpakalogatos.nikos.9 | GPS-Pkw 36.36255 28.0013

Definitiv ein authentisches griechisches Restaurant ist die **Taverne Maroulakis** Taverne. Keine Busse, viele Einheimische und die Damen in der Küche bereiten immer neue Kreationen. | € | **85108 Embona** | +302246041215 | GPS-Pkw 36.227396 27.854846

Christos Corner – das ursprüngliche Rhodos hat einen Namen | Die Taverne Christos Corner befindet sich ganz im Süden in dem kleinen Dorf Monolithos. Von der Terrasse aus genießt man einen wunderbaren Ausblick auf den langgezogenen Strand von Apolakkia und den südlichen Zipfel von Rhodos. Christos, der Besitzer, führt die Taverne gemeinsam mit seiner Frau Maria. Im Restaurant gibt es ausgezeichnete griechische Küche. | € | http://www.christos-corner.com/ | **85108 Monolithos** | 0030224460 61310 | GPS-Pkw 36.131729 27.741149

Etwas südlich von Kiotari zweigt eine Straße zum Plimmiri Beach und dem **Fischrestaurant Plimmiri** ab. Eine Speisekarte gibt es nicht, man geht in die Küche und wählt seinen leckeren Fisch, verhandelt den Preis und isst bei einem traumhaften Ausblick auf den Strand und die Bucht seine bestellten Köstlichkeiten. Definitiv das beste Fischrestaurant im Süden der Insel. | € | **85109 Plimmiri** | + 302244 046003 | GPS-Pkw 35.929068 27.858719

Wie der Name **Taverna Platanos** schon vermuten lässt, befindet sich das Restaurant unter einer riesigen Platane direkt am Kirchplatz. Ein absoluter Insider-Tipp mit superleckeren griechischen Spezialitäten, sehr gutem Service und moderaten Preisen. | €€ | **85109 Lachania** | http://lachaniaplatanostaverna.com/ | michaliss@windowslive.com | +306944199991 | GPS-Pkw 35.965527 27.861316

Kaffee und Pension Minos - Schaufenster über Rhodos | Nach einem wunderschönen Bummel durch die ursprünglichen Gassen der Ritterstadt bietet sich eine Pause auf dem Dachgarten der Pension Minos an. Vom höchsten Punkt der Altstadt reicht der Blick weit über die Stadt bis hin zum Großmeister-Platz. Hier entdeckt man Kuppeln und Türme aus einer ganz anderen Perspektive. |Omirou 1–3, **85100 Rhodos** | http://www.minospension.com/ | GPS-zu Fuß 36.441033 28.227903

Kafenio Turkiko - die älteste traditionelle türkische Kafenion in der Altstadt von Rhodos | In einem der ältesten Kaffeehäuser von Griechenland scheint die Zeit stehen geblieben zu sein. Tauchen Sie in die Zeit vergangener Tage. | Odos Sokratous 76, **85100 Rhodos** | GPS-zu Fuß 36.443774 28.226621

Die **Traditionstaverne Alexis** befindet sich in der Altstadt von Rhodos. Sie wurde 1957 ins Leben gerufen, sogar der legendäre Reeder Onassis hat hir vor Anker gelegen. Reservieren ist unbedingt erforderlich, es gibt nur wenige Tische draußen. | €€€ | Aristotelous St. 33, **85100 Rhodosstadt** | +302241029347 | GPS Pkw 36.443308 28.229012

Das **Restaurant Ippotikon** befindet sich in einem alten Stadtpalast aus der Ritterzeit. Eine super Location und es erwartet uns klassische Küche auf internationalem Standard. Sehr gut sitzt man auf der Dachterrasse, innen mit historischer Einrichtung. | €€ | Evraion Martiron sq. Old Town 5, **85100 Rhodosstadt** | https://www.facebook.com/Ippotikon/ | +302241038597 | GPS-Pkw 36.442800 28.229925

Etwas abseits vom Touristenrummel an dem neuen Jachthafen der Hauptstadt befindet sich das **Paragadi Fischrestaurant.** Sehr hochwertig und schmackhaft zubereitete Fischspeisen zu sehr moderaten Preisen. | €€ | https://www.facebook.com/Paragadi-Ouzeri-Taverna-436846456454179/Michail Volanaki 77, **85100 Rhodos** | +302241037775 | GPS-Pkw 36.432152 28.237260

Die **Traditionstaverne von Yiannis** ist eine typische rhodische Wohnküche und ist unter den lokalen Reiseführern ein Geheimtipp. Sehr traditionelles und gutes Essen im denkmalgeschützten Ortskern von Koskinou. Ist aber nur abends geöffnet! | € | **85100 Koskinou** | +302241063547 | GPS-Pkw 36.386211 28.211990

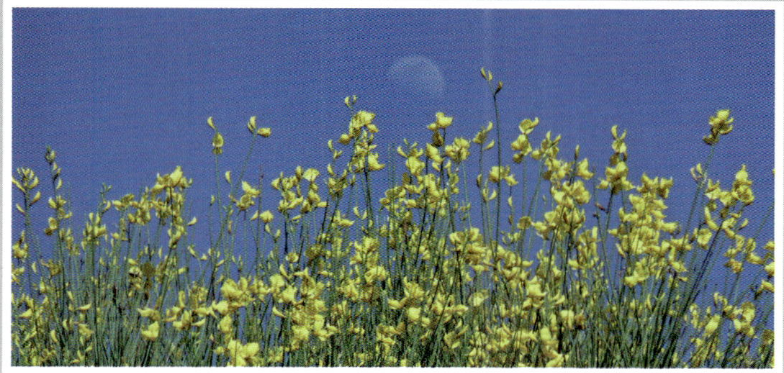

TRANSPORT

Camper
1,5 km hinter der Ortschaft Faliraki gab es in der Vergangenheit einen Campingplatz. Der ist inzwischen wieder geschlossen. Wildes Campen ist ja bekanntlich in ganz Griechenland verboten - wird aber gelegentlich geduldet. Bitte fragen Sie den Besitzer des Grundstücks, ob Sie dort Ihr Lager aufschlagen dürfen. Dass man den Müll anschließend einsammelt und mitnimmt bzw. vernünftig entsorgt, sollte selbstverständlich sein. Auf ganz Rhodos gibt es somit keinen einzigen offiziellen Campingplatz und den damit verbundenen Problemen, einen Wohnwagen oder Wohnmobil geeignet zu platzieren.

Luftweg
Der Flughafen von Rhodos heißt Diagoras und verwendet das IATA Kurzzeichen RHO und befindet sich 14 km südwestlich von Rhodosstadt. Er ist der viertgrößte Flughafen Griechenlands und es werden Linienflüge sowie Charterflüge durchgeführt. In den Wintermonaten gibt es keine Charterflüge und man erreicht die Insel nur mit Linienflügen über Athen. Ab Ostern explodiert das Verkehrsaufkommen und 47 Fluggesellschaften fliegen dann nach Rhodos. Möchte man den Flughafen telefonisch erreichen so wählt man die Nummer 00302241088700.

Möchte man andere griechische Inseln besuchen, so bietet sich die Fluglinie Sky Express www.skyexpress.gr an, sie verbindet Rhodos mit Heraklion, Chios, Samos, Lemnos, Mytilene, Kasos and Karpathos.

Landweg
Vom Piräus-Hafen in Athen erreicht man Rhodos per Schiff. Die Überfahrt dauert etwa 18 Stunden. Interessant ist, dass ein Billigflugticket günstiger sein kann wie die Fahrt mit der Fähre. Auf der Webseite www.goferry.de gibt es eine Güteübersicht über die Passagemöglichkeiten.

Mietwagen
Es gibt eine große Anzahl von Mietwagenanbietern auf Rhodos. Ein Preisvergleich von mindestens drei Anbietern ist sehr sinnvoll. Die kleine Vermieterstation J&D rent a car von Jiannis Korfiatis ist sehr empfehlenswert. In all den Jahren gab es nie Probleme mit seinen technisch einwandfreien Fahrzeugen. Es gibt Modelle in allen Klassen und in allen Preislagen. Ganz wichtig: Die Fahrzeuge sind vollkaskoversichert und dies ohne Selbstbeteiligung! Der Mietwagen wird nach Kundenwunsch, ob im Hotel oder Apartment, bereitgestellt. Am Flughafen wartet bereits ein Mitarbeiter im Ankunftsbereich mit einem Schild. | J&D Rent a Car | Direktor Jiannis Korfiatis | www.jdrentacar.com | office@jdrentacar.com | 85105 Faliraki Rhodos | Tel. 00302241085885 | Fax 00302241086013 | Tel. zu Hause 00302241086817 | Tel. mobil 00306944380680 |

Von Insel zu Insel
Ausflugsboote fahren mehrmals täglich im Sommer von Kamiros Skala die Nachbarinsel Chalki an. Auch liegt Chalki auf der Fährroute von Piräus, Santorini, Kreta, Kassos und Karpathos nach Rhodosstadt – 1–2 mal pro Woche in beide Richtungen.

Siehe auch: www.goferry.de.
Auch zu der Nachbarinsel Symi fahren im Sommer von Rhodosstadt (Mandrakihafen) mehrmals täglich Ausflugsboote. Meist fahren sie zwischen 8:00 Uhr und 9:30 Uhr ab. Die Überfahrt mit einem normalen Ausflugsboot dauert ca. 1½ bis 2 Stunden. Mit einem Tragflächenboot benötigt man für die Strecke 45 Minuten. Siehe auch: www.12ne.gr.

Taxi
Vom Flughafen fahren Taxis zu jedem Ort der Insel. Der Fahrpreis richtet sich in der Regel nach dem Taxameter. In diesem Falle ergibt sich der Preis aus den gefahrenen Kilometern. Preistabellen hängen am Taxistand aus. Trotzdem die Empfehlung, erfragen Sie die zu erwartenden Kosten. Die Taxifahrer sprechen ausreichend gut Englisch.

Hinweis: Extra berechnet werden: zusätzliche Gepäckstücke, Nachtfahrten, Wartezeiten des Fahrers, Fahrten an Feiertagen, vom Hafen und vom Flughafen. Waren in der Vergangenheit die Taxipreise erschwinglich, haben sie sich bereits stark den Preisen in Deutschland angenähert.

Taxirufnummern:
Rhodosstadt 00302241069800
außerhalb Rhodosstadt.............. 00302241069600
Rhodos Flughafen.......................... 00306932898079
Afandou 00302241051777
Archangelos..................................... 00302244024111
Faliraki 00302241085444
Ialyssos 00302241092515
Ixia 00302241069600
Kremasti... 00302241094528
Lardos... 00302244044047
Lindos... 00302244031466
Paradissi 00302241081461

MÄRKTE

In Rhodosstadt gibt es jeden Mittwoch und Samstag zwischen 7:00–12:00 Uhr Markt. Wenn man die Küstenstraße von Faliraki über Kalithea Richtung Rhodos fährt, erreicht man den Ort Kalithea, fährt noch an dem rechts liegenden Lidl-Markt vorbei und verlässt bei der folgenden Weggabelung die Küstenstraße. Als nächstes kommt man zu den rechts liegenden Sportstätten von Rhodos – hier parkt man am besten das Auto GPS-Pkw 36.423856 28.229566, nach 600 Metern zu Fuß erreicht man eine Brücke – davor staut sich der Verkehr meistens – und den rechts liegenden Markt. GPS-Pkw 36.429108, 28.229869. Hauptsächlich wird am Markt Gemüse und Obst angeboten. Oben an der Hauptstraße sind aber auch Fischhändler, Händler mit Kleidung und einigem anderen.

NOTRUFE

Europaweit gültige Notrufnummer 112
Polizei 100
Verkehrspolizei........... 00302241044131
Touristen Polizei........... 00302241027423
Feuerwehr 199
Waldfeuerwehrstation 191
Rettungsdienst........... 166
Erste Hilfe Station in Faliraki 00302241085555

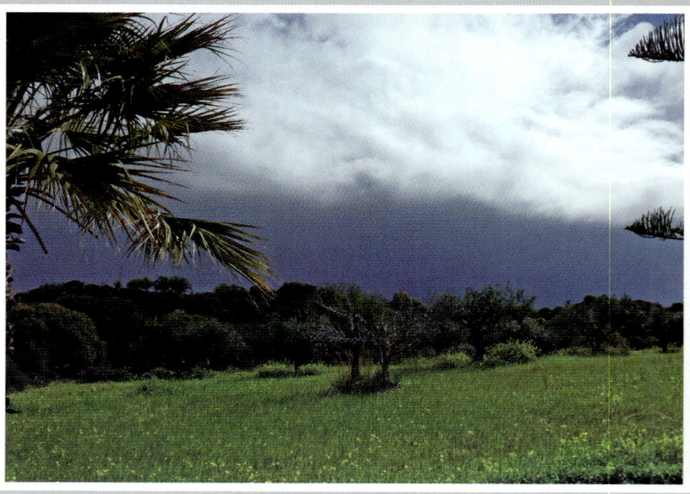

Auf Rhodos wird die offizielle Landessprache Griechisch gesprochen. Aber fast jeder versteht auch ein bisschen Englisch. Da es sehr viele Gastarbeiter in Deutschland gibt, und gegeben hat, wird oft Deutsch gesprochen. Dabei ist zu beachten: Die Griechen verwenden nicht das lateinische Alphabet, sondern schreiben in griechischer Schrift – dies erschwert das Entziffern von Verkehrsschildern in ländlichen Regionen. An größeren Kreuzungen oder wichtigeren Orten werden auch die Verkehrsschilder im lateinischen Alphabet angezeigt. Nachfolgend befindet sich eine Auflistung der wichtigsten Wörter.

Sprache – minimal benötigter Wortschatz:

nä .... ja
ochi.. nein
issos .... vielleicht
kali mera .... guten Tag
kali spera.................................. guten Nachmittag/Abend
kali nichta .... gute Nacht
signomi .... Entschuldigung
efkaristo................................... danke
parakalo .... bitte
oriste.. bitte - wenn man etwas gibt
ti kanete.................................... Wie geht es Euch?
Ti kanis .... Wie geht es Dir?
kala/poli kala .... gut/sehr gut
orea/poli orea .... schön/sehr schön
jassu... Hallo, Moin, Servus und Tschüss
onomasome............................... ich heiße
simera....................................... heute
awrio... morgen
eki .... dort
posso kostisi?............................ Wie viel kostet es?
woithia .... Hilfe
leoforio..................................... Bus
aftokinito .... Auto
jermanika .... deutsch
ellinika...................................... griechisch
ena, dio, tria, tessera................ 1, 2, 3, 4
pende, exi, epta, okto 5, 6, 7, 8
enja, deka 9, 10
peninda, ekaton, chielja 50, 100, 1000

Sprache – Restaurant

paidakia arnisia .... Lammkotelett
soupa .... Suppe
psari .... Fisch

sinagrida .... Meerbrasse
tsipoura .... Goldbrasse
barbunia .... Rotbarbe
glossa .... Seezunge
garides .... Garnelen
xifias .... Schwertfisch
chtapodi .... Oktopus
kalmarakia .... Tintenfisch
fruta .... Obst
karpusi .... Wassermelone
peponi .... Honigmelone
stafilies .... Weintrauben
rodakina .... Pfirsiche
psomi .... Brot
jaourti me meli .... Joghurt mit Honig
pota .... Getränke
kafe .... Kaffee
me gala .... mit Milch
me zachari .... mit Zucker
kafe sketo .... schwarzer Kaffee
tsai .... Tee
nero .... Wasser
portokalada .... Orangenlimonade
lemonata .... Zitronenlimonade
bira .... Bier
ena bukali .... eine Flasche
ena potiri .... ein Glas
mono ligo .... nur ein wenig
kali orexi .... guten Appetit
to logarjasmo .... die Rechnung

Sprache – Typische Gerichte

dolmades .... gefüllte Weinblätter mit Reis und Hackfleisch gefüllt
feta .... Schafskäse
keftedes .... kleine Frikadellen
skordalia .... Knoblauchcreme / kann sehr scharf sein
taramolsalata .... Fischrogensalat / schmeckt sehr gut auf Weißbrot
sutzukakia .... Hackfleischröhrchen in einer Tomatensauce serviert
bifteki .... gehacktes vom Grill / eine Art Frikadelle
mousakas .... Auberginenauflauf / Aubergines, Kartoffeln, Hackfleisch, Tomaten und eine Bechamelsouce
Stifado .... Fleisch-Zwiebelgericht / meist mit Kalbfleisch
Souflaki .... Fleischspieß
Psito arni .... Lammbraten
Uso .... Anisschnaps

Suma .... Tresterschnaps / teilweise sehr hochprozentig
Kokkino krasi .... Rotwein
Aspro krasi .... Weißwein
Retsina .... geharzter Wein / gewöhnungsbedürftig

Sprache – Geographische Begriffe

pu ine .... Wo ist?
pu ine o dromos sto?. .... Wo ist die Straße nach?
däksija .... rechts
aristära .... links
trapesa .... Bank
agora .... Markt
musio .... Museum
limani .... Hafen
paralia .... Strand
makria .... weit
thea .... Aussichtspunkt
vouno .... Berg
karawi .... Boot
jefira .... Brücke
kastro .... Burganlage
chorio .... Dorf
platia .... Dorfplatz
spiti .... Haus
nisi .... Insel
eklisia .... Kirche
monastri .... Kloster
thalassa .... Meer
monopati .... Pfad
dromos .... Straße oder Weg

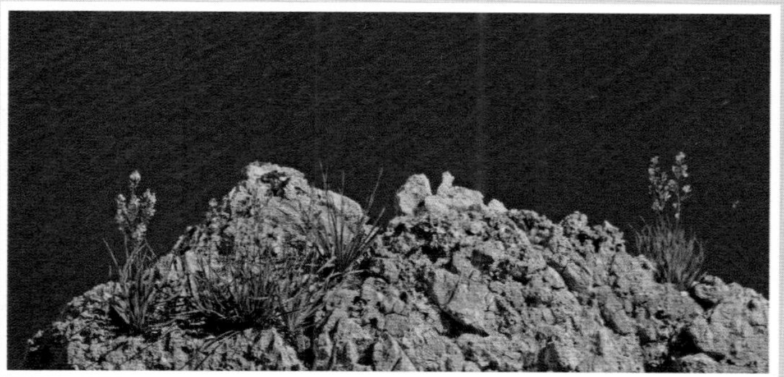

REGISTER

A

Agios Irene • 79
Agios Isidoros • 139
Agios Isodoris • 117
Agios Isodoros • 127
Akramities • 145, 146
Akropolis • 37
Amboisetor • 34
Anthony Quinn Bucht • 62, 63
Antike Akropolis • 37, 40
Antike Stadt Kamiros • 57
Apolakkia Stausee • 169
Apolakkia-Stausee • 170
Aquarium • 37, 39
Archangelos • 89, 90, 107, 108, 111, 112
Archäologisches Museum • 30
Arkamities • 186
Arnitha • 166
Atrium Prestige Hotel • 194
Attaviros • 103, 104, 105, 106, 139, 140, 149
Attaviros-Gebirge • 183
Attaviros Gebirgs massiv • 136
Attaviros Hotel • 130
Attiviros • 186

B

Bastionen • 34
Berg Tsamoli • 118
Burg von Asklipio • 181, 182
Burg von Medieval • 111, 112
byzantinische Burganlage • 44, 46

C

Canyon von Plouma • 123, 124, 125
Carettobastion • 34

D

Dimilia • 148, 150
Dimylia • 76, 78

E

Ekklisia Agios Fanourios • 30
Eleousa • 76
Eleousa Ruinen • 77
Elpida Ranch • 142, 144
Embona • 129, 132
Embonas • 103
Epta Piges • 89

F

Festung Erimokastro • 65, 68
Fourni Strand • 159

G

Gadoura Staudamm • 151
Gedenkstein für Yannis Zigdis • 174
Gipfel des Skiadenis • 186
Gipfel Marmari • 160, 162
Gipfel Skiadenis • 184
Grab des Kleobulos • 172, 174
Großmeisterpalast • 30
Grotte von Amarthos • 114, 116

H

Heiligtum von Althaimenes • 103, 105
Hipparchos Apartments • 64
Hipparchos Appartments • 62
Höhle • 67
Hotel Attaviros • 103, 104, 129
Hotel Elafos • 69, 70, 72, 73, 75

I

Insel Alima • 116

J

Johanniterburg Kritinia • 82, 83
Johanniterburg Monolithos • 154, 155, 156

K

Kahal-Kadosh-Shalom-Synagoge • 30
Kalithea Mare Palace Hotel • 50, 52
Kamiros • 85
Kamiros Küste • 82
Kamiros Skala • 82
Kap Ajios Amilianos • 174
Kapelle Agia Agathi • 107, 110
Kapelle Agios Georgios • 154, 156
Kapelle der Jungfrau Eleimonitria • 100, 102
Kapelle Heiliges Kreuz • 180
Kapelle Profitis Ilias • 62, 64
Kapelle Saint George Kalamos • 175
Kapelle Saint Thomas • 148
Kapelle St. Demetrius • 184, 186
Kapelle St. George Kalamos • 177
Kap Fourni • 158
KapFourni • 157
Kastell Medieval • 113
Kastell Monolithos • 157, 159
Katharinahospiz • 30
Katsouni Strand • 178
Kiotari • 181
Kirche Agios Thomas • 187, 188
Kirche Kimisis tis Theotokou • 181, 182
Kirche von Moni Kamiri • 134

Kirche von Soroni • 53, 55
Kloster Agios Saint Nektarios • 87
Kloster Filerimos • 44, 46
Kloster Kalopetras • 59
Kloster Moni Thari • 142, 144
Kloster Panagia Pantanassis • 53, 55
Kloster Panagia Paramytias • 151, 152
Klosters Kalopetras • 60
Kloster Skiadenis • 185
Kolymbia • 96, 98, 99
Kolymbia Strand • 98
Kopri Strand • 82, 83, 85
Koskinou • 48, 49
Koskinou Ortskern • 47
Koskinou Tor • 34
Kritina • 93, 123
Kritinia • 94

L

Lachania • 190
Ladiko Strand • 62, 63, 65, 66
Laerma • 142
Larchania Kirche • 190
Leuchthaus • 202
Lindos • 172, 173

M

Malona • 120
Malona Kirche • 121
Malonas • 122
Mandrakihafen • 37, 39
Marientor zum Hafen • 34
Marmari • 160, 162, 163, 164
Massaron • 151
Mesanagros • 184, 186
Mesovouno • 86, 88
Michalis • 126, 128
Moni Kamiri • 133, 135
Monolithos • 157, 158
Mount Akramytis • 56, 58

N

Nani Plantagen • 79
Nekropolis • 202
Neuen Markt - Nea Agora • 38
Neuer Markt - Nea Agora • 37
Nonnenkloster Ipsenis • 178, 180

O

Ostküste von Rhodos • 199

P

Paulustor • 34
Prasonisi • 202
Prasonisi Insel • 202
Prasonisi Strand • 203
Profities Ilias • 132
Profitis Ilias • 72, 74, 111, 112, 113
Ptolemäer Grab • 41, 43

R

Red Sand Beach • 107, 109
Rhodosstadt • 30
Ritterstadt Rhodos • 34
Rodini Park • 41
Ruinen von Nani • 79, 80, 81

S

Salakos • 72
Schmetterlingstal • 59, 60
Secret Beach • 202, 205
Sieben Quellen • 90
Skiadenis • 184
Skoutouljaris Schlucht • 133, 135
Soroni • 53, 54
Stafilia • 179
Stausee • 89, 91
St. George Vardas • 169, 171
St. Nicholas Foundoukli • 76, 78
Strand von Kalamos • 175, 176
Strand von Kalithea • 50
Strand von Kalvarda • 56, 58
Strand von Kiotari • 182
Strand von Lachania • 190, 192
Strand von Paleochora • 114, 116
Strand von Tsambika • 97

T

Taverne Mpakalogatos • 54
Taxiarhis Kapelle • 72, 73
Tempel • 93
Tempel der Pallas Athene • 44, 46
Thalasso Spa Resort • 190
Thermen von Kalithea • 50, 51
Tropfsteinhöhle • 100, 102
Troulos • 166, 168
Tsambika • 96
Tsambika Kapelle • 96, 98
Tsamoli • 117, 118

V

Versunkene Kapelle • 169
Villa De Vecchi • 72, 74
Virgin Zoodochos Pigi • 194
Vliha • 163
Vlycha • 164
Voskotopi • 136, 137, 138

IMPRESSUM

1. Auflage 2018 Verlagsnummer 5972 ISBN 978-3-99044-361-3

Text und Fotografie: Michael Will

Titelbild: Idyllische Landschaft auf Rhodos
(Foto: © kwasny221 - stock.adobe.com, www.fotolia.de)

Grafische Herstellung: Stefan Treichl
Wanderkartenausschnitte: © KOMPASS-Karten GmbH
Kartengrundlage für Gebietsübersichtskarte S. 10–11, U4:
© MairDumont, D-73751 Ostfildern 4

KOMPASS-Karten GmbH
Karl-Kapferer-Straße 5, A-6020 Innsbruck
www.kompass.de/service/kontakt

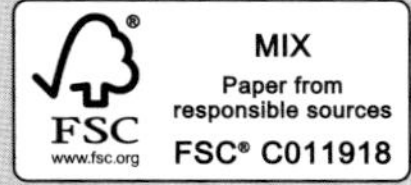